lonely planet

ISLANDE

Eygló Svala Arnarsdóttir, Egill Bjarnason, Jeannie Riley,
Zoë Robert, Þórgnýr Thoroddsen

Sommaire

OLEG SENKOV/SHUTTERSTOCK ©

Vík et les pitons rocheux de Reynisfjara émergeant de la mer (p. 142)

FOCUS

EN IMAGES

DES CIEUX **FLAMBOYANTS**

Lumières dansantes vertes, roses, violettes, rouges, blanches ou jaunes, les aurores boréales peuvent s'admirer dans les ciels dégagés et sombres. Tard le matin et tôt en soirée, les levers et couchers de soleil hivernaux constituent également un beau spectacle. Durant les nuits blanches de l'été, restez debout pour admirer le soleil de minuit qui se couche à peine avant de se lever de nouveau, ou profitez des journées sans fin pour faire une randonnée vespérale.

→ CADEAUX CÉLESTES

Si les aurores boréales reçoivent toute l'attention des visiteurs, elles partagent pourtant le ciel avec des étoiles lumineuses, des pluies de météorites et le soleil de minuit.

▶ Apprenez-en plus p. 212 et p. 214

À gauche Aurore boréale, lagune glaciaire Jökulsárlón
À droite Voie lactée
Ci-dessous Coucher de soleil estival près de Reykjavík

DES JOURS SANS FIN

En plein été, la terre est plus inclinée en direction du soleil, ce qui explique qu'il fasse jour 24 heures sur 24 dans certaines régions d'Islande. Plus vous voyagez vers le nord, plus les nuits sont claires.

↑ LUMIÈRE ET OBSCURITÉ

La clarté des nuits peut perturber votre sommeil, aussi est-il utile d'emporter un masque de nuit au cas où vous feriez du camping et où votre hébergement n'aurait pas de rideaux occultants. De même, les longues journées hivernales peuvent vous rendre léthargique. Les Islandais prennent de l'huile de foie de morue riche en vitamine D pour compenser le manque de lumière.

Notre sélection

▶ **Les aurores boréales le long de la route côtière arctique.** (p. 210)

▶ **Le ciel nocturne parsemé d'étoiles et de constellations.** (p. 214)

▶ **L'ascension du glacier Snæfellsjökull sous le soleil de minuit.** (p. 266)

▶ **La célébration du solstice d'été sur l'île de Grímsey, au-delà du cercle polaire.** (p. 227)

▶ **Une sortie en kayak pour admirer le mont Kirkjufell, un soir d'été.** (p. 271)

ARTS ET PATRIMOINE

Les amateurs d'histoire et de culture ne seront pas déçus. Des festivals et des concerts sont organisés dans tout le pays, et outre les grands musées de Reykjavík, on trouve de petits musées insolites dans les plus petits villages de l'île. Il existe des moyens inédits de se plonger dans les sagas du pays, comme se baigner dans la piscine de Grettislaug ou prendre part à une bataille à l'occasion d'une exposition de réalité virtuelle.

À gauche Maisons au toit en tourbe du musée de Laufás **À droite** Statue de Leifur Eiríksson, Reykjavík **Ci-dessous** Musée d'Art de Reykjavík, Hafnarhús

→ DÉCOUVERTES VIKINGS

Si l'on en croit les sagas, Leifur Eiríksson aurait atteint l'Amérique 500 ans avant Christophe Colomb.

▶ Apprenez-en plus sur les explorateurs scandinaves p. 273

GROS PLAN

L'Islande a servi de décor à une myriade de films cultes et de séries télévisées populaires, notamment *Game of Thrones*, *Eurovision Song Contest: The Story of Fire Saga*, *Fast & Furious 8* et *Rogue One: A Star Wars Story*.

▶ Pour plus de détails sur les lieux de tournages, reportez-vous p. 224

↑ INCONTOURNABLE

Véritable joyau, le musée d'Art de Reykjavík, qui occupe 3 sites distincts, expose des artistes locaux et internationaux, modernes et contemporains. Le musée présente aussi les collections de trois des artistes les plus célèbres d'Islande : Erró, Jóhannes Kjarval et Ásmundur Sveinsson.

▶ Apprenez-en plus p. 75

Notre sélection

- **La visite de l'Alþingi, site du premier parlement d'Islande, fondé en 930.** (p. 98)
- **L'esprit festif de la Nuit de la culture à Reykjavík.** (p. 70)
- **L'exploration des sites évoqués par les sagas, dans l'ouest de l'Islande.** (p. 272)
- **Les curieuses expositions du musée d'Art populaire et d'Art brut islandais, non loin d'Akureyri.** (p. 195)
- **L'exposition 1238: The Battle of Iceland, une célèbre bataille en réalité virtuelle.** (p. 223)

EAUX CHAUDES CURATIVES

Les Islandais exploitent l'énergie géothermique depuis des siècles. De nos jours, quasiment toutes les villes ont une piscine chauffée avec *hot pots*, et se baigner, quel que soit le temps, fait partie de la culture locale. Plus récemment, spas et bains géothermaux ont fait leur apparition dans des lieux magnifiques, offrant des moments de volupté haut de gamme. Se baigner dans des sources chaudes naturelles demeure toutefois une expérience unique.

À gauche Sources chaudes naturelles, Landmannalaugar **À droite** Blue Lagoon **Ci-dessous** Nage en pleine mer près de Reykjavík

→ SPA OU SOURCE NATURELLE ?

Les amateurs de thalassothérapie ont l'embarras du choix, avec les nombreux bains du pays qui donnent sur l'océan, les lacs et les montagnes. Cependant, les sources chaudes naturelles, sans prétention, restent authentiques et gratuites.

▶ Apprenez-en plus p. 236, p. 249 et p. 280

RÈGLES DE CONDUITE DANS LES BAINS

Pour conserver une hygiène parfaite et éviter de trop chlorer les bassins, les baigneurs doivent en premier lieu se doucher tout nus.

▶ Apprenez-en plus sur les règles de conduite dans les bains p. 118

↑ NOUVEAUX DÉPARTS

Les bains de mer ont vu leur popularité exploser durant la pandémie de Covid-19. Participez à la baignade annuelle du jour du Nouvel An à Nauthólsvík, suivie par un plongeon dans le *hot pot*.

▶ Pour plus de détails, reportez-vous p. 29

Notre sélection

- **L'eau d'un bleu laiteux du Blue Lagoon, qui lui vaut son succès.** (p. 116)
- **La découverte des sources chaudes et des bassins naturels dans un cadre inoubliable, le long de la Vestfjarðaleiðin.** (p. 249)
- **Le rituel en 7 étapes au Sky Lagoon.** (p. 121)
- **Une séance dans le sauna de la piscine locale, avec les Islandais.** (p. 121)
- **L'observation du fjord depuis la piscine de Hofsós.** (p. 217)

MERVEILLES GASTRONOMIQUES

Manger au restaurant n'est certainement pas une sortie bon marché, mais en choisissant avec soin, vous pourriez bien vivre une des meilleures expériences culinaires de votre vie. Novateurs, les chefs font la part belle aux ingrédients locaux et modernisent la cuisine traditionnelle pour créer de véritables festins. Fruits de mer et agneau sont souvent à l'honneur, mais les options végétariennes et végétaliennes ne sont pas oubliées.

À gauche Langoustines en salade **À droite** Glace **Ci-dessous** Autour d'une table de pique-nique en bord de mer

→ DÉLICES GLACÉS

Les Islandais adorent manger de la glace, même lorsque la météo est au plus froid. On trouve des glaciers dans tout le pays. Pour une recette créative, essayez Omnom, à Reykjavík (p. 59).

ADRESSE INCONTOURNABLE

Restaurant géré en famille des Vestmannaeyjar, Slippurinn n'utilise que des produits locaux et a adopté les philosophies des mouvements New Nordic et Slow Food.

▶ Plus d'informations sur les Vestmannaeyjar p. 130

↑ FAITES UN PIQUE-NIQUE

Préparez vos en-cas favoris, trouvez un banc ou posez une couverture par terre et déjeunez en pleine nature.

Notre sélection

▶ **Un dîner dans l'un des restaurants haut de gamme de Reykjavík.** (p. 56)

▶ **La découverte de saveurs locales lors d'une escapade vers l'île de Flatey, dans le Breiðafjörður.** (p. 271)

▶ **Un poisson pêché par vos soins à Hauganes, dans le Nord.** (p. 216)

▶ **La dégustation de bières artisanales locales toujours plus nombreuses.** (p. 68)

▶ **Une "langoustine islandaise", spécialité de la ville de Höfn.** (p. 182)

TRÉSORS CACHÉS

En faisant le tour des sites que vous jugez incontournables, faites attention à ne pas passer à côté de découvertes inattendues. À proximité des principales curiosités se cachent de véritables joyaux peu connus qui méritent le détour. Demandez conseil aux Islandais lors de vos déplacements. Si vous avez de la chance, ils pourraient partager certains de leurs secrets… ou peut-être les découvrirez-vous par vous-même !

À gauche La spectaculaire vallée de Stórurð **À droite** Kvernufoss **Ci-dessous** L'île de Flatey, nord de l'Islande

→ UN VOISIN DISCRET

Vous souhaitez être ébahi par une cascade spectaculaire ? Kvernufoss, cachée non loin de sa cousine plus célèbre Skógafoss, est à ne pas manquer.

▶ Découvrez nos conseils sur les cascades p. 141

← ROCHERS ET EAU

Accessible à l'occasion d'une randonnée d'une journée, l'étincelante lagune bleu-vert de Stórurð, entourée de gigantesques rochers, se trouve au sommet d'une crête montagneuse de l'est du pays.

▶ Apprenez-en plus sur Stórurð p. 179

↑ ESCAPADE DANS UN LIEU INTEMPOREL

À l'instar de l'île du même nom dans l'ouest de l'Islande, la Flatey du Nord semble être à des années-lumière de l'agitation de la vie contemporaine.

▶ Découvrez ce petit paradis p. 227

Notre sélection

▶ **Les vues sur l'océan, les joyaux naturels reculés et les villages côtiers qui bordent la route côtière arctique.** (p. 216)

▶ **Une promenade dans la forêt la plus vaste d'Islande, à Hallormsstaður.** (p. 176)

▶ **Le village d'artistes de Seyðisfjörður, dans les fjords de l'Est.** (p. 171)

▶ **Les cascades cachées, le long de la côte sud.** (p. 140)

▶ **Une sortie en kayak jusqu'à l'île de Vigur, paradis des ornithologues amateurs.** (p. 245)

FEU ET GLACE

Difficile d'éviter le cliché du choc du feu et de la glace, car cela décrit parfaitement bien la géologie de l'Islande. Les glaciers couvrent environ 10% de la superficie du pays et l'activité volcanique fait partie intégrante de la vie. Les coulées de lave de la récente éruption du Fagradalsfjall ont parfaitement illustré le paysage en constante évolution de l'île. Même après l'éruption, le site reste intéressant à visiter.

À gauche Coulée de lave, péninsule de Reykjanes **À droite** Snæfellsjökull **Ci-dessous** Snorkelers explorant une fissure de la faille du rift, parc national de Þingvellir

→ LA FONTE RAPIDE

Les glaciers d'Islande reculent rapidement. Risquant de disparaître dès le milieu du siècle, le Snæfellsjökull rappelle ce que la planète risque de perdre en raison du réchauffement climatique.

▶ Apprenez-en plus sur le Snæfellsjökull p. 266

CHAMPS DE LAVE

Passez 2-3 heures à faire le tour du Berserkjahraun. Sur la péninsule de Snæfellsnes, ce champ de lave couvert de mousse est un monde à part entière.

▶ Plus de détails sur cette merveille de Snæfellsnes p. 269

↑ LA PLUS BELLE DES EXPÉRIENCES

Durant votre visite du parc national de Þingvellir, plongez à l'endroit où les deux continents se rencontrent.

▶ Pour découvrir le Þingvellir, reportez-vous p. 98 et p. 107

Notre sélection

▶ **L'ascension du Fagradalsfjall pour contempler le site de l'éruption de 2021.** (p. 122)

▶ **La descente dans le volcan endormi de Þríhnúkagígur.** (p. 123)

▶ **L'exploration d'un tunnel de glace dans le glacier Langjökull.** (p. 278)

▶ **La visite de l'île d'Heimaey, évacuée durant l'éruption de 1973.** (p. 130)

▶ **Une descente à ski du Snæfellsjökull, le stratovolcan de 1 446 m d'altitude coiffé d'un glacier.** (p. 266)

↘ ROUTE CIRCULAIRE

- 1 332 km
- Route à deux voies (une dans chaque direction) sur la majeure partie du trajet
- Habituellement accessible toute l'année
- Les codes doivent être allumés en toutes circonstances quand vous conduisez en Islande
- La vitesse limite sur les routes goudronnées est de 90 km/h

ÉPIQUE ROAD TRIP

La route circulaire (route 1 ; photo) fait le tour de l'île, reliant la majorité des régions habitées. Un road trip le long de cette route de 1 332 km vous fera passer par des portions de littoral déchiqueté, des villages de pêcheurs isolés, des glaciers étincelants et une myriade de cascades éblouissantes. Il vous sera également possible de faire une infinité de détours en chemin.

Notre sélection

- **La route circulaire, entre Reykjavík et Vík, avec ses cascades, glaciers et plages de sable noir.** (p. 142)
- **Après Vík, en suivant la côte sud, le Jökulsárlón et sa lagune remplie d'icebergs.** (p. 166)
- **Une virée sur la route côtière arctique et la route des fjords de l'Ouest.** (p. 216, p. 248)

L'ISLANDE BON MARCHÉ

L'Islande étant l'un des pays les plus chers de la planète, regrouper le nom de l'île et l'adjectif abordable dans une même phrase semble relever de l'oxymore. Toutefois, il existe bien des moyens de réduire les coûts sans sacrifier la qualité de son voyage. Diminuez les frais de location de voiture, par exemple, en utilisant les transports publics, en logeant dans le même hébergement ou en faisant du vélo.

→ REPAS EN GOGUETTE

Pour économiser, procurez-vous une glacière où vous conserverez vos en-cas et pique-niques lors de vos escapades. Prévoyez de pique-niquer dans l'un des lieux que nous vous recommandons.

▶ Nos lieux de pique-nique favoris sont listés p. 76, p. 177 et p. 249

Notre sélection

- ▶ **La visite de Reykjavík à pied et la découverte de sites uniques et insolites.** (p. 80)
- ▶ **L'exploration de la capitale islandaise à vélo.** (p. 50)
- ▶ **Une escapade pour découvrir le Skaftafell et le parc national de Vatnajökull.** (p. 160)
- ▶ **Un moment de détente dans la piscine géothermale gratuite de Guðlaug, sur la plage d'Akranes.** (p. 281)

★ PARADIS DES BAIGNEURS

Les bains dans les Jacuzzis des piscines chauffées par géothermie vous laisseront un souvenir inoubliable. L'entrée est bon marché et vous croiserez des piscines dans tout le pays.

▶ Découvrez certaines des plus belles piscines p. 121

Ci-dessus à gauche Cycliste, Reykjavík **À gauche** Pâtisseries, Reykjavík

ET TOMBE LA NEIGE

En dépit des longues nuits d'hiver, les Islandais ne restent pas cloîtrés à l'intérieur la moitié de l'année. Restez actif également en pratiquant des activités en plein air et profitez pleinement de la neige quand elle est au rendez-vous. Stations de ski et possibilités de faire du ski hors piste vous attendent dans tout le pays. Les voyageurs qui ne skient pas pourront s'adonner à la luge, aux raquettes ou à la motoneige.

À gauche Motoneige, calotte glaciaire de Vatnajökull **À droite** Croisière sur un voilier, réserve naturelle du Hornstrandir **Ci-dessous** Ski de fond près d'Ólafsfjörður

→ TOUT SCHUSS

Visitez des coins presque inexplorés lors d'une expédition de plusieurs jours combinant ski et voile au départ d'Ísafjörður.

▶ Pour plus de renseignements, reportez-vous p. 255

← SENSATIONS FORTES

Faites une course dans les paysages enneigés lors d'une excursion en motoneige.

▶ Découvrez où faire cette expérience p. 107

↑ JOUER DANS LA POUDREUSE

Le ski de fond a connu un engouement sans précédent durant la pandémie de Covid-19. Réservez un cours à Ólafsfjörður ou à Siglufjörður.

▶ Apprenez-en plus sur le ski et les autres sports d'hiver à Akureyri et dans ses environs p. 192

Notre sélection

▶ **De la luge sur les versants enneigés entourant Akureyri.** (p. 193)

▶ **Du ski de fond dans les fjords de l'Ouest et dans le nord du pays.** (p. 255, p. 193)

▶ **Un bain chaud dans un Jacuzzi tandis que les flocons de neige tombent du ciel.** (p. 249)

▶ **La beauté d'une aurore boréale tout en skiant à Akureyri.** (p. 192)

▶ **Les festivals des sports d'hiver dans le nord du pays.** (p. 193)

NATURE SAUVAGE

La nature sauvage est la principale caractéristique de l'Islande. Gravissez les versants de montagnes et traversez les rivières qui dévalent ou faites une promenade sur un cheval islandais le long de la côte sauvage ou dans des paysages volcaniques. Ensuite, laissez-vous tenter par l'une des nombreuses autres activités, comme le kayak, la voile, le ski, l'escalade d'un glacier, etc.

→ CASCADES RUGISSANTES

L'Islande est arrosée par d'innombrables cascades. Certaines, à l'instar de Glymur (p. 277), ne sont accessibles qu'à pied, mais constituent la récompense suprême de votre effort.

▶ Pour une liste de cascades incontournables, reportez-vous p. 104 et p. 140

À gauche Paysage le long du Laugavegur **À droite** Glymur **Ci-dessous** Campeur à Skógar

SÉCURITÉ ET ÉTIQUETTE

Pour éviter les ennuis, avant de vous lancer dans une aventure en plein air, même s'il ne s'agit que d'une courte marche, renseignez-vous bien, vérifiez les prévisions météorologiques et assurez-vous d'être correctement équipé. Et souvenez-vous de laisser l'endroit aussi propre à votre départ qu'à votre arrivée.

↑ PLANTER SA TENTE

Ne manquez pas de dormir à la belle étoile dans des campings qui jouissent d'un cadre magnifique. Par exemple à Þórsmörk où vous pourrez randonner. Si vous prévoyez de faire du camping sauvage, renseignez-vous tout d'abord sur les lois en vigueur (ust.is).

▶ Plus de renseignements sur la randonnée à Þórsmörk p. 144

Notre sélection

- **Le trek du Laugavegurinn entre Landmannalaugar et Þórsmörk.** (p. 147)
- **Une virée dans l'ouest de l'Islande, sillonné de sentiers de randonnée, comme celui qui mène à Glymur.** (p. 276)
- **Une promenade à cheval dans la campagne islandaise.** (p. 228)
- **Une croisière jusqu'à Hornstrandir pour une marche dans la nature.** (p. 252)
- **Le village de Borgarfjörður Eystri, pour de superbes randonnées.** (p. 178)

LE GRAND BLEU

Immenses glaciers creusés de profondes crevasses et de grottes de glace cachées, fjords côtiers surplombant les villages de pêcheurs colorés, ruisseaux dévalant les montagnes pour se jeter dans la mer. La richesse aquatique de l'Islande est essentielle pour la vie sur l'île, mais fournit également un terrain de jeu naturel permettant de belles découvertes.

À gauche Baleine plongeant près d'Húsavík À droite Bateaux de pêche, Suðureyri Ci-dessous Vök Baths

→ VIE SOUS-MARINE

Découvrez comment l'océan permet de subvenir aux besoins de la communauté de Suðureyri, dans les fjords de l'Ouest, en suivant la promenade guidée sur le Sentier des produits de la mer (p. 255).

▶ Apprenez-en plus sur les communautés des fjords de l'Ouest p. 246

TOUT EN LÉGÈRETÉ

Nombre de piscines géothermales du pays proposent régulièrement des séances de relaxation flottante en utilisant l'équipement Flothetta, un bonnet flottant conçu tout spécialement pour soutenir les personnes suivant des thérapies dans l'eau. @samflotfyriralla @flothetta

↑ À NE PAS MANQUER

Détendez-vous dans les piscines flottantes des Vök Baths, dans le lac Urriðavatn, dans l'est du pays, puis faites un plongeon dans les eaux frisquettes du lac.

▶ Plus d'informations sur les Vök Baths p. 171

Notre sélection

- **Une croisière pour tenter d'apercevoir baleines et dauphins, suivie d'une visite au musée de la Baleine à Húsavík.** (p. 219)
- **Une escapade dans les îles reculées du Nord, où vivent de petites communautés.** (p. 226)
- **Une montée d'adrénaline lors d'une sortie rafting sur une rivière.** (p. 107)
- **Un aperçu des fonds marins en plongeant dans des eaux froides.** (p. 199, p. 245)
- **Une expédition kayak, pêche ou ornithologique au large de Snæfellsnes.** (p. 270)

↓ Festival viking de Hafnarfjörður

Durant 3 jours à la mi-juin, la paisible bourgade de Hafnarfjörður est envahie par des hordes de Vikings se livrant à des spectacles de combats, de tir à l'arc, de contes et de musique.

← Fête nationale

Le 17 juin, le pays célèbre la création de la République d'Islande et son indépendance vis-à-vis du Danemark, proclamée en 1944. Parades, concerts, spectacles de rue et autres réjouissances animent tout le pays.

Programme des festivités à Reykjavík sur 17juni.is.

← Solstice d'été

C'est autour du 21 juin, jour le plus long de l'année, que le soleil de minuit illumine le plus la nuit islandaise. Profitez-en lors d'une randonnée.

JUIN

Température max. moyenne : 13°C
Jours de précipitations : 9,3 (à Reykjavík)

JUILLET

L'Islande en ÉTÉ

La saison des festivals bat son plein. La plupart des routes des hautes terres sont ouvertes aux 4x4 de la mi- à la fin juin (et parfois jusqu'en juillet), et les conditions sont idéales pour la randonnée.

↘ Festivités estivales

La Reykjavík Pride et la Nuit de la culture sont les temps forts du calendrier estival.

Reykjavík

▶ p.295, p. 70

Les hébergements font le plein en été. Réservez vos excursions guidées et autres aventures bien à l'avance.

↓ Þjóðhátíð

Au programme de ce festival de 4 jours : musique, danse, alcool, feux d'artifice, grand feu de joie et spectacle de lumières avec éruption de torches rougeoyantes (clin d'œil aux volcans de l'île).

Heimaey

▶ p. 130

Température max. moyenne : 14,9°C
Jours de précipitations : 10,3

AOÛT

Température max. moyenne : 14,1°C
Jours de précipitations : 11,6

← Cueillette

À la fin août, remplissez votre panier de myrtilles, camarines noires et autres baies. Tentez votre chance dans la réserve naturelle de Heiðmörk.

Heiðmörk

▶ p. 87

Dans la valise

Les rideaux occultants sont courants mais, pour ne pas être dérangé par la lumière des nuits d'été, prévoyez aussi un masque pour les yeux.

Les jours restent longs, mais on aperçoit les premières aurores boréales. Certains services et sites touristiques ferment ; les routes des hautes terres ne sont plus accessibles à partir d'octobre.

← Réttir

Dans les pâturages des montagnes et les vallées, fermiers, familles et amis se réunissent pour rassembler les moutons pour l'hiver. Atmosphère festive et visiteurs bienvenus. Le rassemblement des chevaux a lieu à peu près au même moment (p. 297).

↓ Tour Imagine Peace

Le 9 octobre, date de l'anniversaire de John Lennon, l'œuvre conçue par Yoko Ono illumine le ciel.

📍 Île de Viðey

▸ imaginepeacetower.com

SEPTEMBRE

OCTOBRE

Température max. moyenne : 11,4°C
Jours de précipitations : 15 (à Reykjavík)

L'Islande en AUTOMNE

ARCTIC-IMAGES/GETTY IMAGES ©, ARCTIC-IMAGES/GETTY IMAGES ©, FEBRUARY/GETTY IMAGES ©, SANTIAGO FELIPE/REDFERNS/GETTY IMAGES ©, CELSO MOLLO PHOTOGRAPHY/GETTY IMAGES ©

↓ Festival de musique Iceland Airwaves

Dans diverses salles de concerts, des artistes émergents et établis, d'Islande et d'ailleurs, font vibrer Reykjavík.

▸ icelandairwaves.is

↖ Aurores boréales

Tentez d'assister au spectacle des lumières célestes. Réservez une excursion ou passez quelques nuits à la campagne et croisez les doigts !

Les touristes sont moins nombreux, mais les températures plus fraîches. Les arbres prennent leurs teintes automnales en septembre et octobre.

Température max. moyenne : 7,6°C
Jours de précipitations : 13,1

NOVEMBRE

Température max. moyenne : 4,7°C
Jours de précipitations : 13,7

Dans la valise

Un trépied, des gants (ou des mitaines, plus pratiques) et un thermos pour les nuits à chasser les aurores boréales.

← Solstice d'hiver

Vers le 21 décembre, c'est le jour le plus court de l'année. Le soleil ne se montre que 4 heures à Reykjavík, et encore moins plus au nord.

→ Nouvel An

Les feux de joie et feux d'artifice de Reykjavík sont une véritable attraction. Les parvis du Perlan et de la Hallgrímskirkja offrent une bonne vue.

DÉCEMBRE **JANVIER**

Température max. moyenne : 3,3°C
Jours de précipitations : 14,6 (à Reykjavík)

L'Islande en HIVER

JANE RIX/SHUTTERSTOCK ©, ARCTIC-IMAGES/GETTY IMAGES ©, ARCTIC-IMAGES/GETTY IMAGES ©, ROBERTO LA ROSA/SHUTTERSTOCK ©, WESTEND61/GETTY IMAGES ©, ANTON PETRUS/GETTY IMAGES ©, JENNYWONDERLAND/SHUTTERSTOCK ©

← Bain de mer du Premier de l'an

Les baigneurs prennent d'assaut la plage de Nauthólsvík. Si vous n'avez pas l'habitude de l'eau glacée, n'y restez pas plus de quelques secondes pour éviter l'hypothermie.

Reykjavík

▸ nautholsvik.is

La meilleure période pour voir les aurores boréales. Les grottes de glace sont accessibles. Les stations de ski ouvrent généralement jusqu'au printemps.

↓ List í ljósi

Pour célébrer le retour de la lumière après de longs mois d'hiver, Seyðisfjörður se pare d'œuvres illuminées et de projections créées par des artistes locaux et internationaux.

← Þorrablót

Þorrablót est une fête ancestrale, célébrée en janvier et février. On s'y retrouve autour d'un grand buffet traditionnel arrosé de *brennivín* (eau-de-vie islandaise). De nombreux restaurants proposent un menu spécial.

Température max. moyenne : 3,2°C
Jours de précipitations : 15,3

FÉVRIER

Température max. moyenne : 3,3°C
Jours de précipitations : 15

← Grottes de glace

La plupart de ces grottes naturelles sont accessibles de novembre à mars, quand les températures les empêchent de fondre. Ne les visitez qu'avec un guide certifié.

Dans la valise

Apportez des vêtements chauds et des lunettes de soleil (la neige et le soleil bas peuvent être aveuglants, surtout quand on conduit).

↓ DesignMarch

Le plus grand festival de design du pays réunit des créateurs nationaux et internationaux autour d'une multitude de disciplines allant de la mode à l'architecture.

Reykjavík

▶ designmarch.is

← Aldrei fór ég suður

Ce festival de musique très apprécié a lieu durant le week-end prolongé de Pâques.

Ísafjörður, fjords de l'Ouest

▶ aldrei.is

→ AK Extreme

Sur le mont Hliðarfjall et dans le centre d'Akureyri, dans le Nord, ce festival de snowboard et de musique attire les foules avec une compétition de sauts.

▶ akx.is

MARS **AVRIL**

Température max. moyenne : 4,2°C
Jours de précipitations : 14,2 (à Reykjavík)

L'Islande au PRINTEMPS

NIC LEHOUX/HENNING LARSEN ©, ASGEIR HELGI PRASTARSON ©, KRISTINN KRISTINSSON/SHUTTERSTOCK ©, ARCTIC-IMAGES/GETTY IMAGES ©, SASHA64F/SHUTTERSTOCK ©, OLEG SENKOV/SHUTTERSTOCK ©

↓ Road trip

Le temps s'améliore et, comparé à l'été, les touristes sont plus rares et les prix moins élevés. Les conditions sont bonnes pour rouler le long de la côte sud et sur la route circulaire.

↖ Premier jour de l'été

Le premier jeudi suivant le 18 avril, on célèbre en famille ce jour férié avec des festivités à travers tout le pays.

MAI

Température max. moyenne : 6,9°C
Jours de précipitations : 12

Température max. moyenne : 10,1°C
Jours de précipitations : 10,8

Dans la valise

Pour parer à la météo imprévisible, prévoyez plusieurs couches de vêtements, dont des vestes et surpantalons imperméables et respirants.

REYKJAVÍK
à la carte

INCONTOURNABLES
ET TRÉSORS CACHÉS

Des nuits froides et interminables de l'hiver aux très longues soirées ensoleillées de l'été ; de l'ambiance calme et décontractée de la journée à l'animation du soir, Reykjavík n'est pas bien grande mais a beaucoup à offrir à deux pas de la nature.

Feuille de route

Ville principale Reykjavík

Durée Une semaine pour pouvoir faire des excursions en dehors de la capitale.

Se déplacer Beaucoup de sites sont accessibles à pied ou avec une trottinette ou un vélo de location. Le service de bus est correct, mais louer une voiture peut s'avérer pratique.

À savoir En fonction de votre mode de voyage, louer une voiture pour explorer les environs peut vous revenir moins cher que des excursions guidées.

Grótta
Faites un tour sur la plage, à la pointe de la péninsule de Reykjavík ; vous y trouverez un petit bain chaud et pourrez peut-être accéder à son phare.
à 1 heure de marche de Grandi

Vieux Reykjavík et Laugavegur
Plongez dans l'histoire de la capitale à travers ses pubs et cafés, rencontrez ses innombrables chats et goûtez aux spécialités islandaises.
à 1 heure de marche de Grótta

Öskjuhlíð
Cette colline boisée à deux pas du centre-ville cache des bunkers de la Seconde Guerre mondiale, des lapins amicaux et la plage géothermale de Nauthólsvík.
à 40 min de marche du centre-ville

Grandi
Découvrez les trésors de l'ancien quartier des pêcheurs, qui cache de nombreuses perles culturelles et gastronomiques.
à 20 min de marche du centre-ville

Viðey
Embarquez pour l'île de Viðey et laissez-vous émerveiller par ses œuvres d'art en plein air, son impressionnante faune aviaire et les flots qui l'entourent.
à 5 min de ferry depuis Skarfabakki

Elliðaárdalur et ses environs
Faites une longue marche, trempez vos pieds dans la rivière ou profitez tout simplement de ce bois le temps d'un pique-nique. Visitez le musée en plein air d'Árbæjarsafn en mangeant un beignet.
à 15 min de route du centre-ville

Heiðmörk
Les multiples activités de plein air de la forêt de Heiðmörk prouvent bien qu'à Reykjavík, la nature n'est jamais loin.
à 35 min de route du centre-ville

Vieille ville de Hafnarfjörður
Contemplez la vieille ville depuis la falaise de Hamarinn, visitez le musée Hafnarborg, et prenez un café au Pallett. Peut-être verrez-vous des créatures du peuple caché ?
à 25 min de route du centre-ville

LA ROUTE CIRCULAIRE
à la carte

INCONTOURNABLES ET TRÉSORS CACHÉS

En route ! Une boucle de 1 332 km relie la plupart des villes et villages de l'île en passant par des cols, des ponts à une voie et des paysages variés. C'est comme si la route avait été tracée exprès pour passer au pied de certains des sites les plus emblématiques du pays.

Feuille de route

Villes principales Selfoss, Höfn, Egilsstaðir, Akureyri, Borgarnes

Durée 7 jours

Se déplacer Louez une voiture pour faire un road trip. Des bus circulent toute l'année, mais leurs horaires sont irréguliers en dehors de l'été.

À savoir Renseignez-vous sur la météo et l'état des routes, surtout pour passer les cols de Holtavörðuheiði et Öxnadalsheiði. Si vous n'êtes pas habitué à conduire sur route enneigée, mieux vaut plutôt opter pour un circuit organisé. En été, il y a du monde sur la route entre Selfoss et Vík. Enfin, attention aux moutons !

Mývatn
Détendez-vous : ici tout n'est que bains chauds et autres merveilles géothermales.
à 2 heures 30 de Seyðisfjörður

Akureyri
Observez les baleines, goûtez aux mets locaux et visitez des musées originaux dans cette grande ville du Nord. La route entre Reykjavík et Akureyri a de belles aires de pique-nique et plusieurs passages montagneux.
à 1 heure de Mývatn

Seyðisfjörður
Imprégnez-vous de l'atmosphère artistique cosmopolite de cette petite ville dont la situation, encastrée entre mer et montagne, a inspiré la série *Trapped*.
à 2 heures 30 de Höfn

Höfn
Aventurez-vous dans le sud du parc national du Vatnajökull, avec ses forêts de bouleaux et vallées glaciaires menacées.
En été, pensez à réserver votre hébergement.
à 3 heures 30 de Vík

Vík
Rejoignez la plus charmante bourgade islandaise en longeant des plages de sable noir, de superbes cascades et des volcans subglaciaires actifs. Prévoyez de multiples escales et tenez-vous prêt à fuir en cas d'éruption !
à 1 heure 30 de Selfoss

LE SUD-OUEST
à la carte

INCONTOURNABLES ET TRÉSORS CACHÉS

C'est la région idéale pour vivre l'aventure islandaise sans trop de frais ni d'effort, car, bien que proche de Reykjavík, le Sud-Ouest réserve de superbes surprises.

Feuille de route

Villes principales Keflavík, Reykjavík, Selfoss, Vík

Durée 1 semaine

Se déplacer Louez une voiture pour voyager à votre rythme et explorer les sites isolés, ou réservez un circuit organisé et laissez-vous guider.

À savoir La haute saison s'étend de juin à août : attendez-vous à des foules de touristes. Les routes sont goudronnées et bien entretenues, mais peuvent être difficiles en hiver.

Péninsule de Reykjanes
Trop souvent négligée, on y découvre pourtant les colonnes basaltiques de Reykjanestá, les mares de boue de Seltún et, dernière attraction en date, le Fagradalsfjall, qui fut en éruption en 2021.

1 heure de Reykjavík à Reykjanestá

Cercle d'or

Passez d'un continent à l'autre dans le parc de Þingvellir, observez les geysers de la vallée de Haukadalur et écoutez le rugissement des chutes de Gullfoss.

2 heures de Reykjanestá à Haukadalur

Landmannalaugar

Montagnes multicolores, champs de lave, sources chaudes et randonnées variées. Accessible uniquement de juin à septembre, en 4x4 ou en bus amphibie.

à 3 heures 15 de Þórsmörk

Þórsmörk

Un paradis pour les marcheurs avec ses monts verdoyants et ses glaciers. Allez-y en 4x4 ou en bus amphibie entre juin et septembre, ou réservez une excursion en Super Jeep quelle que soit la saison.

à 1 heure 30 de Vík

Côte sud

Appréciée pour ses immenses chutes d'eau, ses saisissants glaciers et ses plages de sable noir, la côte sud ne manque pas de sites emblématiques.

1 heure de Haukadalur à Selfoss

Vík

Un agréable village côtier où passer la nuit après toutes ces aventures sur la côte.

à 1 heure 30 de Selfoss

LE NORD
à la carte

INCONTOURNABLES
ET TRÉSORS CACHÉS

Dans le Nord, naviguez en bateau ou montez à cheval, admirez des cascades variées et des joyaux géothermiques, randonnez à la rencontre des oiseaux ou gravissez des sommets enneigés avant de skier jusqu'à la côte. Mais n'oubliez pas non plus de vous détendre, de vous ouvrir à la culture locale et de piquer une tête dans l'eau chaude.

Feuille de route

Villes principales Hvammstangi, Blönduós, Akureyri, Húsavík

Durée 10 jours

Se déplacer Le mieux est de louer une voiture. Vous pouvez aussi voyager en bus, avec les cars SBA ou en avion depuis le Sud.

À savoir Les routes des hautes terres, ouvertes en été, requièrent un 4x4 adapté. Les secours (ICE-SAR) patrouillent dans la région et aident les véhicules en difficulté à passer les rivières (le conducteur est toujours responsable). Plus d'informations, safetravel.is.

Hvammstangi
Quittez la route circulaire pour visiter Hvammstangi. Allez voir les phoques et faites un tour sur la péninsule de Vatnsnes pour contempler le rocher de Hvítserkur, qui surgit de la mer.
à 2 heures 30 de Reykjavík

Víðidalstungurétt
Assistez à la fête traditionnelle du rassemblement des troupeaux de chevaux. Faites ensuite une randonnée équestre dans la campagne.
1 à 5 jours

Cercle de diamant

Cet itinéraire touristique de 250 km fait le tour des plus célèbres sites du Nord-Est : cascades, volcans, baleines et bains géothermaux.

3 heures 30 de Hrafnagil à Húsavík

Tröllaskagi

Entre le Skagafjörður et l'Eyjafjörður, cette péninsule offre ses hauts sommets et ses petits glaciers aux marcheurs et skieurs de tous niveaux.

2 heures d'Akureyri à Hofsós

Eyjafjarðarsveit

Une vallée de production agricole et laitière, riche de musées originaux, d'églises de campagne, de spécialités culinaires et de paisibles paysages.

15 min d'Akureyri à Hrafnagil

Hveravellir

La route F35 suit la vieille piste de Kjölur, entre les glaciers Langjökull et Hofsjökull. Un 4x4 est nécessaire. Restez un peu pour explorer les hautes terres depuis Hveravellir.

à 2 heures 30 de Hvammstangi

L'OUEST
à la carte

INCONTOURNABLES ET TRÉSORS CACHÉS

Gagnez l'Ouest pour fuir les foules et découvrir une mosaïque de fjords, sources chaudes, îles, glaciers, montagnes, chutes d'eau et superbes côtes. La région brille aussi par son patrimoine culturel et gastronomique.

Feuille de route

Villes principales Borgarnes, Stykkishólmur, Patreksfjörður, Ísafjörður

Durée 2 semaines

Se déplacer Louez une voiture pour voyager à votre propre rythme ou réservez un circuit organisé. Il existe des bus, mais ils sont peu fréquents.

À savoir La plupart des routes sont goudronnées, mais prévoyez du temps pour adopter une conduite lente et prudente sur les pistes des fjords de l'Ouest ou en cas de verglas. Certains services ont des horaires limités, n'ouvrent que sur rendez-vous ou sont fermés d'octobre à avril.

Þingeyri
Savourez café et gaufres belges dans le très cosy Simbahöllin. Jouez au golf, louez un VTT, faites une randonnée équestre ou gravissez les monts Sandafell et Kaldbakur.
à 2 heures de Patreksfjörður

Patreksfjörður
Faites de ce petit village de pêcheurs votre base et partez pour les falaises de Látrabjarg et la plage aux tons rosés de Rauðasandur. Mangez au Flak, un bar-restaurant-salle d'exposition.
à 2 heures 15 de Breiðafjörður, ferry inclus

Snæfellsnes
Explorez le parc national et montez au sommet du glacier Snæfellsjökull. Faites du kayak au pied du mont Kirkjufell, observez baleines et oiseaux et dînez dans le village coloré de Stykkishólmur.
1 heure 15 de Borgarnes à Stykkishólmur

Ísafjörður

Réservez l'aventure qui vous correspond : kayak, randonnée, plongée, VTT, découverte de la faune, voile ou sports d'hiver. Visitez la réserve naturelle du Hornstrandir et les villages alentour, tel Suðureyri.

à 45 min de Þingeyri

Hólmavík

Cultivez-vous au musée de l'Élevage ovin (à 11 km du village) ou au musée de la Sorcellerie, puis faites trempette en admirant la vue depuis les *hot pots* de Drangsnes.

à 2 heures 30 d'Ísafjörður

Breiðafjörður

Prenez le ferry de Stykkishólmur à l'île de Flatey et lâchez prise, appréciez la nature et savourez des mets locaux au restaurant de l'hôtel Flatey.

à 1 heure 30 de Stykkishólmur

Akranes

Faites de ce port votre point de départ, ou d'arrivée. Randonnez près de Akrafjall et plongez à la piscine de Guðlaug sur la plage Langisandur, prisée des nageurs en mer.

à 45 min de Reykjavík

Borgarfjörður

Un fjord plein de surprises où découvrir l'histoire des sagas au Settlement Centre, les chutes de Hraunfossar et de Barnafoss, le tunnel de glace du Langjökull, et les bains chauds du canyon de Húsafell.

30 min d'Akranes à Borgarnes

7 Choses à savoir sur L'ISLANDE

CONSEILS D'INITIÉS POUR PARTIR DU BON PIED

1 Nature fragile

L'Islande est un paradis sauvage mais fragile du fait de son rude climat et de sa brève saison propice à la croissance de la nature. Les traces de pas ou de pneus sur la mousse mettent des années à s'effacer. S'écarter des sentiers et prendre des pierres pour bâtir des cairns est source d'érosion. La conduite hors piste, susceptible de causer des dommages irréversibles, vous vaudra une lourde amende.

▶ Pour alléger votre empreinte écologique, p. 290

2 Énergie géothermique

Les sources chaudes, les fumerolles, les mares de boue et l'odeur de soufre de l'eau chaude du robinet témoignent de l'activité géothermique. L'énergie hydraulique est la principale source d'électricité, la géothermie servant à chauffer les bâtiments, les serres et les piscines et à garder les trottoirs libres de glace en hiver.

▶ Plus d'infos sur les volcans, p. 124

3 Route circulaire

Un road trip le long du principal axe routier vous donnera un aperçu des plus beaux sites islandais. Méfiez-vous des ponts à voie unique et des animaux sur la chaussée et n'essayez pas de tout voir en un week-end.

▶ Découvrez la route circulaire p. 16 et p. 34

4 Alphabet

L'alphabet islandais a 32 lettres. Certaines vous sont sans doute inconnues :

Ð ð – comme le "th" anglais proche de "z"

Þ þ – comme le "th" anglais proche de "s"

Æ æ – "aï" comme dans "ail"

Ö ö – "eu" comme dans "feu"

▶ Pour en savoir plus sur l'islandais, p.296

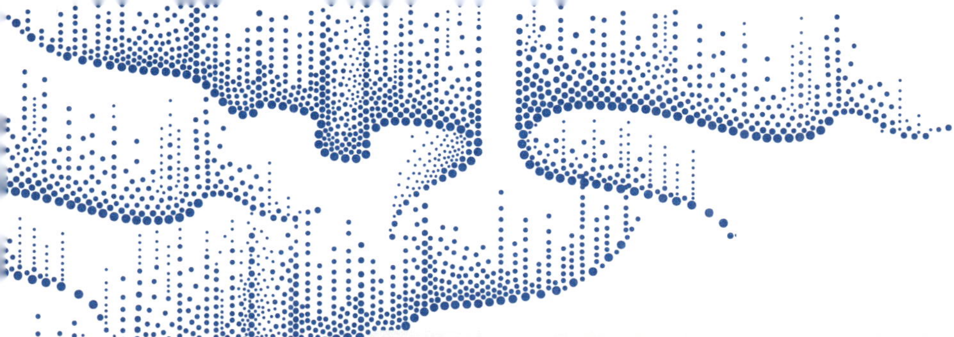

5 Aurores boréales

Les aurores boréales sont visibles quand il fait sombre – donc pas en été – et qu'il n'y a pas trop de nuages. Il est possible de les admirer à Reykjavík mais mieux vaut éviter la pollution lumineuse et s'éloigner des villes pour voir le ciel prendre réellement vie.

▶ Pour les meilleurs coins où observer les aurores boréales, p. 210

6 Piscines : pas d'impairs !

Avec l'énergie géothermique, presque toutes les villes ont une piscine, où l'on va moins pour nager que pour se délasser dans l'eau chaude. Elles comptent généralement un bain de vapeur ; certaines ont un sauna et, pour les plus récentes, un bassin d'eau froide. L'entrée est bon marché.

Par souci d'hygiène et pour réduire la quantité de chlore, il faut se laver au savon, nu, avant d'entrer dans l'eau. Il y a des vestiaires séparés pour les hommes et les femmes, parfois des vestiaires mixtes. Certaines piscines offrent des douches privatives mais la plupart sont collectives. La nudité ne dérange pas les Islandais, habitués à ce mode de fonctionnement.

Faire l'impasse sur la douche préalable sans maillot est très mal vu. Ne soyez pas étonné si les gens qui vous entourent ou le personnel vous rappellent à l'ordre. Pas de chichis !

▶ Consultez les règles à respecter dans les piscines p. 118

7 Climat capricieux

La météo islandaise est notoirement changeante. Il arrive qu'il fasse froid et pluvieux en été ou que les quatre saisons défilent dans une même journée. Mais vous n'êtes pas venu pour la chaleur et le soleil : couvrez-vous et en route pour admirer de splendides paysages !

▶ Découvrez le meilleur et le pire des saisons islandaises p. 24

Inspirations

LIRE

Gens indépendants
(Halldór Laxness ; 1934-1935). Un roman classique plein de satire et d'humour qui décrit les rudes conditions de vie dans l'Islande du début du XXe siècle. Écrit par l'auteur islandais le plus célèbre, lauréat du prix Nobel de littérature en 1955. (Fayard, 2004)

Les Petits Livres
(Alda Sigmundsdóttir ; 2012–). Série de livres qui donne un aperçu de la culture et du peuple islandais. Par exemple, *Le Petit Livre du peuple caché : Vingt histoires d'elfes tirées du folklore islandais*. (Little Books Publishing, 2019)

Le Moindre des mondes
(Sjón ; 2013). Une aventure fantastique qui se déroule durant l'hiver 1883, sous la plume d'un ancien membre du groupe Sugarcubes. Roman récompensé par le prix littéraire du Conseil nordique. (Rivages, 2007)

Histoire de l'Islande. Ce petit pays qui fascine le monde
(Egill Bjarnason ; 2021). Retrace le rôle de l'Islande dans les événements historiques mondiaux. Une excellente introduction pour mieux comprendre le pays. (Autrement, 2021)

ÉCOUTER

Medúlla
(Björk ; 2004). Un album presque entièrement a cappella, avec des chœurs, du chant guttural et du beat-box.

Kveðja
(Bríet ; 2020). Disque en langue islandaise aux influences pop et country. Nommé "album de l'année" à l'équivalent islandais des Victoires de la musique.

Arabian Horse
(GusGus ; 2011). Huitième album dance pop du groupe électro de Reykjavík enregistré en studio.

Sól rís 1980-2020
(Bubbi Morthens ; 2020). Bubbi est une légende locale, dont le répertoire va du punk au rock en passant par le blues, le reggae et le folk.

MELANIE LEMAHIEU/SHUTTERSTOCK ©

Haglél
(Mugison ; 2011). Premier album de blues rock en islandais de cet artiste originaire des fjords de l'Ouest. Sacré lui aussi "album de l'année" dans son pays.

VOIR

101 Reykjavík (2000). Comédie sombre, le premier grand film du réalisateur Baltasar Kormákur a été primé.

Les Anges de l'univers (2000). Comédie tragique traitant en partie de la maladie mentale et des regards extérieurs à son égard.

Jar City (2006). Thriller policier adapté du best-seller d'Arnaldur Indriðason.

Les Fantômes du passé (2017). Film d'épouvante à énigme sur des personnes installées dans une ville abandonnée.

Trapped (2015–). Série télévisée dramatique policière de Baltasar Kormákur, qui se déroule dans l'Islande profonde.

S'INFORMER

Vivre en Islande (@vivreenislande) Actus, articles de fond, culture…

The Reykjavík Grapevine (@rvkgrapevine) Magazine et site Internet sur l'actualité (en anglais).

Visit Iceland (@visiticeland) Le portail de l'office national du tourisme.

Gunnar Freyr Gunnarsson (@icelandic_explorer) Photographe et romancier installé à Reykjavík.

Ása Steinarsdóttir (@asasteinars) Photographe et aventurière.

REYKJAVÍK

CUISINE | CULTURE | MUSIQUE

REYKJAVÍK
à la carte

Envie de vous détendre dans un bassin au bord de l'eau ? De voir des animaux de ferme en pleine ville ? De manger ou prendre un verre au cœur de l'hiver ? Reykjavík fourmille de possibilités quelle que soit la saison.

Profitez de la plage de **Grótta** et de son petit bassin (p. 87).
1 jour

Dénichez les trésors culturels et culinaires du quartier de **Grandi** (p. 59).
1 jour

Visitez les trois sites du **musée d'Art de Reykjavík** (p. 75).
1 jour

Découvrez la vie d'autrefois à **The Settlement Exhibition** (p. 85).
½ journée

Explorez l'histoire de l'Islande au **Musée national** (p. 76).
½ journée

0 1 km
Engey
Observez les oiseaux, l'art et l'histoire à **Viðey** (p. 86).
1 jour
Viðey
Kollafjörður
Au milieu des pubs et cafés, vivez le **vieux Reykjavík et Laugavegur** (p. 57).
½ journée
Sæbraut
Borgartún
LAUGAVEGUR
LAUGARDALUR
Snorrabraut
Laugavegur
Langahlíð
Kringlumýrarbraut
Háaleitisbraut
Suðurlandsbraut
Laugardalur
Sæbraut
Gamla
HÁALEITI NORD
Miklabraut
SLEIFAN
Prenez un bon bol d'air au **musée d'Árbæjarsafn** (p. 86).
1 jour
Détendez-vous à la piscine de **Sundhöllin** (p. 88).
½ journée
Háaleitisbraut
Grensásvegur
GERÐI
Miklabraut
Bústaðavegur
Kringlumýrarbraut
Fossvogur
De la falaise de Hamarinn admirez la vue sur **Hafnarfjörður** (p. 77).
1 jour
Hafnarfjörður (14 km), Aéroport international de Keflavík (48 km)

Informations pratiques

F11PHOTO/SHUTTERSTOCK ©

À L'ARRIVÉE

Aéroport international de Keflavík À environ 40 minutes de Reykjavík. Les trains n'existant pas en Islande, il y a deux moyens de transport depuis/vers l'aéroport : le Flybus et le taxi. Le Flybus marque plusieurs arrêts avant de gagner la gare routière BSÍ, tout près du centre-ville. De là, pour rejoindre votre destination, le mieux est un taxi mais vous pouvez aussi marcher.

BUDGET

Bière (happy hour)
900 ISK

Hot dog islandais
600 ISK

Trajet en bus
490 ISK

COMMENT CIRCULER

À pied Bien que relativement étendue, la capitale peut s'explorer à pied. On trouve une plage publique, des musées, des galeries et des restaurants dans un rayon de 30 minutes de marche autour du centre-ville.

Bus et taxi Pour les longues distances, le bus urbain est relativement rapide et pratique. Essayez l'application Strætó. Assez coûteux, le taxi ne demande qu'un simple appel téléphonique.

Vélo Nombreux scooters et vélos de location disponibles grâce à des applis comme Hopp et Wind : un mode de transport rapide et agréable pour explorer Reykjavík.

QUAND Y ALLER

MARS-MAI
Vent et pluie ; parfait pour un séjour culturel.

JUIN-AOÛT
Excursions et activités en extérieur.

SEPT-NOV
Saison calme ; activités culturelles et de plein air.

DÉC-FÉV
Sports d'hiver et activités culturelles.

SE RESTAURER ET PRENDRE UN VERRE

Laugavegur Principal secteur commerçant du pays, Laugavegur et ses environs abritent toutes sortes de restaurants et de pubs.

Grandi Le vieux port compte une variété de lieux culturels et gastronomiques. (photo ;p. 59)

Bar à bières Tenu avec brio, le Brewdog sert, à toute heure, un excellent choix de bières islandaises pression. (p. 90)

Food court Le Hlemmur Mathöll est un espace de restauration installé dans la principale gare routière. La faune peu recommandable des débuts a cédé la place à une clientèle de Reykjavíkois et de touristes. (photo ; p. 58)

SE CONNECTER ET S'ORIENTER

Wi-Fi et réseaux mobiles Accessibles partout. Codes d'accès WI-FI affichés dans la plupart des cafés, bars et restaurants. Cartes SIM 4G relativement abordables.

GPS Ils sont assez précis en Islande. Si vous le leur demandez, les habitants pourront souvent vous aider à trouver votre chemin.

OÙ LOGER

L'hébergement est coûteux en Islande mais on trouve des adresses de catégorie moyenne abordables, ainsi qu'un large choix de locations sur Airbnb et les plateformes similaires.

Secteur	Pour/contre
Centre-ville	Le quartier le plus animé de la capitale. Proche de la plupart des sites mais prix plus élevés.
Kópavogur et Hafnarfjörður	Ces deux banlieues comptent des hébergements moins coûteux mais sont à 30 minutes en bus du centre-ville.
Ailleurs dans l'agglomération de Reykjavík	Locations d'appartements dans différents secteurs avec leurs avantages et leurs inconvénients.

RÉDUCTIONS

Vendue en ligne et valable 24, 48 ou 72 heures, la Reykjavík City Card donne notamment accès aux musées et aux bus urbains et comprend un trajet en bateau à Viðey.

ARGENT

Cartes Visa et MasterCard acceptées quasiment partout. Les supermarchés discount (Bónus et Krónan) sont parfaits pour acheter en-cas et provisions.

Les grands classiques

Pour les infos pratiques de chaque site, reportez-vous au carnet d'adresses p. 84.

Hallgrímskirkja

Achevée en 1986, cette immense église blanche en béton est le monument phare de Reykjavík. Les colonnes rappelant le basalte volcanique placées de part et d'autre du clocher attestent du désir de son architecte, Guðjón Samúelsson, de créer un style architectural national. Devant l'église trône une statue du Viking Leifur Eiríksson, premier Européen à fouler le sol d'Amérique vers l'an 1000.

Vieux Reykjavík

S'étendant entre le Tjörnin, le paisible lac du centre-ville, et le parc Austurvöllur, le vieux Reykjavík forme le cœur de la capitale, composé de maisons multicolores, de monuments historiques et d'autres sites dignes d'intérêt. Il s'agit du plus ancien noyau de peuplement de l'histoire de Reykjavík.

The Settlement Exhibition

Cette "exposition sur la colonisation" se déploie autour d'une maison longue viking du Xe siècle et d'autres vestiges de l'âge du peuplement découverts dans le centre de Reykjavík. Associant admirablement technologie et archéologie, elle offre un aperçu de l'Islande des origines et redonne vie à l'histoire.

PHOTO12/ALAMY/ARCTIC IMAGES ©

Le musée d'Art

Un musée, trois sites : l'Hafnarhús (photo), le Kjarvalsstaðir et l'Ásmundarsafn. Et surtout l'occasion de découvrir l'art moderne et contemporain islandais à travers certains de ses plus éminents représentants, tels Erró (Guðmundur Guðmundsson), Jóhannes Sveinsson Kjarval ou encore Ásmundur Sveinsson.

GODDARD_PHOTOGRAPHY/GETTY IMAGES ©

JONATHAN SMITH/LONELY PLANET ©

Le Musée national

La collection d'objets de ce musée, qui va de l'âge de la colonisation à l'époque moderne, compose un excellent panorama de l'histoire et de la culture islandaises. Les différentes sections, bien conçues, permettent de mieux comprendre combien l'île a souffert sous les dominations étrangères successives, avant de gagner son indépendance.

Vieux port et Grandi

Si le vieux port reste en activité, il est devenu, comme le quartier voisin de Grandi, un haut lieu touristique, grâce à la présence de plusieurs musées, de boutiques et de restaurants. C'est aussi le point de départ d'excursions pour observer les baleines et les macareux. Le tout avec le sommet enneigé de l'Esja en toile de fond.

DRAZEN LOVRIC/ISTOCKPHOTO.COM ©

BIBHASH BANERJEE/SHUTTERSTOCK ©

Harpa

À la fois salle de concert et centre culturel, l'Harpa, dont les facettes toujours changeantes se reflètent sur l'eau, est une merveille architecturale. Inaugurée en 2011, elle a été conçue par les cabinets d'architectes de Henning Larsen et Batteríið avec l'artiste Ólafur Elíasson. Outre une programmation intéressante, l'édifice mérite une halte pour son intérieur étincelant avec vue sur le port.

Laugavegur et Skólavörðustígur

C'est autour de ces deux artères que vous pourrez prendre le pouls de la ville. Laugavegur (photo), la rue commerçante principale de Reykjavík qui se poursuit à l'ouest par Bankastræti, bourdonne d'animation. Skólavörðustígur, qui débouche sur l'impressionnante église Hallgrímskirkja, est sans conteste la rue des artistes. Dans ce quartier, s'alignent boutiques, bars et cafés les plus intéressants de la ville.

ALEKSANDAR TODOROVIC/SHUTTERSTOCK.COM ©

VVOE/SHUTTERSTOCK.COM ©

Laugardalur

Jadis principale source d'alimentation en eau chaude de Reykjavík, le parc de Laugardalur est l'occasion de s'initier au rite des bains à l'islandaise dans sa piscine géothermale. Situé à 4 km du centre-ville, s'y trouvent également le musée d'Art Ásmundarsafn ainsi qu'un joli jardin botanique, un zoo pour les enfants et un agréable café.

01

Reykjavík GOURMAND

RESTAURANTS | CAFÉS

Vous cherchez un endroit où manger ? Baladez-vous dans le centre-ville ou dans le quartier de Grandi (l'ancien port de pêche) pour trouver votre bonheur, qu'il s'agisse de burgers tout simples, de nouvelle cuisine islandaise ou encore de plats de poisson. Les lieux historiques et culturels à visiter vous ouvriront l'appétit.

ICELANDIC PHOTO AGENCY/ALAMY STOCK PHOTO ©

En pratique

Circuler La plupart des bus desservent le centre-ville, d'où il est facile et agréable de marcher jusqu'à Grandi (10 min). Sinon, prenez un taxi ou restez dans le bus, qui s'arrête un peu partout dans le centre. Scooters ou vélos électriques disponibles via de nombreuses applications mobiles.

Budget On trouve tous les prix. En moyenne, un dîner au restaurant coûte de 2 500 à 3 000 ISK par personne hors boissons.

JÓN PÁLL VILHELMSSON ©

Centre-ville

Depuis une quinzaine d'années, la scène culinaire islandaise est en plein essor. Les établissements de toutes tailles et pour tous les budgets se multiplient, les chefs rivalisent d'inventivité pour revisiter les spécialités nationales et on voit fleurir de nouvelles tables haut de gamme ou originales.

Une bonne partie des restaurants sont situés dans le centre-ville : dans Laugavegur, la principale rue commerçante, dans Hverfisgata, et à Kvosin, le plus vieux quartier de la ville.

Le **Café Loki** (p. 88) sert des plats islandais maison. Par beau temps, attablez-vous à l'extérieur pour observer l'église Hallgrímskirkja et le va-et-vient des passants. Petit mais charmant, le **Mat Bar** (p. 89)

RICHARD CUMMINS/ALAMY STOCK PHOTO ©

Musée maritime

La principale attraction de ce musée (p. 86), dans le vieux port, est l'exposition *Fish & folk – 150 Years of Maritime History*, qui retrace de manière interactive l'histoire de l'industrie halieutique en présentant les différentes étapes de la navigation, de la pêche et de la production.

Ci-dessus à gauche Flatus, Kex Hostel
Ci-dessus à droite Assiette de hareng, Café Loki **Ci-contre** Morue séchée

se prête à un repas plus intime, associant un plat italien aux accents nordiques et un verre de vin. Le **Flatus** (p. 89), dans la Kex Hostel, propose de succulentes pizzas à petits prix et un bon choix de bières artisanales islandaises.

La gare routière du centre-ville s'est dotée d'un espace de restauration, le **Hlemmur Mathöll** (hlemmurmatholl.is), où le **Skál!** (p. 89) remporte la palme pour ses plats de qualité à prix raisonnables et sa bonne sélection de vins et de bières islandaises.

Autre option excellente, toujours à Hlemmur, le **Flatey Pizza** (p. 89) sert d'exquises pizzas napolitaines préparées avec de la pâte au levain. Voyez aussi le **Fuego Taqueria** (p. 89) et ses tacos californiens.

Vieux port

Bien que toujours en activité, le vieux port abrite aujourd'hui des restaurants, des cafés, des bars, des sites culturels, des marchands de glace et des commerces.

Les meilleures adresses

Dill L'unique restaurant étoilé d'Islande (p. 88).

ÓX Un repaire caché (p. 89).

Mat Bar Élégant et sympathique (p. 89).

Skál! Cuisine de qualité dans une gare routière (p. 89).

Coocoos Nest Restaurant tenu en famille dans le vieux port (p. 88).

Ólafur Örn Ólafsson
Vedette de la télé, propriétaire du Tíu Sopar, du Honkytonk BBQ et du Brút Restaurant.

Ci-contre Sommelier, Dill Restaurant
Ci-dessous La Marshall Húsið, qui abrite La Primavera

Dans ce quartier, le **Matur og Drykkur** (p. 89) renouvelle la cuisine traditionnelle islandaise à travers un menu en six services et propose également un remarquable menu en accord mets-vins. Dans la Marshall Húsið, **La Primavera** (p. 88) est le point de chute idéal après la visite du Nýló, le "Musée d'art vivant", de la galerie Kling & Bang, du i8 Grandi (p. 85) et de l'atelier privé de l'artiste Ólafur Elíasson qui se trouvent dans le même bâtiment (p. 86). Sur le vieux port, le minuscule **Hamborgarabúlla Tómasar** (p. 89) est un choix sûr pour un savoureux hamburger sans prétention, accompagné de frites (plusieurs autres adresses en ville).

L'espace de restauration **Grandi Mathöll** (grandimatholl.is) occupe une ancienne usine de conditionnement de poisson reconvertie notamment en bureaux pour entrepreneurs. Par beau temps, on peut boire et manger dehors en profitant de la vue sur le port et le centre-ville. À l'intérieur, **Kore** (p. 89) sert une cuisine coréenne fusion, notamment des tacos et des *filthy fries* ("frites sales"). Voyez aussi **Fjárhúsið** (p. 88), spécialisé dans l'agneau islandais sous forme de hamburgers, de fajitas, de pitas et de sandwichs. Allez ensuite à **Omnom** (p. 89) pour faire provision de chocolats et glaces haut de gamme.

Mets ISLANDAIS

01

02

04

03

05

06

01 Boudin noir

Préparé avec du sang de mouton, de la graisse et des céréales, enserré dans un boyau et bouilli. Un mets couramment consommé.

02 Agneau

Considéré comme le produit phare de la cuisine islandaise, il est à la fois savoureux et abordable. Servi dans de nombreux restaurants.

03 Viande de poulain

Les Islandais adorent le cheval, mais pas seulement comme monture.

04 Riz au lait

Un plaisir international. Contrairement aux autres pays, on le mange ici, non pas au petit-déjeuner ou en dessert, mais au dîner.

05 Skyr

Vous en avez certainement entendu parler. Cette sorte de yaourt islandais s'apparente plutôt à un fromage.

06 Myrtilles

Parmi les rares baies poussant à l'état sauvage en Islande, elles se dégustent souvent avec de la crème.

07 Requin fermenté

Habituellement consommé en hors-d'œuvre ou avec une rasade de *brennivín*, il ne dégage pas une odeur d'ammoniac aussi forte que la raie.

07

08

09

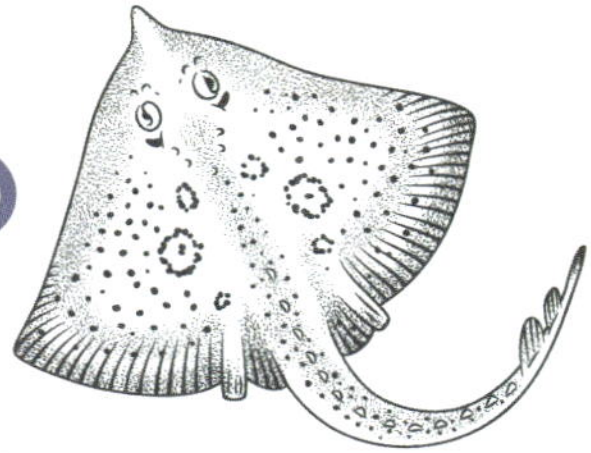

11

10

12

13

08 Poisson salé

Avant les réfrigérateurs, le poisson était conservé dans du sel. Aujourd'hui encore, le poisson salé accompagné de pommes de terre à l'eau est un plat courant dans les foyers islandais.

09 Raie fermentée

Une spécialité traditionnelle du réveillon de Noël mais aussi une source de tension dans les immeubles d'habitation en raison de l'odeur qui accompagne sa préparation.

10 Brennivín

Jusqu'en 1989, la bière était interdite en Islande. Avant cela, on buvait surtout des alcools forts comme le *brennivín*.

11 Café

S'ils ne sont pas nécessairement très versés dans l'art du café, les Islandais raffolent de ce breuvage qu'ils considèrent comme un élément clé de leur identité.

12 Pain de seigle

Le pain le plus islandais qui soit. De forme carrée, avec une mie compacte, il est parfois cuit à la chaleur d'une source géothermale.

13 Poisson séché

Un en-cas léger, riche en protéines et consistant : incontournable !

ZOE SARSANEDAS/MATUR OG DRYKKUR ©

La nouvelle cuisine islandaise

ENTRE TRADITION ET MODERNITÉ

Quand on pense à la cuisine islandaise, les premières choses qui viennent à l'esprit sont sans doute le mouton, le poisson et divers plats étranges qui peuvent rebuter ceux qui n'y sont pas habitués. La nouvelle cuisine islandaise modernise beaucoup de ces spécialités traditionnelles et récompense les audacieux pour leur sens de l'aventure.

À gauche Kombu et sauce au *brennivín*
Au centre Le Matur og Drykkur
À droite Julienne accompagnée de mousse aux légumes-racines, de céleri-rave et de carotte

Pour la plupart des Islandais, parler de leur cuisine nationale revient surtout à décrire les procédés traditionnels de conservation des aliments ; la discussion peut prendre un tour assez théorique. En général, les touristes sont rebutés par l'aspect, l'odeur et le goût des spécialités locales. Une rapide recherche sur les réseaux sociaux montre que ces plats ne sont pas considérés comme de la vraie nourriture mais comme une façon de tester sa force de caractère et sa tolérance.

Toutefois, ces réactions sont basées sur des expériences, des idées préconçues et des anecdotes. S'ils sont un obstacle, peut-être ces préjugés représentent-ils aussi une formidable opportunité.

Nouveaux horizons

Ólafur Júlíusson est chef de salle au Matur og Drykkur (p. 59). Face aux difficultés qui ont récemment frappé l'industrie du tourisme et de la restauration, l'établissement a réduit sa carte à un menu unique qui change régulièrement. Selon Ólafur, cette décision a eu un effet très positif : "Nous ne reviendrons jamais en arrière."

Servir un menu unique a ses avantages et ses inconvénients. Ólafur reconnaît que les Reykjavikois font parfois la grimace devant des plats rarement associés à la grande cuisine, comme le boudin noir, la tête de cabillaud et la soupe de haricots ou de cacao. Il note que les Islandais souffrent d'un complexe d'infériorité quant à leur gastronomie, mais ajoute : "Il n'y a aucune raison pour ça."

Le Matur og Drykkur réinvente les spécialités islandaises sous une forme créative en utilisant presque

ZOE SARSANEDAS/MATUR OG DRYKKUR ©

ZOE SARSANEDAS/MATUR OG DRYKKUR ©

exclusivement des ingrédients locaux. Ainsi en va-t-il de la rhubarbe et de son jus, qui entrent dans la fabrication des cocktails, mais aussi du fromage de chèvre et de la viande, qui proviennent d'exploitations telles que la ferme Háafell (facebook.com/haafellgoatfarm).

Les chefs cueillent eux-mêmes certains ingrédients, comme la laminaire digitée, le cerfeuil et le céleri sauvage. Cette démarche durable se traduit par une empreinte carbone quasi neutre sans compromettre le but premier : servir une cuisine de qualité en réinterprétant les classiques de la gastronomie islandaise.

> Ces plats ne sont pas considérés comme de la vraie nourriture mais comme une façon de tester sa force de caractère et sa tolérance.

Des plats avec une histoire

Ce n'est pas l'atout principal du Matur og Drykkur, mais chaque plat est porteur d'une histoire : il raconte les méthodes qui permettaient aux Islandais d'autrefois de survivre à l'hiver, les produits dont ils disposaient, la façon dont tous ces plats ont influencé leur vision de la cuisine. De même, chaque ingrédient a une histoire : le fromage de chèvre provient d'une ferme dont les animaux ont tourné dans *Game of Thrones*, le flétan de l'Atlantique qui se trouve dans votre assiette a été pêché la veille. Après un dîner au Matur og Drykkur, vous aussi vous aurez des histoires à raconter. Et si vous êtes assez intrépide pour goûter de la tête de cabillaud ou du boudin noir nappé de sauce aux myrtilles, vous ne verrez plus jamais la cuisine islandaise de la même manière.

Requin fermenté

Certains plats traditionnels passent pour répugnants : le requin fermenté, par exemple. Feu Anthony Bourdain l'a décrit comme la pire chose qu'il ait jamais goûtée. Gordon Ramsay, lui, l'avait recraché, tandis qu'Ainsley Harriott le comparait à mâcher un matelas imprégné d'urine. L'archéologue Neil Oliver, qui a étudié l'alimentation viking, a déclaré que le goût de ce mets rappelait le bleu mais en 100 fois plus fort. S'ils accueillent ces remarques avec dédain, les Islandais, au fond d'eux, ne peuvent en tenir rigueur à leurs auteurs : ils savent de quoi il retourne.

02 Au bout de la NUIT

VIE NOCTURNE | CLUBS | BARS

Une envie irrésistible de sortir dans cette ville inconnue vous taraude mais vous ignorez par où commencer ? Ce guide pratique, basé sur l'expérience d'un noctambule local, vous aidera à vous repérer dans le monde de la nuit à Reykjavík. Il ne vous reste plus qu'à faire la fête comme un Islandais !

En pratique

Circuler Les discothèques sont concentrées dans le centre-ville, le long de Laugavegur et ses environs, et dans le vieux Reykjavík.

Quand Toute l'année, en soirée. Habillez-vous en fonction de la météo.

Budget Une bière coûte entre 1 000 et 1 800 ISK selon l'endroit. Comptez jusqu'à 2 000 ISK pour un long drink ou un cocktail.

Le week-end, le centre-ville est ordinairement envahi par des nuées de fêtards qui font la tournée des bars et des discothèques. Vous croiserez différents types de noctambules en fonction de l'heure. Voici quelques pistes qui pourront vous être utiles selon vos préférences : clubs ou bars, soirée plutôt calme ou désir de vous amuser sans retenue.

Manger et boire un verre : de 17h à 23h

Envie d'une conversation sérieuse et d'une bière lors de la happy hour, ou d'une discussion animée en bonne compagnie devant un verre de vin ? Vous trouverez maints lieux où vous asseoir dans une ambiance agréable et d'autres où vous attabler en terrasse si la météo le permet. Si vous voulez en profiter pour manger un morceau, essayez la **Kex Hostel** (p. 91), le **Skál!** (p. 89), dans l'espace de restauration

Gaukur á stöng

De nombreux musiciens islandais se sont produits dans ce pub rebaptisé **Gaukurinn** (p. 90) et récemment devenu un haut lieu de la scène LGBTQI+/alternative/drag.

Ci-dessus à gauche Le Prikid **Ci-dessus à droite** Reykjavík au crépuscule **Ci-contre** Concert au Gaukurinn

Hlemmur Mathöll, et le **Port 9** (p. 90). Le **Veður**, le **Tíu Sopar** et le **Bodega** (p. 90) sont également d'excellentes adresses pour boire un verre. Par beau temps, nous vous conseillons le Bodega, qui sort ses tables sur la place située devant.

À partir de 23h

Beaucoup d'Islandais ne sortent que vers minuit et font la fête jusqu'au petit matin. Véritable institution, le **Prikið** (p. 90) est un des plus vieux bars-cafés de Reykjavík. Le week-end, il est plein à craquer mais le manque de place n'empêche pas la foule de danser sur les rythmes du DJ qui officie aux platines. Même si l'endroit accueille des gens de tous âges, en fin de soirée les moins de 30 ans forment le gros de la clientèle. Un peu plus récent, le **Röntgen** (p. 90) absorbe une partie du surplus du Prikið, essentiellement les plus de 30 ans. Ouvert tard, ce bar-discothèque dégage une ambiance similaire

Le jour d'après

Pour soigner les lendemains difficiles, par notre expert local :

01 Récupérez au Grái Kötturinn (p. 89) : pancakes et café jusqu'à 14h.

02 Marchez jusqu'à Grandi et laissez l'air marin vous détendre.

03 L'après-midi, si le temps le permet, faites une sieste dans le parc voisin du musée Einar Jónsson (p. 76).

04 Dînez d'un burger Gleym-mér-ei et d'une eau-de-vie de pêche au Vitabar (p. 89).

05 Le soir, délassez-vous avec les habitants dans les *hot pots* de la piscine de Sundhöllin (p. 88).

Arnar Ingi *Graphiste, musicien et fin connaisseur des nuits reykjavikoises.*

Ci-contre Le Grái Kötturinn ("Chat gris") **Ci-dessous** Le Kiki Queer Bar, dans Laugavegur

au Prikið quoiqu'un peu plus raffinée. Les DJ sont en phase avec leur public et passent aussi bien de l'électro que du funk.

Nuit blanche

Il est bientôt 2h du matin. Il serait temps de rentrer vous coucher mais peut-être avez-vous envie de continuer la fête. Pour cela, le Prikið et le Röntgen sont de bonnes options mais à cette heure, d'autres établissements battent aussi leur plein, notamment les deux suivants :

Kaffibarinn (p. 90) Rendez-vous des fêtards invétérés depuis plus de 25 ans, ce bar où se presse une foule en sueur baigne dans une atmosphère débridée et donne l'impression d'être continuellement ouvert : le genre d'endroit où l'on entre boire un café dans l'après-midi pour n'en sortir que 14 heures plus tard en titubant. Il est fréquenté par de nombreux habitués du quartier, mais les clients occasionnels et les touristes sont également les bienvenus.

Kiki (p. 90) Cœur de la communauté LGBTQI+ mais ouvert à tous, le Kiki est un bar-discothèque connu pour ses nuits endiablées, son ambiance chaleureuse et intime et ses excellents DJ islandais qui font danser les noctambules sur des sons de toutes sortes. Le lieu idéal pour s'amuser jusqu'au petit matin.

Introduction à la bière islandaise

DES BIÈRES ANCRÉES DANS LE TERROIR

Le 1er mars 1989, après 74 ans d'interdiction, la bière a été légalisée en Islande. Avant cela, ni les bars, ni les magasins d'État, ni aucun autre lieu ne pouvaient en vendre. Cette boisson rare était un produit de contrebande. Depuis, chaque année le 1er mars, tout le pays fête la Journée de la bière.

À gauche Principale salle de distillation, brasserie Ægisgarður
Au centre Une bière Kaldi
À droite Le Gæðingur Microbar

Un choix qui s'élargit

Après 1989, deux grandes marques se sont partagé le marché de la bière en Islande pendant plus de 17 ans, jusqu'à ce qu'un couple vivant dans le nord du pays, Agnes et Ólafur, fonde la toute première brasserie artisanale, Bruggsmiðjan Kaldi. Quelques années plus tard, en 2010, un petit groupe de passionnés a créé un club pour apprendre les techniques de brassage et mettre en place une chaîne d'approvisionnement afin d'importer les ingrédients nécessaires, enfreignant ainsi un autre vestige de la prohibition : l'interdiction du brassage amateur.

Au cours de la même période, trois brasseries artisanales ont vu le jour : Ölvisholt, Mjöður et Gæðingur. Depuis, ces établissements se sont multipliés. À l'heure où nous rédigions ces lignes, on répertoriait 27 brasseries artisanales en Islande, pour la plupart fondées en 2017 ou après.

Qu'est-ce qu'une bière islandaise ?

L'Islande n'a rien d'un pays idéal pour la fabrication de la bière. Le peu d'orge et de blé produit sur place appartient à des variétés très robustes qui renferment peu d'amidon. Il faudrait, pour les utiliser, les mélanger avec des céréales importées ou leur ajouter des enzymes, car aucune opération de maltage n'a lieu en Islande. C'est pourquoi la majorité des céréales destinées à la fabrication de la bière, ainsi que le houblon, viennent de l'étranger. Autre problème : l'eau islandaise, bien que claire et pure, est dépourvue des minéraux nécessaires à un brassage

ARCTIC-IMAGES/GETTY IMAGES ©

TIM E WHITE/ALAMY STOCK PHOTO ©

optimal. On doit donc y ajouter les minéraux qu'on trouve généralement dans les eaux des autres pays. Alors, qu'est-ce qu'une bière islandaise ?

Pour "islandiser" leurs bières, les brasseries ont adopté différentes solutions. Og Natura associe à son houblon des herbes et des baies locales. Álfur achète des épluchures à un producteur de pommes de terre et en tire de l'amidon, qui est mélangé au blé et à l'orge. Pour une note festive, RVK Brewing Co ajoute une souche de sapin de Noël à sa préparation. Steðji produit une bière brassée avec des testicules de baleines. Ölverk se sert de la chaleur géothermique pour l'empâtage et la cuisson, et de nombreuses microbrasseries font appel au *skyr* (sorte de yaourt) pour démarrer la fermentation lactique et développer l'acidité, ce qui confère à leurs produits une saveur caractéristique.

Alors, qu'est-ce qu'une bière islandaise ? Pour "islandiser" leurs bières, les brasseries ont adopté différentes solutions.

À vous de goûter : il y a des brasseries partout en Islande, et de nombreux pubs de Reykjavík servent de la bière artisanale.

À Reykjavík (p. 90)

Le centre-ville et le vieux port comptent de nombreux bars à bières et brasseries : **RVK Brewing Taproom**, **Bastard**, **Brewdog**, **Ægir Taproom**, **Skúli Craft Bar** et **Session**, entre autres. Un peu à l'écart du centre, les brasseurs du **Gæðingur Microbar** ou du **Malbygg Taproom** vous accueilleront pour vous servir une ou plusieurs pintes.

L'alcool, un monopole d'État

Le gouvernement islandais détient le monopole de la vente de boissons alcoolisées grâce à un réseau de magasins d'État appelés Vínbúðin ("le magasin du vin"). Il est interdit aux entreprises privées de vendre de l'alcool sous quelque forme que ce soit. Cette question fait débat de longue date. Défiant les autorités, certaines sociétés vendent aujourd'hui de l'alcool en ligne en arguant du caractère injuste de cette prohibition, puisque la législation islandaise permet aux compagnies étrangères de vendre et de distribuer leurs produits dans le pays. Si elles restent en activité pour l'instant, on ignore ce qu'il en sera à l'avenir.

03 Nuit de la CULTURE

FESTIVAL | MARATHON | CUISINE

Créée en 1996 pour célébrer l'anniversaire de Reykjavík, la Nuit de la culture est de loin l'événement le plus populaire d'Islande. Plus de 30% des habitants y participent tous les ans.

ARCTIC IMAGES/ALAMY STOCK PHOTO ©

En pratique

Quoi De nombreuses manifestations simultanées.

Où Dans le "centre-ville" au sens le plus large du terme, les festivités débordant vers l'ouest et l'est de ce secteur.

Quand Généralement le premier samedi après le 18 août.

Budget Ouvert à tous, mais certaines manifestations sont payantes.

ARCTIC IMAGES/ALAMY STOCK PHOTO ©

En journée

Au fil du temps, certains lieux et manifestations sont devenus récurrents mais, dans leur grande majorité, les animations résultent d'initiatives privées organisées par des individus ou des groupes, de sorte que les réjouissances changent d'année en année. Beaucoup sont répertoriées sur le site Web, mais pas toutes : ouvrez l'œil ! En flânant au hasard, y compris dans les zones résidentielles du centre-ville, vous tomberez sur des brocantes, des expositions artistiques, des concerts improvisés... et des dégustations de gaufres.

La ville verse une "subvention gaufres" aux habitants qui acceptent d'ouvrir leurs maisons ou leurs jardins aux festivaliers pour leur servir ces gourmandises. Même le maire a déjà sorti son gaufrier pour régaler chez lui des milliers d'amateurs. Le marathon de

ARCTIC-IMAGES/GETTY IMAGES ©

Préparer la journée

La meilleure source d'information est le site Web du festival (menningarnott.is), qui recense les événements et activités prévus. N'oubliez pas qu'il y aura plus de 100 000 personnes en ville et que les temps de trajet s'en trouveront rallongés.

Ci-dessus à gauche Chorale en plein air **Ci-dessus à droite** Spectacle d'acrobaties aériennes **Ci-contre** Départ du marathon de Reykjavík

Reykjavík, qui marque le coup d'envoi de la journée, est un autre rendez-vous permanent. Réunissant environ 10 000 participants islandais et étrangers, il offre le choix entre cinq distances allant d'une course de 600 m à un marathon proprement dit.

Activités

En vous promenant en ville, vous rencontrez toutes sortes d'activités, qui changent tous les ans. Ainsi, on a vu par le passé un concours de décoration de pains et de gâteaux au musée d'Art de Reykjavík, un festival de cuisine de rue sur le port, des spectacles de danse, des rencontres dans les galeries d'art, des concerts dans les jardins, une réunion dansante avec casques sans fil à la bibliothèque, une visite guidée des collections artistiques d'une banque du centre-ville, des lectures de poèmes, une expérience théâtrale en réalité virtuelle et maints spectacles de rue.

Le mot du maire

01 Commencez la journée en participant au marathon de Reykjavík. Même sur un circuit court, c'est une merveilleuse façon de découvrir la ville et ses quartiers, de courir au bord de l'océan et de faire le plein d'endorphines.

02 Laissez le hasard vous guider. Entrez chez les gens ou allez écouter un concert dans un jardin. Vous trouverez des activités intéressantes dans toute la ville. Laissez-vous surprendre.

03 Assistez à un des nombreux concerts organisés le soir et finissez la journée en admirant le feu d'artifice.

Dagur B Eggertsson *Maire de Reykjavík. @Dagurb*

ARCTIC-IMAGES/GETTY IMAGES ©

Page de gauche Feu d'artifice au-dessus de la ville **Ci-contre** La foule rassemblée sur la colline d'Arnarhóll **Ci-dessous** Garçon mangeant une gaufre

En soirée

Le dîner peut demander un peu d'organisation. Si vous comptez aller au restaurant, pensez à réserver. De nombreux établissements organisent cependant tout au long de la journée et en début de soirée des animations qui vous permettront de vous sustenter. Le clou des festivités est un concert avec divers artistes sur la colline d'Arnarhóll, qui démarre généralement vers 20h. La foule vient se rassembler sur la colline et aux alentours. Quand le concert touche à sa fin, vers 23h, un compte à rebours repris en chœur par tous les spectateurs se conclut par l'un des feux d'artifice les plus grandioses de l'année (il n'est éclipsé que par la débauche de fusées tirées au moment du Nouvel An). La plupart des festivaliers rentrent ensuite chez eux et laissent place au monde de la nuit. À vous de choisir comment finir cette journée.

ARCTIC-IMAGES/GETTY IMAGES ©

ARCTIC-IMAGES/GETTY IMAGES ©

04 Capitale de la CULTURE

ART | HISTOIRE | CULTURE

En 2000, Reykjavík a été désignée comme l'une des capitales européennes de la culture. Rien d'étonnant quand on connaît la richesse et la variété de son patrimoine, de ses musées et de ses galeries indépendantes.

En pratique

Circuler La plupart des sites se tiennent dans le centre-ville ou à proximité. Pour les lieux plus éloignés, privilégiez la voiture ou le bus urbain.

Quand Toute l'année mais pour les activités en plein air, visez la fin du printemps, l'été ou le début de l'automne ... ou un moment où le beau temps est de la partie.

Notre conseil La Reykjavík City Card vous fera faire des économies si vous restez un ou plusieurs jours.

Centre-ville et environs

Reykjavík héberge une grande partie des attractions culturelles du pays, pour la plupart installées dans le centre-ville ou accessibles à pied depuis ce dernier. Il vous sera facile de concocter un programme d'un ou deux jours.

Le **musée d'Art de Reykjavík** (voir p. 84) expose des d'œuvres d'artistes islandais en accordant une place de choix au XXIe siècle. Un billet unique donne accès à ses trois sites : l'Hafnarhús (le plus grand et le plus central), le Kjarvalsstaðir et l'Ásmundarsafn. L'idéal est de prévoir une journée pour les visiter dans cet ordre, avant de finir par une baignade à la piscine Laugardalslaug (p. 84), commodément située à proximité de l'Ásmundarsafn.

Reykjavík City Card

Valable entre un et trois jours, la Reykjavík City Card (visitreykjavik.is) permet d'accéder à l'ensemble des expositions et musées municipaux, ainsi qu'aux piscines et aux bus urbains.

Ci-dessus à gauche Le Kjarvalsstaðir, musée d'Art de Reykjavík **Ci-dessus à droite** Hafnarfjörður, où se trouve le Hafnarborg **Ci-contre** Porte en bois d'une église médiévale, Musée national

Les lieux culturels ne manquent pas dans le centre-ville et les quartiers environnants. Au bord du lac, la **Galerie nationale d'Islande** (p. 85), où sont conservées les collections nationales, accueille diverses manifestations et des expositions sur l'art des XXe et XXIe siècles. Près de la célèbre église Hallgrímskirkja, le **musée Einar Jónsson** (p. 86) et son jardin de sculptures sont consacrés à celui qui fut le premier sculpteur islandais, connu pour ses allégories de l'Espérance, de la Terre et de la Mort, sculptées dans le basalte. Même si le bâtiment est fermé, allez faire un tour dans le jardin, idéal pour un pique-nique. À une courte distance à pied du centre-ville, le **Musée national** (p. 84) retrace brillamment l'évolution de l'Islande d'hier à aujourd'hui, en particulier l'époque de la colonisation, à travers des expositions permanentes et temporaires ; il propose des Audioguides en français.

Art public

Þúfa ("touffe d'herbe"), de Ólöf Nordal Point de repère important à Reykjavík, cette butte herbeuse artificielle est un clin d'œil, un spectacle incongru en pleine ville, comme une sorte d'oxymore.

Áfangar, de Richard Serra Faite de basalte, un matériau inhabituel pour l'artiste, cette œuvre située sur l'île de Viðey (p. 86) symbolise la topographie du paysage islandais.

Tree of Signs, de Gabríela Friðriksdóttir À l'écart des sentiers touristiques, visible depuis les magasins IKEA et Costco, cette œuvre semble se dresser dans une nature intacte.

Harpa Þórsdóttir *Directrice de la Galerie nationale d'Islande.*

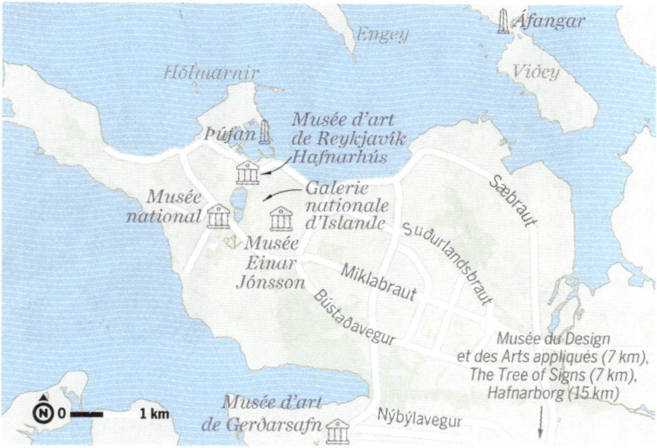

Page de gauche Piscine de Kópavogslaug **Ci-dessous** Hafnarhús, musée d'Art de Reykjavík

Périphérie de Reykjavík

Reykjavík ne se limite pas au centre-ville et aux secteurs alentour. Peut-être aurez-vous envie de pousser l'exploration un peu plus loin.

Au sud de la capitale, le **Hafnarborg** (p. 85) abrite les collections artistiques de la ville de Hafnarfjörður. Il offre des expositions tournantes d'œuvres modernes et contemporaines puisées dans ses fonds, mais expose aussi des artistes invités. La visite vaut le détour, combinée à la découverte de la vieille ville de Hafnarfjörður, bâtie le long d'un champ de lave, au bord de l'eau.

Toujours dans la banlieue de Reykjavík, à Kópavogur, ne manquez pas le **Gerðarsafn** (p. 85), un endroit aussi beau qu'intéressant pour découvrir l'art islandais moderne et contemporain. Très bien situé, juste à côté du principal nœud de transports de Kópavogur, il possède un espace extérieur parfait pour un pique-nique ou une pause en famille. Non loin, la **piscine Kópavogslaug** (p. 87) est l'une des plus agréables qui soient pour les enfants.

Dans la ville voisine de Garðabær, **le musée du Design et des Arts appliqués** (p. 85), qui donne sur la place Garðatorg, présente des créations dans différentes disciplines. Un joyau caché si vous êtes prêt à faire le déplacement.

Vers l'excellence musicale ?

MUSIQUE LOCALE, PUBLIC MONDIAL

L'Islande a produit bon nombre de musiciens mondialement célèbres. Ce chiffre est-il vraiment le plus élevé au monde par habitant, comme le proclament fièrement les Islandais ? C'est discutable, mais force est de constater que l'empreinte laissée par ce petit pays sur la scène planétaire est extraordinaire.

HRAUN/GETTY IMAGES ©

Ci-dessus Adolescent jouant du trombone **Ci-contre à gauche** Concert **Ci-contre à droite** Nanna Bryndís Hilmarsdóttir, de Of Monsters and Men, sur scène

Musiciens en herbe

Il est courant pour les Islandais de faire partie d'une chorale dès leur plus jeune âge. Une fois scolarisés, d'autres options s'ouvrent à eux : apprendre à jouer d'un instrument dans une école de musique, par exemple, ou prendre des leçons à l'école primaire. Celles-ci les préparent à intégrer les orchestres scolaires et à s'initier à toutes sortes d'instruments. Leur scolarité comprend aussi des cours obligatoires où ils apprennent les bases de la musique, de la création et de la collaboration et découvrent le patrimoine musical de leur pays et d'autres cultures.

Création de tremplins

La création de tremplins permettant aux groupes et aux musiciens de se lancer est un des leviers qui favorise le dynamisme du secteur musical.

Tónlistarþróunarmiðstöðin Dirigé par une ancienne légende du punk islandais, le Centre pour le développement de la musique (tonaslod.is) offre aux groupes des salles pour stocker leur matériel et répéter. Il organise aussi des concerts où ils peuvent se produire.

Músíktilraunir Lors de ce concours annuel (facebook.com/musiktilraunir), des groupes de tout le pays s'affrontent devant un public. Sigur Rós, Mammút, Of Monsters and Men, RetRoBoT (auquel Daði Freyr appartenait avant de démarrer une carrière solo), Vök, Samaris et Agent Fresco y ont notamment participé.

Iceland Airwaves Le principal festival musical du pays (icelandairwaves.is) réunit des artistes islandais et

ARCTIC-IMAGES/GETTY IMAGES ©

ARCTIC-IMAGES/GETTY IMAGES ©

internationaux. Il s'accompagne d'un excellent festival "off", avec à l'affiche de jeunes talents islandais.

Aujourd'hui

Sigtryggur Baldursson, musicien et directeur général de l'Iceland Music Export Office, est optimiste quant à l'avenir de la musique islandaise. Il rêve d'un monde où les artistes pourraient gagner leur vie sans forcément être des stars. Pour cela, il participe à un programme de rédaction de guides destinés à apprendre notamment aux jeunes musiciens à gérer leur carrière et leurs droits.

> Si la musique islandaise est aujourd'hui associée aux sons éthérés d'artistes mondialement connus [...] elle ne se limite pas à cela.

Si la musique islandaise est aujourd'hui associée aux sons éthérés d'artistes mondialement connus comme Sigur Rós, Hjaltalín et Björk, elle ne se limite pas à cela. Peut-être connaissez-vous le nom de certains groupes ou projets musicaux sans avoir conscience qu'ils sont islandais. Saviez-vous, par exemple, que c'est le cas de Of Monsters and Men, Kaleo et GusGus ?

Selon Baldursson, les groupes qui se font connaître en Islande affrontent un choix difficile : bien qu'il y ait assez de travail sur place pour leur permettre de vivre, il leur faut parfois s'expatrier pour se développer.

Quelle est la meilleure façon de découvrir la musique islandaise ? Baldursson recommande la playlist Spotify sur icelandicmusic.is. Côté concerts, le Reykjavík Grapevine (grapevine.is) est une excellente source d'information.

♫ Rock'n'Girls !

Nées aux États-Unis, les colonies de vacances Girls Rock ont pour but de susciter un changement social en poussant les jeunes filles, les femmes et les personnes trans/non binaires à prendre toute leur place sur une scène musicale où elles sont fortement sous-représentées. Ce programme est très actif en Islande, où il attire de nombreuses filles et se traduit par la création d'une quantité de nouveaux groupes. Il vise surtout les enfants et les adolescentes mais accueille occasionnellement des adultes. Aucune expérience musicale n'est exigée, le but étant d'ouvrir de nouveaux horizons.

05 Randonnée URBAINE

MARCHE | MUSÉES | BAIGNADE

Chaussez-vous bien, prenez votre maillot de bain, visitez le musée le plus insolite du pays, découvrez une maison des premiers temps de la colonisation, humez l'air marin, baignez-vous avec les habitants... et caressez les chats.

STEPHEN BRIDGER/SHUTTERSTOCK ©

Les chats de Reykjavík

Très appréciés en Islande comme animaux de compagnie, les chats déambulent souvent en liberté à Reykjavík, au grand dam de certains et pour le plus grand plaisir des autres. Vous en verrez partout où vous irez.

En pratique

Durée L'itinéraire ne fait que 4 km mais peut prendre une journée entière si vous faites toutes les activités suggérées.

Notre conseil Emportez un maillot de bain et habillez-vous en fonction de la météo. En chemin, il y a quantité de bonnes adresses pour déjeuner.

Tarifs 2 500 ISK pour le Musée phallologique, 1 800 ISK pour The Settlement Exhibition et 1 060 ISK pour la piscine.

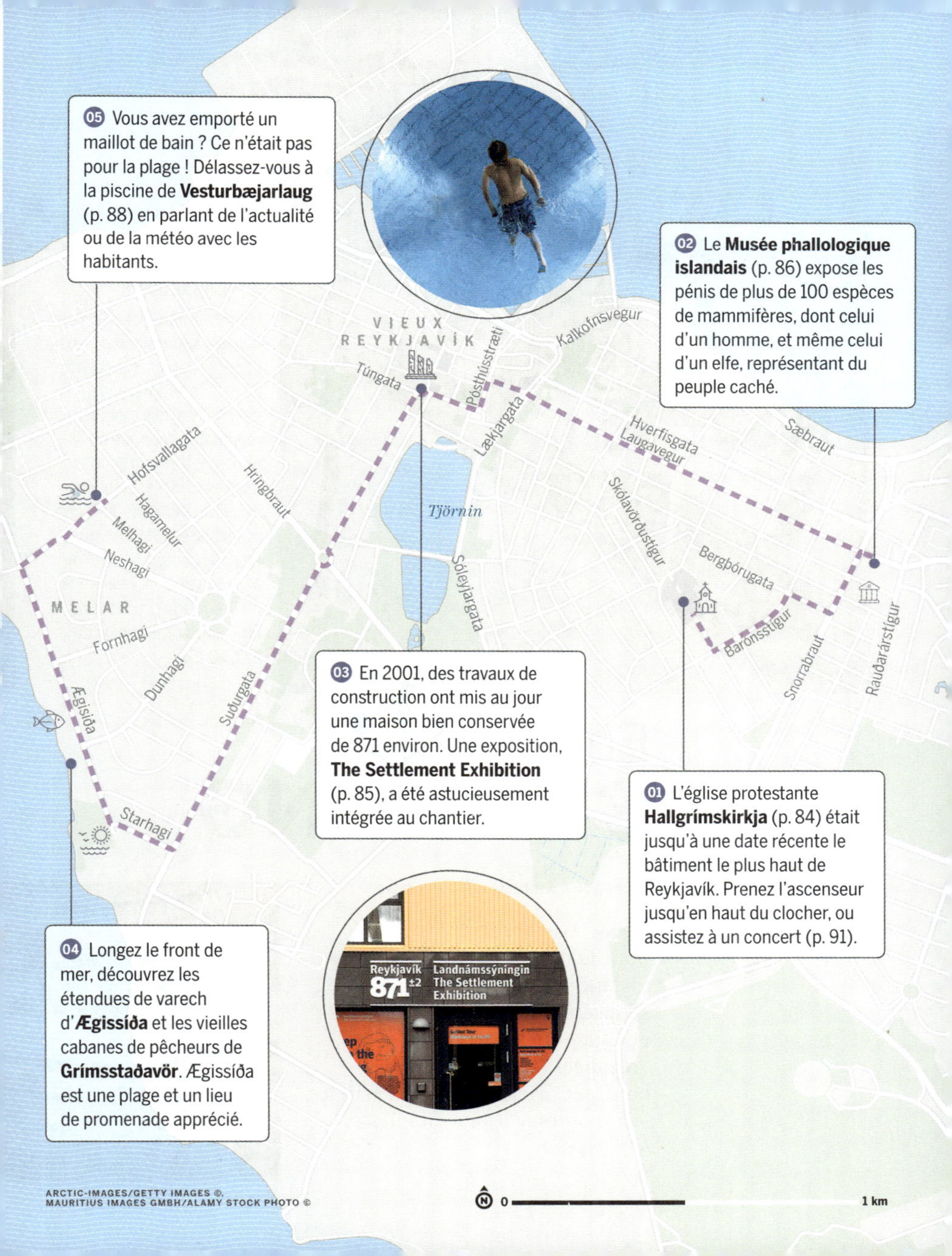

01 L'église protestante **Hallgrímskirkja** (p. 84) était jusqu'à une date récente le bâtiment le plus haut de Reykjavík. Prenez l'ascenseur jusqu'en haut du clocher, ou assistez à un concert (p. 91).

02 Le **Musée phallologique islandais** (p. 86) expose les pénis de plus de 100 espèces de mammifères, dont celui d'un homme, et même celui d'un elfe, représentant du peuple caché.

03 En 2001, des travaux de construction ont mis au jour une maison bien conservée de 871 environ. Une exposition, **The Settlement Exhibition** (p. 85), a été astucieusement intégrée au chantier.

04 Longez le front de mer, découvrez les étendues de varech d'**Ægissíða** et les vieilles cabanes de pêcheurs de **Grímsstaðavör**. Ægissíða est une plage et un lieu de promenade apprécié.

05 Vous avez emporté un maillot de bain ? Ce n'était pas pour la plage ! Délassez-vous à la piscine de **Vesturbæjarlaug** (p. 88) en parlant de l'actualité ou de la météo avec les habitants.

Lopapeysur

Incontournables, les fameux pulls en laine islandais, épais et confortables, sont ornés de motifs géométriques simples, parfois typiquement régionaux. L'époque où ils étaient à très bon prix (les années 1960) est révolue. Aussi, au moment de l'achat, réfléchissez : voulez-vous un pull tricoté à la main ou à la machine ? Il existe une différence de prix notable (certains coûtent plus de 27 500 ISK).

06 Envie de SHOPPING

DESIGN | ARTISANAT | MODE

Avec un goût prononcé pour le design et l'artisanat, l'Islande est un paradis du shopping. De nombreux artistes et créateurs se regroupent en collectifs, et ouvrent des boutiques riches en beaux articles, sans compter les inévitables *lopapeysur*.

En pratique

Circuler Les boutiques de mode se concentrent dans Frakkastígur et Vitastígur, au bout de Laugavelur, la principale rue commerçante de Reykjavík. Skólavörðustígur est le fief de celles d'artisanat et de bijoux.

Bon plan Les boutiques avec l'indication "tax-free shopping" offrent la possibilité d'un remboursement de taxe sur les achats supérieurs à 6 000 ISK.

Design et artisanat

À Reykjavík, l'**Iceland Design Centre** (icelanddesign.is) s'attache à promouvoir le travail des designers locaux. Chaque année, en mars, il organise le DesignMarch (designmarch.is), un grand événement marqué par des expositions et portes ouvertes d'ateliers dans la ville. Il soutient également le concept store **Akkúrat** (p. 91) qui présente le meilleur de la création nordique.

Collectif de 11 créatrices, **Kirsuberjatréð** (p. 91) propose des objets originaux : sacs à main en galuchat (cuir de poisson) et bols fabriqués à partir de tranches de radis. Dans une grande galerie rénovée, **Skúmaskot** (p. 91) expose les beaux objets d'artistes et d'artisans locaux (cartes, peintures, etc.).

Mode

Adresse rêvée pour trouver un *lopapeysur*, l'**Handknitting Association of Iceland** (p. 91) vend, outre les célèbres pulls, bonnets, chaussettes mais aussi de la laine et des aiguilles. **Nordic Store** (p. 91) a une vaste sélection de *lopapeysur* faits à la main ou à la machine. Et la créatrice islandaise Steinunn Sigurðardóttir expose ses tricots originaux dans la boutique éponyme (p. 91).

Direction haute couture avec l'adresse de la capitale, **KronKron** (p. 91), qui présente de superbes créations scandinaves ; de magnifiques chaussures également chez **Kron** (p. 91). Sans oublier de rencontrer les créateurs de la coopérative **Kiosk** (p. 91), dédiée à la mode féminine.

Souvenirs

Avant de quitter l'Islande, il faut faire un tour par **Rammagerðin** (p. 91), l'un des meilleurs magasins de souvenirs de la ville. À moins d'opter pour un T-shirt de chez **Dogma** (p. 91), aux messages humoristiques, notamment à l'égard des touristes. Plus classique, le concept store **Fischer** (p. 91) propose parfums, herbes aromatiques islandaises, bougies et autres savons artisanaux.

Ci-dessus à gauche Skúmaskot
Ci-contre motifs de *lopapeysur*

Carnet d'adresses

Les grands classiques (p. 52)

Elding Adventures at Sea

Cette enseigne fiable et respectueuse de l'environnement organise des sorties en mer pour observer baleines et macareux. Elle gère aussi le ferry pour Viðey. (519 5000 ; whalewatching.is ; Ægisgarður 5 ; adulte/enfant 12 000/6 000 ISK ; kiosque du port 8h-21h)

Hallgrímskirkja

(510 1000 ; hallgrimskirkja.is ; Skólavörðustígur ; clocher adulte/enfant 1 000/100 ISK ; 9h-21h mai-sept, 9h-17h oct-avr)

Harpa

(billetterie 528 5050 ; harpa.is ; Austurbakki 2 ; 8h-minuit, billetterie 12h-18h)

Musée d'Art de Reykjavík – Ásmundarsafn

La vaste collection de sculptures d'Ásmundur Sveinsson (1893-1982) est exposée dans un édifice blanc aux formes cubiques que l'artiste a lui-même conçu dans les années 1940, et où il vécut et travailla. Des créations monumentales sont disséminées dans le jardin. À l'intérieur, des œuvres en bois, en argile ou en métal. (musée Ásmundur Sveinsson ; 411 6430 ; listasafnreykjavikur.is ; Sigtún ; adulte/enfant 1 650 ISK/gratuit ; 10h-17h mai-sept, 13h-17h oct-avr)

Musée d'Art de Reykjavík – Hafnarhús

Cet ancien entrepôt a été transformé en un vaste espace consacré à des expositions temporaires d'art contemporain. Des peintures d'Erró, grand artiste islandais postmoderne sont exposées en permanence. (411 6400 ; listasafnreykjavikur.is ; Tryggvagata 17 ; adulte/enfant 1 880 ISK/gratuit ; 10h-17h, 10h-22h jeu)

Musée d'Art de Reykjavík – Kjarvalsstaðir

Le bâtiment doit son nom au peintre islandais Jóhannes Sveinsson Kjarval (1885-1972). Ses paysages sont exposés à côté d'autres œuvres, le plus souvent des peintures du XXe siècle. (411 6420 ; listasafnreykjavikur.is ; Flókagata 24, parc Miklatún ; adulte/enfant 1 880 ISK/gratuit ; 10h-17h)

Musée national

(Þjóðminjasafn Íslands ; 530 2200 ; thjodminjasafn.is ; Suðurgata 41 ; adulte/enfant 2 000 ISK/gratuit, Audioguide 300 ISK ; 10h-17h mai à mi-sept, fermé lun mi-sept à fin avr)

Laugardalur

(à 4 km à l'est du centre-ville ; 2, 5, 14, 15, 17)

Laugardalslaug

Cette piscine géothermale possède d'excellentes infrastructures : un bassin olympique couvert, des bassins découverts, des *hot pots*, un bain d'eau de mer, un hammam et un toboggan aquatique de 86 m. (411 5100 ; reykjavik.is/stadir/laugardalslaug ; Sundlaugavegur 30a, Laugardalur ; adulte/enfant 1 060/165 ISK ; 6h30-22h lun-ven, 8h-22h sam-dim ; 12, 14)

Harpa

The Settlement Exhibition

(Landnámssýningin ; 411 6370 ; reykjavikcitymuseum.is/the-settlement-exhibition ; Aðalstræti 16 ; adulte/enfant 1 800 ISK/gratuit ; 10h-17h)

Tjörnin

Situé dans le centre-ville, le lac Tjörnin est parfois surnommé l'Étang. On peut y apercevoir une quarantaine d'espèces d'oiseaux, dont des cygnes, des oies et des sternes arctiques. L'hiver, des patineurs évoluent sur le plan d'eau, alors glacé.

Art et culture

Bibliothèque de Reykjavík

Le bâtiment principal de la librairie se tient dans le centre-ville. Outre sa fonction usuelle, il accueille des concerts, des promenades culturelles, des lectures de poèmes et abrite le musée islandais de la Photographie. (Aðalbókasafn ; 411 6100 ; borgarbokasafn.is ; Tryggvagata 15 ; 10h-19h lun-jeu, 11h-18h ven, 13h-17h sam-dim)

Culture House

Splendides, les collections couvrent l'histoire artistique et culturelle islandaise de la colonisation à nos jours. Parmi les joyaux de l'établissement : des manuscrits des sagas du XIVe siècle et le squelette d'un grand pingouin. (Þjóðmenningarhúsið ; 530 2210 ; culturehouse.is ; Hverfisgata 15 ; adulte/enfant avec Musée national 2 000 ISK/gratuit ; 10h-17h mai à mi-sept, fermé lun mi-sept à avr)

Galerie nationale d'Islande

Voir p. 76. (Listasafn Íslands ; 515 9600 ; listasafn.is ; Fríkirkjuvegur 7 ; adulte/enfant 2 000 ISK/gratuit ; 10h-17h tlj mi-mai à mi-sept, 11h-17h mar-dim mi-sept à mi-mai)

Hafnarborg

Voir p. 77. (585 5790 ; hafnarborg.is ; Strandgata 34 ; 12h-17h mer-lun ; 1)

ROBSONG90/SHUTTERSTOCK ©

Bibliothèque municipale de Reykjavík

I8

Dans le centre-ville, cette galerie expose des grands noms de l'art contemporain d'Islande et d'ailleurs. Un must si vous aimez les arts plastiques. (551 3666 ; i8.is ; Tryggvagata 16 ; 11h-18h mar-ven, 13h-17h sam) GRATUIT

Kling & Bang

Les œuvres de jeunes talents prometteurs de l'avant-garde sont exposées dans cet espace récent, très prisé des Reykjavikois. (554 20 03 ; this.is/klingandbang ; Grandagarður 20, Marshall Húsið, Grandi ; 12h-18h mer et ven-dim, 12h-21h jeu) GRATUIT

Musée d'Art Gerðarsafn

Voir p. 77. (441 7600 ; gerdarsafn.kopavogur.is ; Hamraborg 4 ; adulte/enfant 1 000 ISK/gratuit ; 10h-17h)

Musée d'Art vivant (Nýló)

Jeunes talents prometteurs et artistes contemporains déjà reconnus. (Nýlistasafnið ; 551 4350 ; nylo.is ; Grandagarður 20, Marshall Húsið, Grandi ; 12h-18h mar, mer et ven-dim, 12h-21h jeu) GRATUIT

Musée du Design et des Arts appliqués

Voir p. 77. (512 1525 ; honnunarsafn.is ; Garðatorg 1, Garðabær ; 12h-17h mar-dim)

Musée du Punk

En plein centre-ville, le long d'un trottoir, un escalier descend au Frikki Punk, consacré à la scène punk islandaise. (facebook.com/BankastraetiO/ ; Bankastræti 2 ; 14h-18h)

Musée Einar Jónsson

Voir p. 76. (Listasafn Einars Jónssonar ; 551 3797 ; lej.is ; Eriksgata 3 ; adulte/enfant 1 500 ISK/gratuit ; 12h-17h mar-dim)

Stúdíó Ólafur Elíasson

Un aperçu de l'œuvre du fameux artiste islando-danois, né en 1967. (551 3666 ; olafureliasson.net ; Grandagarður 20, Marshall Húsið, Grandi ; 12h-18h mar-mer et ven-dim, 12h-21h jeu) GRATUIT

Histoire

Árbæjarsafn

Ce musée à ciel ouvert regroupe plusieurs bâtisses anciennes qui donnent un aperçu de la vie d'autrefois. (Árbæjarsafn ; 411 6300 ; reykjavikcitymuseum.is ; Kistuhylur 4, Ártúnsholt ; adulte/enfant 1 800 ISK/gratuit ; 10h-17h juin-août, 13h-17h sept-mai ; ; 12, 24)

Musée maritime

Voir p. 57. Également visite guidée de l'ancien patrouilleur garde-côtes *Óðinn* (Sjóminjasafnið í Reykjavík ; 411 6300 ; reykjavikcitymuseum.is ; Grandagarður 8 ; adulte/enfant 1 800 ISK/gratuit, Óðinn et musée 2 800 ISK ; 10h-17h, visite Óðinn 13h, 14h et 15h)

Musée phallologique islandais

Voir p. 81. (Hið Íslenzka Reðasafn ; 561 6663 ; phallus.is ; Laugavegur 116 ; adulte/enfant 2 500 ISK/gratuit ; 10h-19h)

Viðey

Cette petite île désormais inhabitée, mais qui joua un rôle important dans le passé, est aujourd'hui une escapade intéressante entre nature préservée, village abandonné et installations d'art contemporain notamment l'Imagine Peace Tower de Yoko Ono et l'Áfangar de Richard Serra. Viðey est accessible en ferry (533 5055 ; Skarfabakki ; aller-retour adulte/enfant 1 500/750 ISK ; départ de Skarfabakki toutes les heures 10h15-17h15 mi-mai à sept, 13h15-16h30 sam-dim oct à mi-mai) et en bus par la ligne n°16 ou le City Sightseeing Reykjavík (580 5400 ; city-sightseeing.com ; adulte/enfant 4 080/2 040 ISK les 24 heures ; toutes les 30 min 10h-16h30).

Expériences immersives

Aurora Reykjavík

Un endroit pour tout savoir sur les légendes entourant les aurores boréales. Explications scientifiques et projection panoramique HD. (780 4500 ; aurorareykjavik.is ; Grandagarður 2 ; adulte/enfant 2 000/1 000 ISK ; 11h-21h)

Fly over Iceland

Dans ce cinéma dernier cri, à Grandi, décollez pour un vol virtuel au-dessus de l'Islande. (527 6700 ; flyovericeland.com ; Fiskislóð 43 ; 12h-18h lun-ven, 11h-18h sam-dim)

Musée des Sagas

Ce musée vous conte l'histoire islandaise, illustrée par d'inquiétants mannequins, avec une bande-son multilingue comportant force bruits de hache et cris d'effroi. (511 1517 ;

Musée en plein air d'Árbæjarsafn

sagamuseum.is ; Grandagarður 2 ; adulte/enfant 2 500/1 000 ISK ; 10h-17h)

Whales of Iceland

Juste à côté de Fly over Iceland, des reproductions grandeur nature de 23 espèces de baleines. (musée des Baleines ; 571 0077 ; whalesoficeland.is ; Fiskislóð 23-25 ; adulte/enfant/famille 3 400/1 700/5 800 ISK ; 10h-17h)

Wonders of Iceland

Dans le Perlan, un des bâtiments phares de Reykjavík, vous pourrez entendre le bruit d'un séisme, découvrir la falaise de Látrabjarg en réalité augmentée, explorer une authentique grotte de glace et admirer une aurore boréale dans l'unique planétarium du pays. (566 9000 ; perlan.is ; Öskjuhlíð ; adulte/enfant 4 490/2 290 ISK ; 10h-18h ; 18)

Parcs publics et espaces naturels

Elliðaárdalur

Elliðaárdalur est le plus grand espace vert de l'agglomération. On y voit des oiseaux et c'est l'une des rares zones où vivent des lapins. Facilement accessible en bus. (5)

Esjan

Gagnez ce massif relativement élevé, proche de Reykjavík, où vous attendent de belles vues, des infrastructures et des sentiers de randonnée pour contempler la capitale depuis l'autre côté de la baie.

Grótta

À l'extrémité de la péninsule de Reykjavík, la presqu'île de Grótta possède un phare et un bassin chaud où se tremper les pieds. (11)

Heiðmörk

Ce parc en périphérie se prête à de belles balades parmi les épicéas de Sitka et dans les Rauðhólar ("collines" rouges), une zone volcanique du champ de lave d'Elliðaárhraun.

Wonders of Iceland

Hvaleyrarvatn

Faites une courte marche autour de ce petit lac et explorez ses jolis environs, notamment une vaste zone boisée. Non loin, on peut faire de l'équitation à Íshestar.

Klambratún

À 5 minutes à pied du Hlemmur Mathöll, ce parc héberge le musée d'Art de Reykjavík Kjarvalsstaðir et comprend un bon terrain de disc golf. Idéal pour un pique-nique.

Öskjuhlíð

Suivez à pied ou à vélo les sentiers qui serpentent à travers ce bois de pins et de bouleaux à proximité du centre-ville. (18)

Piscines

Kópavogslaug

Un bassin extérieur de 50 m, d'agréables *hot pots*, des toboggans et un bassin intérieur. Dans la banlieue de Reykjavík. (570 0470 ; Borgarholtsbraut 17, Kópavogur ; 6h30-22h lun-ven, 8h-20h sam-dim mai-sept, 6h30-22h lun-ven, 8h-18h sam-dim oct-avr)

Lágafellslaug

Possède un bassin de 25 m, des *hot pots* et trois toboggans à l'extérieur, ainsi qu'un bassin couvert pour les enfants. À Mosfellsbær, dans la banlieue. (517 6080 ;

mos.is/mannlif/heilsa-og-hreyfing/sundlaugar/ ; Lækjarhlíð, Mosfellsbær ; 6h30-21h30 lun-ven, 8h-19h sam)

Nauthólsvík

La plage géothermale de Nauthólsvík se trouve à une demi-heure à pied ou 5 minutes en bus du centre-ville. Au choix : baignade dans l'Atlantique Nord ou *hot pot*. (551 3177 ; nautholsvik.is ; été/hiver gratuit/650 ISK ; 10h-19h mi-mai à mi-août, horaires réduits hors saison ; 5)

Sundhöllin

Dans le centre, la plus ancienne piscine de la ville, rénovée et modernisée, possède un bassin extérieur et des *hot pots*. (Sundhöll Reykjavíkur ; 411 5350 ; reykjavik.is/sundholl-reykjavikur ; Barónsstígur 45a ; adulte/enfant 1 060/165 ISK ; 6h30-20h lun-ven, 6h30-8h sam-dim)

Salalaug

Un bassin extérieur de 25 m avec quelques *hot pots* et un toboggan qui fait la joie des enfants. Cette piscine se trouve à Kópavogur, facile d'accès en voiture. (441 8500 ; Versalir 3, Kópavogur ; 6h30-22h lun-ven, 8h-20h sam-dim mai-sept, 6h30-22h lun-ven, 8h-18h sam-dim oct-avril)

Vesturbæjarlaug

À courte distance à pied du centre-ville, un bassin extérieur de 25 m, une pataugeoire et des *hot pots*. Non loin, on trouve un marchand de glaces, un café et un fast-food. (411 5150 ; reykjavik.is/stadir/vesturbaejarlaug Hofsvallagata ; adulte/enfant 900/140 ISK ; 6h30-22h lun-ven, 9h-22h sam-dim)

Restaurants

Austur Indíafélagið — €€€

La cuisine indienne la plus authentique d'Islande. Emplacement de choix dans le centre-ville et décor simple et apaisant. (552 1630 ; austurindia.is ; Hverfisgata 56 ; plats 4 895-6 495 ISK ; 18h-22h dim-jeu, 18h-23h ven-sam)

Café Loki — €€

Voir p. 57. (466 2828 ; loki.is ; Lokastígur 28 ; plats 2 200-3 450 ISK ; 10h-22h)

Coocoos Nest — €€€

Voir p. 58. (552 5454 ; coocoosnest.is ; Grandagarður 23 ; plats 2 490-4 100 ISK ; 11h-22h mar-sam, 11h-15h dim)

Dill — €€€€

Unique restaurant étoilé d'Islande, il prépare une cuisine hors du commun tout en s'inscrivant dans une démarche durable. (552 1522 ; dillrestaurant.is ; Laugavegur 59 ; menu 13 900 ISK ; 18h-22h mer-sam)

Dragon Dim Sum — €€

Récemment ouvert, il s'est imposé comme une adresse incontournable pour les raviolis à la vapeur et les dim sum. (766 1400 ; dragondimsum.is ; Bergstaðastræti 4 ; 1 590-1790 ISK ; 12h-21h lun-mer, 12h-22h jeu-sam)

Fjárhúsið — €€

Voir p. 59. (792 7575 ; sheephouse.is ; Grandi Mathöll, Grandagarður 11 ; plats 2 200-2 900 ISK, menus 6 900 ISK ; 11h-21h)

La Primavera — €€€

Voir p. 59. (519 7766 ; laprimavera.is ; Grandagarður 20 ; menu déj 4 700 ISK, plats 2 800-6 100 ISK ; 11h30-21h30 mar-sam)

JUERGEN_WALLSTABE/SHUTTERSTOCK ©

Un sentier à Esjan

Mat Bar €€

Voir p. 57. (788 3900 ; matbar.is ; Hverfisgata 26 ; tapas à partir de 990 ISK ; 15h-20h mar-jeu, 15h-23h ven-sam)

Matur og Drykkur €€€€

Voir p. 59. (571 8877 ; maturogdrykkur.is ; Grandagarður 2 ; menu dégustation 11 900 ISK ; 18h-22h, jeu-dim ;)

ÓX €€€€

Ce petit lieu caché derrière le restaurant Sumac vous réserve une expérience originale. Il y a très peu de places : réservez. (537 9900 ; ox.restaurant ; Laugavegur 28 ; plats 2 890-5 490 ISK, menu 9 400 ISK ; à partir de 17h30 mar-sam)

Public House €€

Dans Laugavegur, des prix raisonnables et une cuisine islandaise mâtinée d'Asie. Ne manquez pas la porte dotée d'un judas... (555 7333 ; publichouse.is ; Laugavegur 24 ; tapas 1 290-3 690 ISK ; 11h30-23h)

Skál! €€

Voir p. 58. (519 6515 ; skalrvk.com ; Hlemmur Mathöll, Laugavegur 107 ; plats 1 550-2 850 ISK ; 11h30-23h ;)

Sur le pouce

Flatey Pizza

Voir p. 58. (588 2666 ; flateypizza.is ; Hlemmur Mathöll, Laugavegur 107 ; pizzas 1 790-2 990 ISK ; 11h-20h)

Flatus

Voir p. 58. (561 6060 ; flatus.is ; Skúlagata 28 ; pizzas 1 200 ISK ; 11h30-22h)

Fuego Taqueria

Voir p. 58. (419 8505 ; fuegotaco.is ; Hlemmur Mathöll, Laugavegur 107 ; 2/3/4 tacos 1 790/2 290/2 850 ISK ; 11h30-21h lun-jeu, 11h30-22h ven-dim)

Hlemmur Mathöll

Grái Kötturinn

Voir p. 66. (551 1544 ; graikotturinn.is ; Hverfisgata 16a ; plats 1 700-3 000 ISK ; 9h-14h lun-ven)

Hamborgarabúlla Tómasar

Voir p. 59. (511 0800 ; tommis.is ; Gerisgata 1 ; burgers 1 390-2 340 ISK ; 11h-21h)

Kore

Voir p. 59. (578 5151 ; kore.is ; Grandi Mathöll, Grandagarður 11 ; 1 790-2 790 ISK ; 11h-21h)

Mandi

Présent en plusieurs points de la ville, le Mandi est idéal pour grignoter après avoir bu un verre. (571 1444 ; mandi.is)

Omnom

Voir p. 59. (519 5959 ; omnomchocolate.com ; Hólmaslóð 4, Grandi)

Vitabar

Voir p. 66. (Bergþórugata 21 ; plats 900-3 400 ISK ; 11h30-23h, bar 11h30-1h ou 2h ven-sam)

Bière artisanale

Ægir Taproom

À l'extrémité de Grandi. Vérifiez que la brasserie est ouverte avant. (552 7872 ; facebook.com/Aegisgardur/ ; Eyjarslóð 5)

Bastard

Voir p. 69. (558 0800 ; bastard.is ; Vegamótastígur 4 ; 11h30-1h dim-jeu, 11h30-4h ven-sam)

Brewdog

Le Brewdog propose un choix ambitieux de bières artisanales islandaises. Les serveurs sont charmants et l'ambiance très agréable. (588 7865 ; brewdog.is ; Frakkastígur 8a ; 11h30-minuit mer-dim, 17h-minuit lun-mar)

Gæðingur Microbar

Près de la gare routière centrale, le premier vrai bar à bières d'Islande vous accueille dans de nouveaux locaux. Cosy mais un peu excentré. (https://gaedinbur.beer/en ; Nybylavegur 8 ; 16h-23h mar-sam)

Malbygg Taproom

Cette brasserie branchée possède un bar qui sert les bières produites sur place, mais aussi de nombreuses marques étrangères. (792 9800 ; malbygg.is ; Skútuvogur 1H ; 16h-23h jeu-sam)

RVK Brewing Taproom

À 10 minutes à pied du Hlemmur Mathöll. Le petit bar a vue sur l'intérieur de la brasserie. (588 2337 ; rvkbrewing.com ; Skipholt 31 ; 16h-22h jeu-sam)

Session

Sans doute la nouvelle référence en matière de bières artisanales islandaises, il affiche un excellent choix et organise de nombreuses animations. (690 1938 ; session.is ; Bankastræti 14 ; 16h30-minuit lun-mer, 16h30-1h jeu, 15h-1h ven, 14h-1h sam, 16h-23h dim)

Skúli Craft Bar

Charmant petit bar près de la place Ingólfstorg. Emplacement et ambiance au top, bonne sélection de bières. (519 6455 ; facebook.com/skulicraft/ ; Aðalstræti 9 ; 12h-23h dim-mer, 12h-minuit jeu, 12hj-1h ven-sam)

Bars

Bodega

Voir p. 66. (511 6677 ; bodega.is ; Óðinstorg 101 ; 16h-23h dim-mer, 12h-23h jeu-sam)

Kiki

Voir p. 67. (facebook.com/Kikiqueerbar ; Laugavegur 22 ; 20h-1h mer, jeu et dim, 21h-4h30 ven-sam)

Kaffibarinn

Voir p. 67. (551 1588 ; facebook.com/kaffibarinn ; Bergstaðastræti 1 ; 15h-1h dim-jeu, 15h-4h30 ven-sam)

Gaukurinn

Voir p. 65. (gaukurinn.is ; Tryggvagata 22 ; 14h-1h dim-jeu, 14h-3h ven-sam)

Port 9

Voir p. 66. (832 2929 ; facebook.com/portniu ; Veghúsastígur 9 ; 16h-23h)

Prikið

Voir p. 66. (551 2866 ; facebook.com/prikid101/ ; Bankastræti 12 ; 8h-1h lun-jeu, 8h-4h30 ven, 11h-4h30 sam, 11h-1h dim)

Röntgen

Voir p. 66. (rontgenbar.is ; Hverfisgata 12 ; 15h-1h)

Tíu Sopar

Voir p. 66. (888 2380 ; Laugavegur 27 ; 16h30-23h dim-mer, 15h-1h jeu-sam)

Veður

Voir p. 66. (facebook.com/vedurbarinn ; Klapparstígur 33 ; 12h-1h dim-jeu, 12h-3h ven-sam)

Musique

Hallgrímskirkja

De mi-juin à fin août, on peut écouter des concerts de musique chorale (scholacantorum.is) à 12h le mercredi (30 min, 3 000 ISK) et des récitals d'orgue (listvinafelag.is) à 12h les jeudis et samedis (30 min, 2 000 ISK) ; des récitals de 1 heure ont lieu le dimanche à 17h (2 500 ISK).

KEX Hostel

En soirée, la KEX Hostel, dans le centre-ville, fait souvent venir de jeunes musiciens ou des groupes islandais connus dans le pays. (☎561 6060 ; kexhostel.is ; Skúlagata 28)

Mengi

Cette salle en autogestion affiche une programmation musicale et artistique originale et variée. Très bien située, dans le centre. (☎588 3644 ; mengi.net ; Óðinsgata 2 ; 🕒12h-17h mar-sam et lors des performances)

Achats

Akkúrat

Voir p. 83. (☎895 4452 ; facebook.com/akkuratreykjavik ; Aðalstræti 2 ; 🕒10h-19h lun-ven, 10h-18h sam, 11h-17h dim)

Dogma

Voir p. 83. (☎571 4588 ; dogma.is ; Kringlan ; 🕒10h-18h30 lun-ven, 11h-18h sam, 12-17h dim)

Fischer

Voir p. 83. (☎860 6662 ; fischersund.com ; Fischersund 3 ; 🕒12h-18h lun-sam)

Handknitting Association of Iceland

Voir p. 83. (Handprjónasamband Íslands ; ☎552 1890 ; handknit.is ; Skólavörðustígur 19 ; 🕒10h-18h lun-ven, 10h-17h sam)

Kiosk

Voir p. 83. (☎787 8057 ; kioskgrandi.com ; Grandagarður 35 ; 🕒11h-18h lun-ven, 11h-17h sam)

Le Kaffibarinn

Kirsuberjatréð

Voir p. 83. (☎562 8990 ; kirs.is ; Vesturgata 4 ; 🕒11h-18h lun-ven, 11h-17h sam)

Kron

Voir p. 83. (☎551 8388 ; kron.is ; Laugavegi 80 ; 🕒10h-18h lun-ven, 10h-17h sam)

KronKron

Voir p. 83. (☎561 9388 ; kronkron.com ; Laugavegur 63b ; 🕒10h-18h lun-ven, 10h-17h sam)

Marché aux puces de Kolaportið

Kolaportið ("dépôt à charbon") est le seul marché aux puces d'Islande. (kolaportid.is ; Tryggvagata 19 ; 🕒11h-17h sam-dim)

Nordic Store

Voir p. 83. (☎445 8080 ; nordicstore.net ; Lækjargata 2 ; 🕒9h-20h)

Rammagerðin

Voir p. 83. (☎535 6689 ; icelandgiftstore.com ; Skólavörðustígur 12 ; 🕒10h-20h)

Skúmaskot

Voir p. 83. (☎663 1013 ; skumaskoticeland.com ; Skólavörðustígur 21a ; 🕒12h-18h lun-ven, 12h-17h sam)

LE CERCLE D'OR

PARCS NATIONAUX | CASCADES | SOURCES GÉOTHERMALES

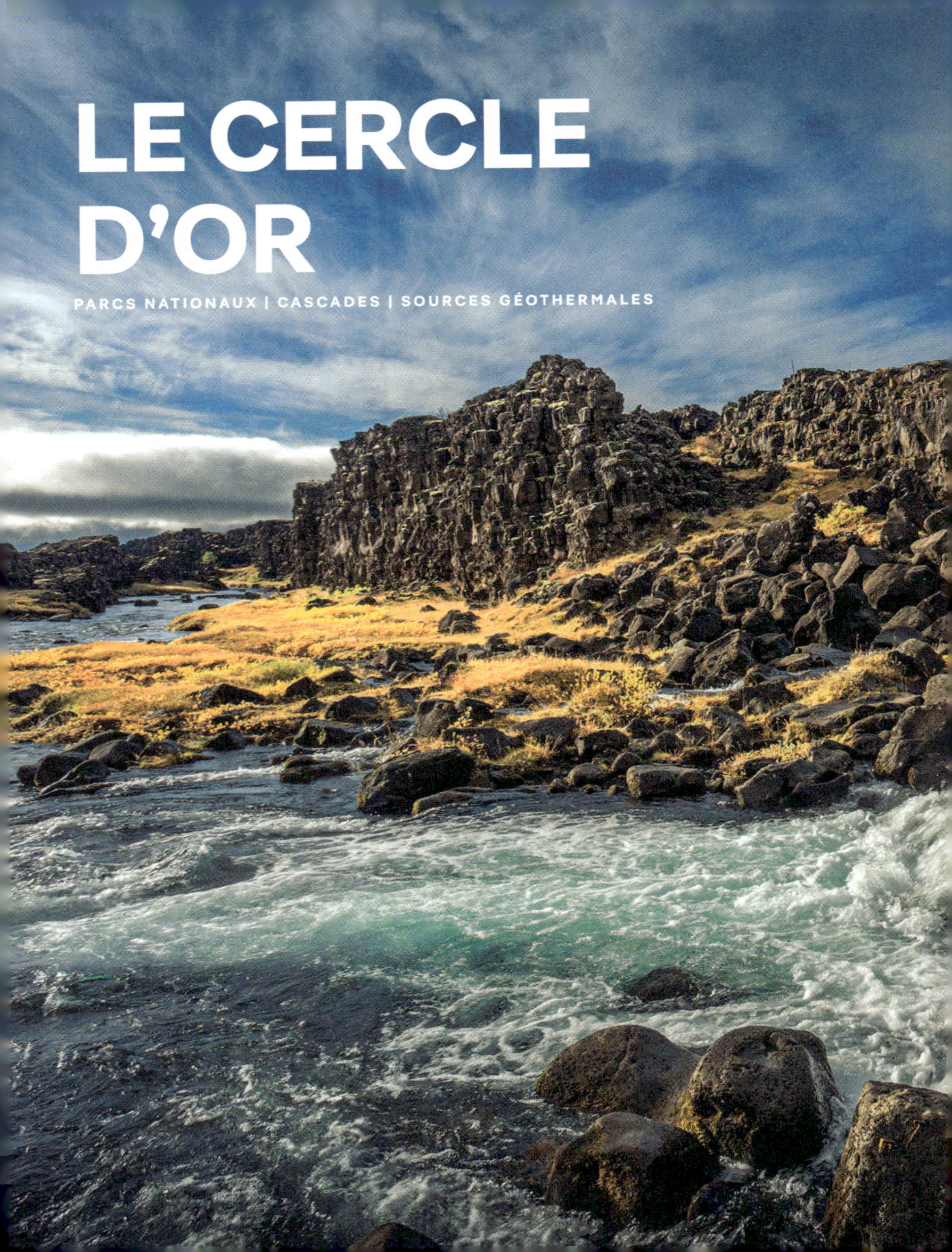

LE CERCLE D'OR
à la carte

Le circuit touristique du Cercle d'or peut être couvert en une journée. Parmi ses principaux sites figurent Þingvellir, Geysir et Gullfoss, mais la région compte également de magnifiques cascades cachées, d'importants sites historiques et des merveilles géologiques.

Émerveillez-vous devant **Gullfoss**, une cascade à deux sauts qui se jette dans un ravin (p. 107).
1 heure

Contemplez, à **Geysir** (p. 105), une gerbe d'eau monter jusqu'à 40 m de haut.
1 heure

Randonnez, dans le parc national de **Þingvellir** (p. 98), au point de rencontre des plaques tectoniques nord-américaine et eurasienne.
1 heure

Relaxez-vous dans le **Secret Lagoon**, une source d'eau chaude naturelle en plein air (p. 108).
1-2 heures

Arpentez le bord du **Kerið,** un cratère volcanique coloré, empli d'une eau bleu vif (p. 107).
1 heure

Informations pratiques

À L'ARRIVÉE

Aéroport international de Keflavík
Tous les vols internationaux passent par cet aéroport à 89 km de Þingvellir. La route au départ de Reykjavík est courte et les routes sont bonnes. Des bus partent régulièrement de la capitale.

S'ORIENTER

Il y a un centre d'information touristique dans le parc national de Þingvellir (thingvellir.is).

ARGENT

Cartes de crédit largement acceptées. Parking payant à Þingvellir et Kerið. Toilettes payantes à Þingvellir et Gullfoss.

OÙ LOGER

Ville	Pour/contre
Laugarvatn	Pensions pittoresques pour qui ne veut pas faire le circuit complet en une seule journée.
Flúðir	Détour à faire pour loger dans un B&B et plonger dans les sources chaudes voisines.
Selfoss	Nombreux hôtels et pensions. Bon emplacement pour continuer votre périple sur la côte sud.

COMMENT CIRCULER

Voiture
Le meilleur moyen d'explorer les sites hors des sentiers battus.

Circuit en bus
Pour qui souhaite admirer le paysage sans devoir conduire.

Circuit privé
Ne vous souciez pas de l'organisation.

SE RESTAURER ET PRENDRE UN VERRE

Boulangerie géothermique Goûtez le pain de seigle cuit grâce à la géothermie, à Laugarvatn (p. 109).

Un menu axé sur la tomate Friðheimar (p. 109)

La glace à ne pas manquer Efstidalur (p. 109)

AVR-MAI
Températures plus fraîches, les paysages brunissent.

JUIN-AOÛT
Tout est vert, températures moyennes, soleil de minuit.

SEP-OCT
Pluie et vent sont monnaie courante.

NOV-MARS
Neige et jours courts.

Les grands classiques

Pour les infos pratiques de chaque site, reportez-vous au carnet d'adresses p. 108.

Þingvellir

Classé au patrimoine mondial de l'Unesco, le parc national de Þingvellir est le site historique le plus important d'Islande. C'est en effet ici que les Vikings fondèrent, en 930, le premier Parlement démocratique au monde. Point de rencontre entre les plaques tectoniques nord-américaine et eurasienne, c'est un endroit impressionnant, entre failles géologiques, rivières et cascades.

STEVE QUINLAN/STOCK.ADOBE.COM ©

Geysir

Dans la vallée d'Haukadalur, Geysir est un site à ce point iconique qu'il a donné son nom au phénomène naturel du geyser, à savoir la projection à la verticale d'une colonne d'eau chaude. Si le Grand Geyser, qui en détient le record avec une hauteur de 120 m, est désormais inactif, le Strokkur (photo) crache à intervalles très réguliers son eau. Attention à la douche !

ROC CANALS PHOTOGRAPHY/GETTY IMAGES ©

Gullfoss

Situées sur la rivière Hvítá, les chutes d'eau de Gullfoss sont les plus célèbres et les plus spectaculaires du pays. Chaque seconde, ce ne sont pas moins de 80 m^3 d'eau qui dévalent dans un bruit assourdissant, formant un véritable mur d'écume. Le site est magnifique en toutes saisons..

SARA WINTER/SHUTTERSTOCK.COM ©

UNIQUE VISION/SHUTTERSTOCK.COM ©

Kerið

Autre paysage de carte postale du Cercle d'or, le lac de cratère de Kerið a connu son heure de gloire en 2010 quand la chanteuse Björk y a donné un concert sur une scène flottante. Et l'on comprend ce choix tant les eaux turquoise tranchant avec le sol rouge alentour donnent au site un aspect véritablement féerique.

07 Parc national de ÞINGVELLIR

HISTOIRE | PLAQUES TECTONIQUES | PLEIN AIR

Le Þingvellir est un site classé au patrimoine mondial de l'Unesco pour son histoire et ses éléments géologiques. À la frontière des plaques tectoniques nord-américaine et eurasienne, le parc est entaillé de failles. L'Alþingi, plus vieux parlement du monde, y fut établi en 930.

STOCKPHOTO52/GETTY IMAGES ©

En pratique

S'y rendre Louez une voiture, prenez le bus ou joignez-vous à un circuit organisé.

Quand Pour éviter les foules, évitez le parc entre 10h et 11h, lorsque les circuits organisés sont là.

Parking Les nombreux parkings des environs facturent entre 750 et 1 000 ISK en fonction de la taille du véhicule.

Aménagements Le centre d'accueil (p. 108) présente une exposition interactive sur l'histoire et la nature. Au café, sont servis en-cas et boissons chaudes. Boutique de souvenirs.

VENTURA/SHUTTERSTOCK ©

L'Islande se trouve juste au point de rencontre des plaques tectoniques nord-américaine et eurasienne, et celui-ci traverse le Þingvellir. Ces plaques s'écartent de quelque 2 cm par an, créant failles et canyons dans le paysage.

Plateforme d'observation Près du parking principal, une grande plateforme donne sur le parc entier, dont le Þingvallavatn, le lac naturel le plus vaste d'Islande.

Almannagjá La faille emblématique, où l'on peut marcher entre les continents. Les parois ouest et est en sont respectivement formées par les plaques tectoniques nord-américaine et eurasienne.

Þingvallabær Signifiant "ville de Þingvellir", ce hameau compte cinq maisons en enfilade, qui accueillent aujourd'hui le bureau du garde forestier et la résidence d'été du Premier ministre.

Þingvallakirkja Voisine des maisons, l'église de Þingvellir est généralement fermée, mais ouvre vers 10h pour la visite guidée du garde forestier.

Lögberg Signifiant "Rocher de la Loi", c'est le lieu où se serait réuni, jusque vers l'an 1000, le parlement, et où le *lögsögumaður* ("celui qui dit la loi") arbitrait les débats. L'endroit est marqué d'un drapeau islandais.

Öxarárfoss À l'extrémité de la faille d'Almannagjá, sur le cours de l'Öxará, une magnifique cascade dévale l'escarpement, côté plaque nord-américaine.

Porte sanglante Les fans de *Game of Thrones* reconnaîtront, en ce défilé de l'Almannagjá, l'un des décors de la série.

En haut Faille dans l'enceinte du parc national de Þingvellir
En bas Þingvallakirkja

Environs du Þingvellir

Agrémentez votre visite au Þingvellir d'une activité ou d'un circuit dans les environs. Les randonneurs peuvent s'arrêter au centre d'accueil des visiteurs pour y récupérer une carte des sentiers du parc, tandis que les prestataires locaux organisent des sorties à cheval dans la région (p. 107). Vous pourrez aussi programmer des activités aquatiques, comme la pêche à la truite et à l'omble dans les eaux froides du lac Þingvallavatn, ainsi que, pour les moins frileux, le snorkeling ou la plongée dans les eaux glaciaires cristallines qui séparent les deux continents (p. 107). Les alentours du lac Þingvallavatn se prêtent également à l'observation des oiseaux, des visons ou des renards arctiques, seuls mammifères natifs de l'Islande.

Histoire de l'Islande

ENTRE LES PLAQUES TECTONIQUES, L'HISTOIRE POLITIQUE DE L'ISLANDE

Pour les Islandais, le Þingvellir n'est pas qu'une singularité géologique, mais également un lieu d'une importance historique majeure. Aujourd'hui, le site est un sanctuaire national, par ailleurs inscrit au patrimoine mondial de l'Unesco.

À gauche Acteur incarnant un Viking, Þingvellir **Au centre** Paysage du Þingvellir **À droite** Falaises de la faille continentale, Þingvellir

Premières installations en Islande

L'Islande a la particularité d'avoir été colonisée tardivement. Vers 870, l'île n'avait encore été occupée que sporadiquement. Alors que l'Europe voyait se développer des États pérennes, l'unification de la Norvège par le roi Harald Ier se solda par le départ de puissants chefs et leur établissement sur les nouvelles terres découvertes à l'ouest. Ingólfur Arnarson est ainsi considéré comme le premier habitant permanent de l'île. Par la suite, de nombreux colons arrivèrent en bateau de Scandinavie. L'île n'eut jamais, en propre, de roi, mais une forme décentralisée de pouvoir y fut mise en place. Pour en assurer le bon fonctionnement, les hommes libres se réunissaient annuellement à Þingvellir, lors de l'Alþingi.

Fondation du Parlement

Au Moyen Âge, l'Islande ne comptait aucune ville importante. Possédant terres et esclaves, les propriétaires terriens étaient devenus si puissants, au terme de la colonisation, que l'idée d'un contre-pouvoir s'imposa. Au départ, celui-ci ne s'incarnait que dans des assemblées locales, mais, alors que la population augmentait, il devint nécessaire d'en former une à l'échelle de l'île entière. C'est ainsi qu'en 930, fut fondé, à Þingvellir, le premier parlement du monde.

Assemblées annuelles

Le choix s'était porté sur Þingvellir, en raison de son accès aisé ainsi que de la présence d'eau douce et de

JULIEN RATEL/GETTY IMAGES ©

PICTURES-AND-PIXELS/GETTY IMAGES ©

forêts. On y venait, de tous les points d'Islande, pour assister à l'assemblée annuelle. Les chefs régionaux, les *goðar*, s'y réunissaient pour se concerter et prendre les décisions. On y logeait dans des abris, construits pour l'occasion ou gardés des sessions précédentes. L'événement avait également quelque chose d'une fête.

Les assemblées se tenaient alors près d'une formation géologique connue sous le nom de Lögberg ("Rocher de la Loi"). Tout un chacun pouvait y grimper, et prendre la parole. C'est là que l'on faisait les annonces, que l'on échangeait des nouvelles, que l'on résolvait les conflits et que l'on arrangeait les mariages. Plus tard, le site fut déplacé au pied des falaises d'Almannagjá, où la voix portait mieux.

> L'île n'eut jamais, en propre, de roi, mais une forme décentralisée de pouvoir y fut mise en place.

Celui qui dit la loi

C'était le *lögsögumaður* ("celui qui dit la loi"), élu pour trois ans par les *goðar*, qui arbitrait ces rassemblements (en plus d'y réciter la loi). Vers l'an 1000, le pays se retrouva divisé entre païens et chrétiens, récemment convertis. Le *lögsögumaður* du moment dut trouver une solution. Après longue réflexion, il déclara : "Nous sommes un pays et un peuple, aussi devrions-nous n'avoir qu'une loi." Il décréta donc que l'Islande devait se convertir au christianisme, ajoutant que les païens gardaient le droit de pratiquer leur culte en privé, de manger du cheval et d'exposer les enfants non désirés.

Le cœur de l'Islande

Le centre d'accueil des visiteurs du parc national de Þingvellir (p. 108) héberge la toute nouvelle exposition interactive *Heart of Iceland*, qui présente avec brio l'histoire et la nature du Þingvellir et explique à quel titre il est si important pour les Islandais. S'appuyant sur une technologie de pointe, elle permet de découvrir des objets découverts sur place, de retracer les itinéraires empruntés pour rejoindre l'assemblée annuelle et de visualiser comment se déroulaient les rencontres. L'exposition dévoile aussi le parcours de l'eau à travers les roches volcaniques depuis le glacier jusqu'au lac proche de Þingvallavatn, et aborde l'avenir du Þingvellir.

De nos jours

L'assemblée se tint à Þingvellir jusqu'en 1798, puis fut transférée à Reykjavík. Dissoute deux ans plus tard, elle fut recréée en 1845. Devenu premier parc national d'Islande en 1930, Þingvellir a été, en 2004, inscrit au patrimoine mondial de l'Unesco. De nos jours, l'endroit garde son aspect d'antan. À l'exception des sentiers tracés pour les touristes, la plaine, qui accueille de sporadiques rassemblements, n'a guère changé, et reste un haut lieu de l'identité islandaise.

Devenu premier parc national d'Islande en 1930, Þingvellir a été, en 2004, inscrit au patrimoine mondial de l'Unesco.

Nous remercions Dale Kedwards, qui a fait des recherches sur la culture islandaise mediévale à l'Árni Magnússon Institute for Icelandic Studies. dalekedwards.com.

À gauche Þingvellir **En haut à gauche** Détails d'un manuscrit islandais contenant les sagas islandaises **En haut à droite** Le drapeau islandais flotte à l'endroit supposé être l'emplacement de Lögberg (le "Rocher de la Loi")

Sagas de Þingvellir

Les sagas représentent une part majeure du patrimoine culturel islandais. Rédigées au XIIIe siècle et relatant des événements ayant eu lieu entre le IXe et le XIIIe siècle, elles reviennent, sur un mode épique, fantastique ou réaliste, sur les difficultés et les conflits qui marquèrent l'époque de la colonisation. Plusieurs d'entre elles incluent des passages ayant trait à Þingvellir. Pour en savoir davantage, consultez l'Icelandic Saga Database (sagadb.org).

Outre qu'elles ont été écrites deux siècles après les événements relatés, les sagas comprennent leur lot d'exagérations et d'inexactitudes. Elles n'en constituent pas moins des sources de premier ordre sur la vie, les mœurs et les enjeux de l'époque.

08 Cascades et GEYSERS

PAYSAGES | NATURE | TRÉSORS CACHÉS

L'eau est omniprésente en Islande, qu'elle fonde d'un glacier, dévale d'une falaise ou soit chauffée grâce à l'énergie géothermique venue des profondeurs. Dans le Cercle d'or, elle est présente sous toutes ces formes.

BILDAGENTUR ZOONAR GMBH/SHUTTERSTOCK ©

En pratique

S'y rendre Louez une voiture et découvrez par vous-même les sites. Geysir, Gullfoss et Faxi sont situés sur la route 35.

Quand Geysir, Gullfoss et Faxi sont accessibles toute l'année. Rejoindre Brúarfoss ne doit être tenté qu'entre mai et octobre.

Comment s'habiller Il est essentiel de se vêtir, de pied en cap, de plusieurs couches de vêtements chauds et imperméables, quelle que soit l'époque de l'année.

PURIFAT LERTPUNYAROJ/SHUTTERSTOCK ©

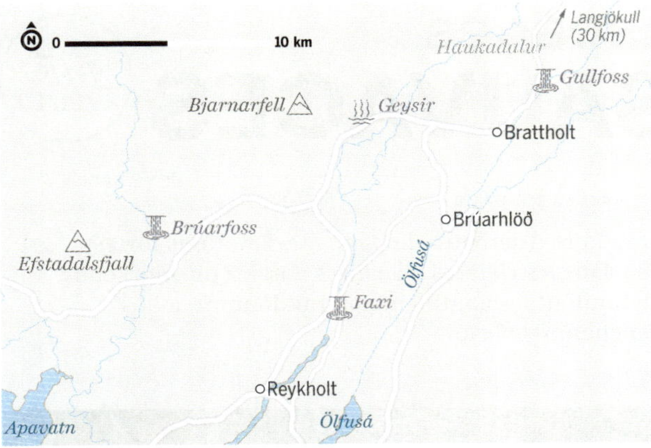

En haut Brúarfoss
En bas Geyser de Strokkur

La crinière du cheval Faxi est une cascade petite, mais puissante, au sud de Gullfoss. Après avoir payé le parking (700 ISK), vous pourrez accéder à ce lieu paisible. Le petit café et le coin pique-nique sont parfaits pour déjeuner sur le pouce. La nature alentour se prête à l'observation des oiseaux, et peut-être apercevrez-vous, en été, des saumons remonter la rivière.

Vallée géothermique Geysir est une zone géothermique dans la vallée de Haukadalur, ponctuée de geysers, fumerolles et marmites de boue. La principale curiosité est le Strokkur, qui crache des colonnes d'eau jusqu'à 40 m de haut toutes les 7 à 10 minutes.

Le joyau de la couronne du Cercle d'or Gullfoss signifie "chutes d'or" ; cette cascade à double saut dévale de 32 m dans une gorge imposante. Les eaux proviennent du Langjökull, tout proche, le deuxième plus grand glacier d'Islande.

La cascade bleue méconnue Les eaux d'un bleu turquoise qui dévalent le long des roches volcaniques confèrent à la cascade de **Brúarfoss** son caractère singulier. On la rejoint à la faveur d'une randonnée de 3 heures aller-retour. Il y a un parking indiqué, en retrait de la route 37, entre Þingvellir et Geysir. Le sentier, facile à suivre, longe la rivière et croise deux autres cascades, plus petites. Attention : le sentier est inaccessible de novembre à mars, et en avril et mai, il est très boueux. La période idéale pour ce périple court de juin à octobre.

Habillez-vous pour l'aventure

"Il n'y a pas de mauvais temps, seulement des vêtements inadaptés." Ce dicton islandais pourra en laisser d'aucuns perplexes. La différence entre vêtements adaptés ou non n'a, de fait, rien d'évident, en particulier pour qui n'a pas l'habitude de la pluie, des vents forts et des températures basses. Or, la météo locale est notoirement imprévisible, notamment dans le Cercle d'or, auquel son emplacement, loin du littoral, vaut d'être souvent froid et pluvieux. Portez des couches aisées à enlever et remettre, en fonction du temps. Des chaussures solides et des manteaux imperméables (des pieds à la tête) s'imposent également.

09 Espaces SAUVAGES

AVENTURE | SNORKELING | CHAMPS DE LAVE

Le Cercle d'or offre pléthore d'activités de plein air. Émotions fortes garanties, que vous plongiez dans les rivières glaciaires, fassiez du snorkeling dans les eaux glacées qui délimitent les continents ou randonniez, à dos de cheval islandais, dans un champ de lave.

NUDIBLUE/GETTY IMAGES ©

En pratique

S'y rendre Optez pour une voiture de location ou joignez-vous à un circuit organisé. La plupart des tour-opérateurs sont basés à Reykjavík et pourront vous prendre à l'hôtel.

Quand Ces excursions peuvent êtes réalisées toute l'année, mais il est essentiel de réserver.

Tarifs 15 000 ISK à 25 000 ISK selon l'activité.

Comment s'habiller Les tour-opérateurs vous fourniront l'équipement requis. Emportez vêtements chauds, chaussures de randonnée et de quoi vous changer.

KETAN VIKAMSEY/SHUTTERSTOCK ©

Snorkeling entre les continents **Silfra** est l'une des fissures les plus importantes du parc national de Þingvellir, mais l'eau y est glaciale. Vous pourrez y faire du snorkeling (ou de la plongée si vous êtes certifié) entre les continents. L'eau est incroyablement claire, car elle provient du glacier Langjökull et est filtrée par les roches volcaniques. Il n'y a ni poissons, ni coraux à Silfra, uniquement des algues vert clair et une visibilité allant jusqu'à 100 m ! (dive.is/dive-sites/silfra)

Motoneige sur un glacier Pour vivre un grand frisson, optez pour une sortie en motoneige sur un glacier. À seulement 30 km des chutes de Gullfoss, le **Langjökull** est la seconde plus grande calotte glaciaire d'Islande. Ce parcours, envisageable toute l'année, a rang d'expérience inoubliable. (mountaineers.is)

Kayak dans les canyons Au pied des chutes de **Gullfoss** s'étire le canyon de la rivière Hvítá. Les amateurs de sensations fortes apprécieront le rafting en eau vive entre les parois volcaniques. La descente convient aux novices comme aux plus expérimentés. Il est possible de se rendre directement sur place ou d'être récupéré à Reykjavík. (adventures.is)

Équitation sur les champs de lave Profitez de magnifiques paysages à dos de cheval islandais. Connus pour leur petite taille et leur caractère constant, ces animaux, très aimés ici, occupent une place à part dans la culture locale. Ils se distinguent par leurs cinq allures, dont deux sont uniques : le *tölt* (marche courue) et l'amble. Mais pas d'inquiétude : ce circuit tiendra d'une simple promenade au pas, propre à convenir autant aux adultes qu'aux enfants. (laxnes.is)

En haut Plongeurs, Silfra
En bas Chevaux islandais

Randonnée vers un cratère volcanique

Site moins connu de l'itinéraire du Cercle d'or, **Kerið** (p. 108) est un lac de cratère. Ce dernier, qui aurait 6 500 ans, est profond de 55 m pour 170 m de largeur. Avec ses parois rouge vif émaillées de mousse verte, et ses eaux turquoise, le lac est une découverte mémorable entre toutes. Faire le tour du cratère prend entre 30 minutes et 1 heure. À l'une des extrémités, un chemin descend jusqu'au lac, d'où vous pourrez avoir une idée de la taille du cratère. Le droit de stationner (400 ISK) permet d'aider le propriétaire à entretenir les environs.

Carnet d'adresses

Les grands classiques (p. 96)

Kerið

(Biskupstungnabraut ; à 15,5 km au nord de Selfoss sur la route 35 ; adulte/enfant 400 ISK/gratuit ; 8h30-21h juin-août, le jour sept-mai)

Gullfoss

Les chutes disposent d'un petit centre d'information avec boutique et café. (Kjalvegur/route 35 ; menu à partir de 990 ISK ; 9h-21h juin-août, 9h-18h30 sept-mai)

Þingvellir

Le centre principal du parc est situé du côté nord du lac. Il abrite l'exposition *Hearth of Iceland* ainsi qu'un café/supérette. (Leirar Þjónustumiðstöð ; thingvellir.is ; route 36 ; exposition adulte/enfant 1 000 ISK/gratuit ; 9h-22h mai-août, 9h-18h sept-avr)

Culture et histoire

Búðir

Les fondations en pierre de *búðir* (littéralement "cabines"), où campaient les participants aux sessions du Parlement, peuvent toujours être vues au nord de l'église de Þingvellir.

Cathédrale de Skalholt

Lieu historique de culture, spiritualité et musique, et première école ecclésiastique qui fut fondée en 1056. Visitez l'église, la crypte, le tunnel et le site archéologique (la cathédrale d'origine, elle, a été détruite par un séisme au XVIIIe siècle). (486 8870 ; skalholt.is ; Skálholtskirkjuvegur ; musée 500 ISK ; 9h-18h mi-mai à mi-sept, 9h-17h mi-sept à mi-mai) GRATUIT

Les Troglodytes (The Cave People)

Visitez la grotte où une famille nomade vécut il y a un siècle de cela. Vous en apprendrez plus sur leurs difficultés et sur la vie quotidienne de l'époque. À l'ouest de Laugarvatn. (888 1922 ; thecavepeople.is ; Laugarvatnshellir, Laugarvatn ; adulte/enfant 2 100/1 000 ISK ; 10h-17h juin-sept)

Musée Gljúfrasteinn-Laxness

Le prix Nobel de littérature Halldór Laxness (1902-1998) a vécu toute sa vie à Mosfellsbær. Sa maison au bord du lac a été transformée en musée, halte agréable sur la route 36 entre Reykjavík et Þingvellir. (586 8066 ; gljufrasteinn.is ; Þingvallavegur, Mosfellsbær ; adulte/enfant 1 200 ISK/gratuit ; 10h-17h juin-août, 10h-16h mar-dim sept-mai)

Slakki Petting Zoo

Petit parc animalier comptant des renards arctiques, des vaches, des chiens, des cochons, etc. Le zoo dispose aussi d'un minigolf avec parcours à l'intérieur d'une serre. (486 8783 ; facebook.com/slakki ; Laugarás ; adulte/enfant 1 200/600 ISK ; 11h-18h)

Sources chaudes

Fontana de Laugarvatn

Ce spa autour d'une source chaude propose des Jaccuzis de température variable. Faites un plongeon dans le lac glacé tout proche pour une expérience thérapeutique typique. (486 1400 ; fontana.is ; Hverabraut 1, Laugarvatn ; adulte/enfant 3 950 ISK/gratuit ; 11h30-21h jeu-sam, 11h30-19h dim-mer)

Secret Lagoon

Piscine en dur la plus ancienne d'Islande, alimentée par une source chaude. Également des espaces géothermaux et un petit geyser bouillonnant. Près de Flúðir. (555 3351 ; secretlagoon.is ; Hvammsvegur 2, Flúðir ; adulte/enfant 3 000 ISK/gratuit ; 10h-19h oct-avr, 12h-20h mai-sept)

Fermes et serres

Boulangerie géothermique de Laugarvatn €

Dégustez du pain de seigle maison cuit en utilisant l'énergie thermique provenant du sol. Tartinez-le de beurre islandais et de truite fumée provenant de la région. (☎486 1400 ; fontana.is/en/rye-bread-experience ; Hverabraut 1, Laugarvatn ; 1 700 ISK, gratuit -12 ans ; ⏲circuits 11h45 et 14h30)

Efstidalur €

Cette ferme tenue en famille a été reconvertie en restaurant et glacier. Dégustez de délicieuses glaces faites sur place en compagnie des vaches. (☎486 1186 ; efstidalur.is ; Efstidalur 2, Bláskógabyggð ; boule de glace 500 ISK, plats 2 250-5 800 ISK ; ⏲glaces 10h-22h, restaurant 11h30-22h)

Friðheimar €€

Cette serre écologique et durable affiche, à Reykholt, une carte sur le thème de la tomate. Le plat le plus apprécié est une soupe à la tomate à volonté servie avec du pain maison. Réservation obligatoire. (☎486 8894 ; fridheimar.is ; Friðheimar, en retrait de la route 35 ; plats à partir de 2 200 ISK ; ⏲12h-18h)

Flúðasveppir Farmers Bistro €€

Adjacent à l'unique ferme champignonnière d'Islande, à la périphérie de Flúðir, ce restaurant sert de la soupe de champignons avec du pain maison et un choix d'*álegg* (terme désignant tout ce qui se met sur du pain). (☎519 0808 ; farmersbistro.is ; Garðastígur ; plats à partir de 1 900 ISK ; ⏲12h-18h juin-août, 12h-16h sept-mai)

Restaurants

Lindin €€

À mi-chemin entre Þingvellir et Gullfoss, voici sans doute la meilleure table à des kilomètres à la ronde. Donnant sur le lac, ce restaurant gastronomique propose une cuisine islandaise de haut niveau à base de produits locaux et de gibier. (☎898 9599 ; facebook.com/lindinlaugarvatn/ ; Lindarbraut 2, Laugarvatn ; plats 2 200-5 600 ISK ; ⏲12h-22h mai-sept, horaires réduits oct-avr)

SILKY/SHUTTERSTOCK ©

Cathédrale de Skalholt

Silfra Restaurant €€€

Dans l'ultra-chic Ion Adventure Hotel, côté sud du parc national de Þingvellir, le Silfra sert une cuisine islandaise moderne à base de produits locaux inspirée du mouvement Slow Food. (ionadventure.ioniceland.is/restaurant-bar/ ; Nesjavellir við Thingvallavatn ; plats 2 700-6 200 ISK ; ⏲12h-21h30)

Séjours spectaculaires

Buubble Hotel €€€

Dormez sous les étoiles dans une tente bulle transparente en pleine nature, près de Reykholt. Allongez-vous et admirez le soleil de minuit ou les aurores boréales en hiver. (buubble.com ; Blaskogabyggd, près de Reykholt ; bulles à partir de 26 900 ISK)

Hótel Geysir €€

Au seuil de la zone géothermique de Geysir, cet hôtel quatre étoiles au style minimaliste tire parti d'un cadre exceptionnel. Spa. (☎480 6800 ; hotelgeysir.is ; Biskupstungnabraut ; s/d avec petit-déj à partir de 18 000/22 900 ISK)

LE SUD-OUEST ET LA PÉNINSULE DE REYKJANES

CHAMPS DE LAVE | FALAISES CÔTIÈRES | ZONE GÉOTHERMIQUE

LE SUD-OUEST
à la carte

Si le Blue Lagoon en est le plus célèbre exemple, cette zone géothermique, qui a reçu le label "géoparc mondial UNESCO" en 2015 (reykjanesgeopark.is), compte bien d'autres sites géologiques d'exception. Prisée des amateurs de spéléologie, de sources chaudes et d'oiseaux, la région a été en 2021 le théâtre d'une éruption volcanique.

DOUBLE-PAGE PRÉCÉDENTE : GUNNAR ÖRN ÁRNASON/ GETTY IMAGES ©

Informations pratiques

À L'ARRIVÉE

Aéroport international de Keflavík
Sur la péninsule de Reykjanes, à 50 km de Reykjavík. Entre les deux, la route est bonne et le trajet rapide. Des bus relient régulièrement l'aéroport à la capitale.

RENSEIGNEMENTS

Le musée Duushús, à Reykjanesbær, abrite un point d'information touristique (p. 127).

ARGENT

Cartes bancaires acceptées quasiment partout.

OÙ LOGER

Localité	Pour/contre
Reykjanesbær	Proche de l'aéroport ; compte des musées et des restaurants.
Grindavík	Charmant village de pêcheurs ; options de logement et de restauration limitées.
Suðurnesjabær	Localité côtière peu touristique ; quelques restaurants seulement.

COMMENT CIRCULER

Voiture C'est le meilleur moyen d'explorer les zones les moins touristiques.

Circuits Un circuit organisé est idéal pour admirer la région sans se fatiguer.

Bus Les bus Strætó (straeto.is) desservent l'aéroport de Keflavík et le Blue Lagoon.

SE RESTAURER ET PRENDRE UN VERRE

Fish and chips Grâce à une industrie de la pêche dynamique, on se régale de poisson frais, tel celui servi par le *food truck* Issi, à Njarðvík (p. 129).

Bière Goûtez une bonne pression locale à la brasserie Litla Brugghúsið, à Suðurnesjabær (p. 129).

Soupe de poisson Cafe Bryggjan (p. 129)

Meilleur troquet Cafe Petite (p. 129)

AVR-MAI
Températures fraîches, paysages bruns.

JUIN-AOÛT
Paysages verts, températures douces, soleil de minuit.

SEPT-OCT
Temps souvent pluvieux et venteux.

NOV-MARS
Temps neigeux et jour très court.

Les grands classiques

Pour les infos pratiques de chaque site, reportez-vous au carnet d'adresses p. 126.

Blue Lagoon

Entre l'aéroport international et la capitale du pays se trouve la célèbre station thermale du Blue Lagoon : preuve s'il en est de l'importance pour les Islandais des sources d'eau chaudes dans leur quotidien. Dans la péninsule de Reykjanes, vous aurez le choix de votre *hot pot*, du complexe luxueux à la piscine municipale.

BLUE PLANET STUDIO/STOCK.ADOBE.COM ©

Activité volcanique

L'année 2021 a été marquée par l'éruption du Fagradalsfjall. L'occasion était alors parfaite pour observer de plus près – mais pas trop – un volcan en activité. Si le phénomène est aujourd'hui officiellement terminé, il n'en reste pas moins que se rendre sur place pour en apercevoir de possibles résurgences ou aller admirer les tunnels de lave de Raufarhólshellir (photo) ou Þríhnúkagígur restent des expériences rares.

BIBHASH/STOCK.ADOBE.COM ©

Reykjanesfólkvangur

À seulement 40 km de Reykjavík, cette réserve naturelle de 300 km² donne un bel aperçu de la nature sauvage islandaise. La zone géothermique de Krýsuvík regorge de sources d'eau chaudes. Des sentiers de randonnée amènent au lac Grænavatn aux eaux turquoise ou à l'impressionnant cratère de Stóra-Eldborg. Sans compter la plus grande falaise peuplée d'oiseaux du Sud-Ouest, le Krýsuvíkurberg.

SMALLREDGIRL/STOCK.ADOBE.COM ©

GLASSHOUSE IMAGES/GETTY IMAGES © ARCHITECT: GUDMUNDUR JONSSON

Musée du Monde viking

Face à la mer, à Reykjanesbær, un remarquable bâtiment contemporain sert d'écrin à cet espace d'expositions spectaculaire dédié aux Vikings. Vous pourrez y admirer la reconstitution fidèle du *Gokstad*, un bateau viking de 23 m, qui conduisit Leifur Eiríksson en Amérique vers l'an 1000.

10 Un bain au Blue LAGOON

LIEU MAGIQUE | SOURCE D'EAU CHAUDE

Quand on songe à l'Islande, le Blue Lagoon vient forcément à l'esprit. Emmitouflé dans un doux peignoir blanc, on y gagne le bleu laiteux d'un lac entouré de lave : le comble du luxe et de la détente ! Distant de 47 km de la capitale, et situé à seulement 20 minutes de l'aéroport, ce n'est pas le lieu le plus visité d'Islande pour rien.

ALEKSANDAR TODOROVIC/SHUTTERSTOCK ©

En pratique

Quand Tôt le matin ou après 18h pour éviter les foules. Réservation obligatoire (p. 126).

S'y rendre À 20 minutes de l'aéroport international de Keflavík, et à 40 minutes de Reykjavík. Destination Blue Lagoon (destinationbluelagoon.is) et Reykjavík Excursions (re.is) proposent des bus. On peut aussi s'y rendre en taxi.

Bagages Il y a une consigne sur place.

Aménagements L'entrée inclut l'accès aux vestiaires, un casier et des douches avec shampooing et après-shampooing.

SKYNESHER/GETTY IMAGES ©

WANDERLUSTER/GETTY IMAGES ©

Dans le sens des aiguilles d'une montre en partant du bas : Une baigneuse se détend ; le Blue Lagoon ; le bar immergé

Le Blue Lagoon comprend de nombreux espaces, notamment :

Lac Relaxez-vous dans les eaux turquoise du lac, riches en sels minéraux, algues et silice. Avec une température constante de 38°C, vous n'aurez pas froid, même en hiver. La plupart des gens y restent 2 heures environ.

Bar à masque Couvrez-vous le visage et les bras d'un masque d'algues ou de boue de silice. Le collagène des algues réduit les rides, tandis que la silice purifie la peau et illumine le teint. Le soin parfait pour se remettre du voyage en avion.

Sauna et hammam Faites un tour dans une cabine de chaleur sèche ou humide.

Bar immergé Rafraîchissez-vous avec un jus, un smoothie, une bière ou du vin. Vous paierez vos consommations, enregistrées sur votre bracelet électronique, à la sortie.

Panorama Enfilez votre peignoir et montez à l'étage pour contempler la vue sur le lac.

Conseils pour votre visite

Tout d'abord, suivez les règles de conduite (p. 118). Ensuite, ne lésinez pas sur l'après-shampooing avant d'entrer dans l'eau, dont les minéraux n'ont rien de tendre pour les cheveux. Laissez vos bijoux dans votre casier, car l'eau pourrait les endommager. Apportez vos propres maillot de bain, peignoir et chaussons, ou louez-les à l'accueil. Prévoyez un étui étanche pour votre téléphone si vous voulez le prendre avec vous. Enfin, ne vous contentez pas de rester près de l'entrée et du bar à masque : le lac est vaste et il y a des coins plus calmes à explorer.

Faites-vous plaisir

Faites de votre visite au Blue Lagoon une expérience des plus luxueuses (p. 126).

Massage Faites-vous masser sur un matelas flottant sur l'eau.

Retreat Spa Cinq heures de spa et de soins luxueux, dont un gommage et un accès à des cabines privées.

Repas Savourez les plats gastronomiques des restaurants Moss ou Lava, ou prenez un en-cas au Spa Restaurant ou au café.

Hébergement Passez la nuit au Silica ou au Retreat Hotel.

ARCTIC-IMAGES/GETTY IMAGES ©

Règles de conduite : se baigner en Islande

PROFITEZ DU LOISIR PRÉFÉRÉ DES ISLANDAIS SANS COMMETTRE D'IMPAIR

Les Islandais aiment se baigner. Chaque ville ou presque a sa piscine, les enfants apprennent à nager dès 4 mois et on passe le week-end en famille dans les sources chaudes ou les parcs aquatiques. Il y a toutefois quelques règles à suivre.

Gauche Nageur faisant ses longueurs **Milieu** Source chaude de Seljavallalaug **Droite** Douche géothermique en extérieur

Entrée

Payez votre entrée à l'accueil. Comptez entre 700 et 1 000 ISK pour les adultes, et entre 100 et 200 ISK pour les enfants. L'accès est gratuit pour les tout-petits et les personnes âgées. Vous pourrez louer un maillot si vous n'en avez pas.

Chaussures

Les vestiaires des hommes et des femmes sont séparés. Les enfants peuvent accéder aux uns ou aux autres, sous la surveillance de leurs parents. Avant de pénétrer dans les vestiaires, enlevez vos chaussures et laissez-les à l'entrée, sur les étagères prévues à cet effet.

Vestiaires

Dans les vestiaires, vous trouverez des casiers gratuits munis d'une clé. Laissez-y vos téléphones et appareils photo, car ils sont généralement interdits dans les locaux et vous n'aurez nulle part où les poser une fois à l'extérieur. Déshabillez-vous et gagnez les douches avec votre maillot et votre serviette sous le bras. Vous pourrez poser ces derniers dans des alvéoles le temps de vous doucher.

Douche

La règle la plus importante est de se laver entièrement le corps sans son maillot. Il y a du savon en libre-service, mais vous pourrez apporter le vôtre. Dans toutes les douches, une affiche illustre les parties du corps à savonner avant d'aller se baigner. L'eau des bassins

PETR JANSA/SHUTTERSTOCK ©

CC77/SHUTTERSTOCK ©

contient très peu de chlore, c'est pourquoi ces règles d'hygiène sont si importantes. Pour plus d'intimité, certains lieux ont des cabines de douche avec rideaux.

Dans les bassins

Après la douche, enfilez votre maillot, laissez votre serviette dans sa case et dirigez-vous vers le bassin. En sortant, vous trouverez généralement des *hot pots* à différentes températures, un grand bassin et parfois même un toboggan ou une pataugeoire pour les enfants. Profitez des *hot pots* à l'envi, en alternant avec un saut dans le bassin froid. Certains complexes sont en intérieur, d'autres en plein air et d'autres encore mêlent les deux.

> Vous trouverez des *hot pots* à différentes températures, un grand bassin et parfois même un toboggan ou une pataugeoire pour les enfants.

Avant de partir

Quand vous vous serez bien détendu, revenez sur vos pas et refaites toute la procédure en sens inverse : douchez-vous, séchez-vous entièrement (pas de pieds mouillés dans les vestiaires !), retrouvez votre casier, habillez-vous et enfilez vos chaussures une fois à l'extérieur.

Félicitations ! Vous avez vécu l'une des expériences les plus emblématiques de la culture islandaise, et ce sans commettre de faux pas ! Vous pouvez maintenant poursuivre votre journée dans un état de relaxation absolue.

Plaisir gourmand

Après une bonne session de baignade, faites comme tout bon Islandais : offrez-vous une glace. Goûtez la Bragðarefur, une crème glacée mélangée avec les fruits ou sucreries de votre choix. Parmi les glaciers incontournables : Ísbúð Huppu (isbudhuppu.is) et Ísbúð Vesturbæjar (facebook.com/isbudvesturbaejar/), ou Skubb (skubb.is) et Valdis (valdis.is) pour des boules plus classiques.

11 Ailleurs qu'au Blue LAGOON

BAIGNADE | AUTHENTICITÉ | FRAÎCHEUR

En Islande, la baignade tient d'un art de vivre. Chaque jour, on s'y retrouve dans des bassins d'eau chauffée par géothermie. On y barbote, bien sûr, mais on y discute aussi de l'actualité, on partage les derniers ragots et on oublie son stress. Les bains font partie du quotidien et, quel que soit le temps – sous un soleil de minuit ou sous la neige, par une sombre journée d'hiver –, ils ne désemplissent pas.

En pratique

S'y rendre Louez une voiture et faites vous-même votre itinéraire thermal.

Quand Toute l'année, quelle que soit la météo.

Tarifs 7 000 ISK pour le Sky Lagoon ; 1 000 ISK pour les bassins publics.

À prévoir Maillot de bain, serviette, produits de toilette.

Haut Le Sky Lagoon
Bas Une baigneuse au Sky Lagoon

Le Sky Lagoon

"Là où la mer rencontre le ciel" : voici le slogan de ce tout nouveau complexe thermal (p. 129). L'architecture, inspirée des éléments caractéristiques de l'Islande, mêle tourbe et herbe, eau et lave. Une piscine à débordement y surplombe l'Atlantique avec une vue donnant sur la péninsule de Snæfellsnes. Le bar immergé sert un choix de boissons alcoolisées ou non. C'est un lieu magique, aussi relaxant que revigorant, à quelques minutes de route du centre de Reykjavík.

Pour une expérience complète, ne manquez aucune des sept étapes de cette expérience merveilleusement bien pensée.

Bain chaud Dans l'eau chaude, profitez d'un massage naturel sous la cascade ou détendez-vous sur les pierres de lave.

Bain froid Stimulez votre circulation avec un bain bien froid.

Sauna Laissez la vapeur vous purifier et chasser les tensions face à un superbe panorama.

Rafraîchissement Faites quelques pas à travers une brume fraîche pour réveiller vos sens.

Exfoliation Faites-vous un gommage au sel de mer et aux huiles.

Hammam Laissez le gommage fondre et hydrater votre peau dans la vapeur humide du hammam.

Relaxation Douchez-vous et retournez dans le grand bassin chaud.

Et, si vous avez faim, le salon intérieur sert des en-cas et des boissons. Pour être sûr de pouvoir vivre toute cette expérience, mieux vaut réserver.

Piquez une tête

Si vous cherchez à connaître la culture islandaise du bain sans payer les tarifs d'un spa, optez pour le *sundlaug* municipal du coin. Les piscines des villages suivants méritent le détour (p. 128) :

Reykjanesbær

Quatre *hot tubs*, un hammam, une piscine intérieure et une extérieure, et un bassin pour enfants.

Vogar

Hot tub, grand bassin et solarium.

Garður

Deux *hot tubs*, un sauna, un grand bassin, un bassin pour enfants et un toboggan.

Sandgerði

Deux *hot tubs*, un sauna, un grand bassin, un bassin pour enfants et deux toboggans.

Grindavík

Deux *hot tubs*, un bassin froid, un sauna, un grand bassin, un bassin pour enfants et un toboggan.

12 Éruptions et LAVE

VOLCANS | CHAMPS DE LAVE | GROTTES

Le paysage de la péninsule de Reykjanes témoigne de siècles d'activité volcanique. La péninsule s'étend sur une faille tectonique où se sont créés, au gré des séismes, champs de lave, cratères et grottes. Mais nul besoin d'être géologue pour profiter de ces formations uniques ; un tour en voiture vous révélera ces merveilles qui ne demandent qu'à être explorées.

MFUEHRING/GETTY IMAGES ©

En pratique

S'y rendre Louez une voiture pour sortir des sentiers battus ou réservez un circuit guidé.

Quand Il y a des excursions toute l'année dans les grottes, mais les randonnées et explorations hors des sentiers balisés sont à proscrire entre novembre et mars, en raison des chutes de neige et vents dangereux.

Tarifs Entre 7 000 et 44 000 ISK selon l'activité.

Comment s'habiller Vêtements chauds et imperméables de la tête aux pieds et solides chaussures de marche sont indispensables.

SOFYA DUSHKINA/SHUTTERSTOCK ©

Randonnée vers une éruption

Quoi de mieux pour ressentir la puissance d'un volcan en éruption que de le voir de ses propres yeux cracher sa lave en fusion ? Eh bien, le Fagradalsfjall pourrait justement vous offrir cette chance ! Peu après son réveil en mars 2021, un sentier de randonnée a été tracé pour permettre aux curieux de contempler ce spectacle à bonne distance (p. 126). L'éruption a été déclarée terminée fin 2021, mais des remontées de magma, en cours d'observation au moment où nous rédigions ces lignes, n'excluaient pas une possible reprise.

Comptez 3 à 4 heures de marche aller-retour, en fonction de votre allure. Pensez à prendre en compte la durée du jour et prévoyez des chaussures robustes, des vêtements chauds et imperméables, ainsi qu'un sac avec de l'eau et un en-cas. Il peut aussi être utile de prendre des bâtons de randonnée et une lampe frontale.

En fonction de l'activité volcanique, et notamment de rejets de gaz ou d'éventuelles coulées de lave, l'accès au site peut être fermé : renseignez-vous en ligne (safetravel.is) sur l'état du sentier, ses coordonnées GPS et les conditions météo.

Pour éviter ces désagréments, vous pouvez observer le Fagradalsfjall depuis le ciel : des agences comme Heli Austria (heliaustriaiceland.is ; 50 000 ISK/pers) permettent de se poser en hélicoptère non loin du cratère pour prendre des photos.

Haut Fagradalsfjall
Bas Coulée de lave, Fagradalsfjall

Dans les tunnels de lave

Un tunnel de lave se forme lorsque celle-ci durcit à la surface d'une coulée encore fluide. La péninsule en compte deux remarquables.

Raufarhólshellir (p. 126)

Suivez le passage créé par la lave lors de l'éruption du Leitahraun, il y a environ 5 200 ans. Les ouvertures naturelles dans la voûte laissent apparaître les roches multicolores alentour.

Þríhnúkagígur (p. 126)

À bord d'un monte-charge, parcourez 200 m dans le cratère d'un volcan dormant, assez grand pour abriter la statue de la Liberté ! Un guide s'assurera de votre sécurité au cours de ces 6 minutes de descente, durant lesquelles vous pourrez admirer les parois creusées par la lave.

■ **Merci à Sara Barsotti**
Sara travaille chez Veður, comme spécialiste des risques volcaniques.

Volcans

NAISSANCE GÉOLOGIQUE DE L'ISLANDE

L'Islande se situe sur un point chaud géothermique, à cheval sur la dorsale médio-atlantique. Fruits d'une activité volcanique fréquente, ses paysages sont faits de champs de lave, de plages de sable noir, de monts et de cratères. On y trouve environ 30 systèmes volcaniques actifs.

NATHAN MORTIMER/SHUTTERSTOCK ©

Gauche Cratère du Bárðarbunga **Milieu** Panache de cendres du Grímsvötn **Droite** Magma s'écoulant du Fagradalsfjall

Séismes et éruptions

L'Islande s'est formée il y a 20 millions d'années, lors de l'écartement de deux plaques de la dorsale médio-atlantique. Le magma ainsi libéré des entrailles de la Terre créa une île, que les éruptions et la lave continuent de façonner.

Du fait de cette situation, à cheval sur deux plaques, les séismes y sont courants. On en enregistre environ 500 chaque semaine. La plupart ne sont que des secousses imperceptibles, de magnitude inférieure à 3 sur l'échelle de Richter, mais à l'occasion, un tremblement de terre de magnitude 4 ou 5 touche une zone volcanique active et est ressenti dans un vaste périmètre. Le plus fort jamais enregistré, d'une magnitude de 7,1, a eu lieu en 1784.

L'Islande, avec sa trentaine de systèmes actifs, est l'une des régions volcaniques les plus actives du globe : une éruption tous les 5 à 10 ans en moyenne ! Depuis son peuplement, 13 systèmes volcaniques sont entrés en éruption. Et les dangers sont nombreux : coulées de lave, gaz toxiques, pluies de cendres, orages volcaniques, débâcles glaciaires, etc. Selon le lieu et le type de volcan, plusieurs de ces phénomènes peuvent avoir lieu en même temps. Les éruptions peuvent survenir à tout moment, mais sont souvent précédées d'un séisme.

L'éruption du Fagradalsfjall

La péninsule de Reykjanes possède quatre systèmes volcaniques, dont le Krýsuvík. La dernière éruption à s'y être produite datait de 800 ans, mais la péninsule s'est réveillée en décembre 2019 avec la survenue de séismes

ARCTIC-IMAGES/GETTY IMAGES ©

LUIGIMORBIDELLI/GETTY IMAGES ©

faibles mais fréquents. En février 2021, l'activité sismique s'est intensifiée, et le 24, un tremblement de terre de 5,7 sur l'échelle de Richter s'est produit. Trois semaines plus tard, le magma a fini par gagner la surface.

Le 19 mars 2021, une fissure s'est créée sur la péninsule, le magma gagnant la surface. Dans les semaines suivantes, plusieurs foyers se sont ouverts, déversant de plus en plus de lave dans la vallée de Geldingadalur et ses voisines. Moins de deux mois plus tard, un énorme cratère, appelé Fagradalsfjall, a pris le relais, projetant son magma à 300 m dans les airs, tel un geyser.

> L'Islande, avec sa trentaine de systèmes actifs, est l'une des régions volcaniques les plus actives du globe.

Après avoir déversé sa lave et érigé des cônes de projection, l'éruption effusive s'est officiellement terminée autour de Noël 2021. Néanmoins des remontées de magma et des émissions de gaz restent susceptibles de se produire, ce qui représente un risque pour le public.

Un mode de vie

Malgré les dangers inhérents à l'activité volcanique, les Islandais ne se verraient pas vivre sans. L'énergie géothermique chauffe l'eau des maisons et permet de faire pousser toute l'année fruits et légumes dans des serres. Le pays, adepte des énergies renouvelables, produit 30% de son électricité dans des stations géothermiques. Les piscines, lieu central de la vie sociale, sont chauffées par ce moyen et l'industrie du tourisme tire également parti des volcans.

Autres éruptions récentes

Eldfell Sur l'île de Heimaey, dans les Vestmannaeyjar, un volcan est entré en éruption sans crier gare en janvier 1973. Les habitants ont dû évacuer sur des chalutiers et la lave a détruit une grande partie de l'agglomération.

Eyjafjallajökull Situé sous un glacier du sud de l'Islande. Ses cendres ont perturbé le trafic aérien européen durant plusieurs jours en avril 2010, clouant au sol des millions de voyageurs.

Grímsvötn Le volcan le plus actif du pays, caché sous le glacier Vatnajökull, dans les hautes terres, s'est réveillé en mai 2011 en projetant un immense nuage de cendre.

Bárðarbunga La plus grosse éruption en 200 ans a duré d'août 2014 à février 2015, laissant craindre des rejets de gaz toxiques et une débâcle glaciaire.

Carnet d'adresses

Les grands classiques (p. 114)

Blue Lagoon

Voir aussi p. 116. Le site Internet regroupe toutes les offres d'activités, de restauration et d'hébergement. (Bláa Lónið ; ☎420 8800 ; bluelagoon.com ; Nordurljosavegur 9 ; adulte/enfant à partir de 7 000 ISK/gratuit, accès premium à partir de 9 600 ISK/gratuit ; 7h-minuit juil à mi-août, 7h-23h fin mai-juin, 8h-22h jan-fin mai et mi-août à sept, 8h-21h oct-déc)

Fagradalsfjall

Plusieurs parkings ont été aménagés pour pouvoir approcher le volcan. (à l'est du village de Grindavík, route 427)

Grænavatn

Un lac turquoise dans un cratère vieux de 6 000 ans autour duquel on peut aisément marcher. (au nord de Seltún, en retrait de Vigdisarvallavegur)

Krýsuvík

Le lac **Kleifarvatn**, avec ses falaises de lave et ses grèves de sable noir, et les sources chaudes de **Seltún** aux couleurs de l'arc-en-ciel font la beauté de ce site géothermique fait de mares de boues et de fumerolles. (Krýssuvíkurvegur)

Krýsuvíkurberg

Ces falaises noires austères, le long desquelles court un sentier, s'étendent sur 4 km. Elles abritent 57 000 oiseaux marins qui couvent en été : guillemots, macareux, etc. (à environ 3 km au sud de Setún, en retrait de Suðurstrandarvegur)

Musée du Monde viking

À Reykjanesbær, ce musée revient sur l'histoire du peuplement de l'Islande et la découverte de l'Amérique du Nord par les Vikings. La salle principale abrite l'*Íslendingur*, réplique exacte du navire de Leifur Eiríksson, qui partit d'Islande pour rallier ce qui est aujourd'hui New York, au IXe siècle. (Víkingaheimar ; ☎422 2000 ; vikingworld.is ; Víkingabraut 1, Reykjanesbær ; adulte/famille 1 500/3 000 ISK ; 10h-16h lun-sam, 10h-15h dim)

Raufarhólshellir

Voir aussi p. 123. (The Lava Tunnel ; ☎760 1000 ; thelavatunnel.is ; adulte/enfant 6 900 ISK/gratuit ; 10h-17h)

Stóra-Eldborg

Ce cratère – le plus grand d'un ensemble de cinq – a 7 000 ans. On peut l'atteindre à pied depuis la route ou l'admirer à distance. (route 427)

Þríhnúkagígur

Voir aussi p. 123. (Inside the Volcano ; ☎519 5609 ; insidethevolcano.com ; tour depuis Reykjavík adulte/enfant 44 000/22 000 ISK)

Histoire et culture

Centre scientifique et pédagogique de Sudurnes

Ce centre de recherche se double d'un musée présentant une passionnante exposition

Guillemot

en français sur le grand explorateur polaire Jean-Baptiste Charcot (1867-1936), dont le *Pourquoi-Pas ?* se brisa sur des récifs non loin d'ici en 1936. (☎423 7551/5 ; thekkingarsetur.is ; Garðskagavegur ; adulte/enfant 600 ISK/gratuit ; ⏲10h-16h lun-ven, 13h-17h sam-dim mai-sept, 10h-14h lun-ven oct-avr)

La Géante de la caverne

Clin d'œil au folklore islandais, peuplé de trolls et d'elfes, une géante de 5 m de haut vous attend dans sa caverne de Reykjanesbær (montez sur ses genoux pour une photo mémorable). Il y a une boîte dans laquelle les enfants peuvent déposer leurs lettres et un arbre où les plus petits font leurs adieux à leur tétine. (Skessa ; port de Gróf, Keflavík ; ⏲10h-17h)

Listasafn Árnesinga

Ce petit musée d'art moderne et contemporain de Hverasvæði, à 14 km de Selfoss, propose d'excellentes expositions. Lorsqu'il y a peu de monde, le personnel se fait un plaisir de présenter les œuvres aux visiteurs et de les commenter. (☎483 1727 ; listasafnarnesinga.is ; Austurmörk 21, Hverasvæði ; ⏲12h-17h mai-sept, mar-dim sept-avr) GRATUIT

Musée du Rock 'n' Roll islandais

Plongez dans l'histoire de la scène musicale islandaise moderne. Laissez-vous guider, iPad en main, à travers ce musée de Reykjanesbær, essayez les différents instruments à disposition et filmez-vous en pleine performance de karaoké. (Rokksafn Íslands ; ☎420 1030 ; rokksafn.is ; Hjallavegur 2, Reykjanesbær ; adulte/enfant 2 000 ISK/gratuit ; ⏲11h-18h)

Musée Duushús

Ce musée abrite diverses expositions artistiques et culturelles dans le charmant port de Keflavík. C'est aussi un centre d'information touristique sur les environs. (☎420 3245 ; Duusgata 2-8, Keflavik ; adulte/enfant 1 500 ISK/gratuit ; ⏲12h-17h)

RALF BROSKVAR/STOCK.ADOBE.COM ©

Stekkjarkot

Musée maritime et des Traditions populaires

Situé à Garður, ce musée historique abrite une collection d'objets maritimes, d'équipements agricoles et d'articles islandais anciens. Le billet inclut l'accès au phare. (Garðskagi ; ☎422 7220 ; gardskagi.com ; Skagabraut 100, Garður ; adulte/enfant 1 000 ISK/gratuit ; ⏲13h-17h avr-oct)

Stekkjarkot

À côté du Víkingaheimar à Reykjanesbær, cette réplique de maison traditionnelle au toit herbeux nous montre comment vivaient autrefois les familles islandaises. Entrée gratuite. (☎420 3288 ; Reykjanesbær ; ⏲13h-17h en été, sur rdv en hiver)

Phares et paysages

Garður

À la pointe nord de la péninsule se trouvent un village et ses deux phares. C'est un lieu superbe, d'où explorer le littoral et observer phoques et oiseaux. Des expositions sont organisées dans le plus imposant des deux phares.

Hópsnesviti

En bordure sud du village de Grindavík, ce petit phare orange est accessible en voiture ou à pied. La route traverse un champ de lave ponctué d'épaves de vieux bateaux rouillés.

Reykjanesviti

Situé à la pointe sud-ouest de la péninsule, près de Reykjanestá et de la source chaude de Gunnuhver, ce phare en béton blanc fut édifié en 1929 après qu'un premier phare, bâti en 1878 non loin de là, fut détruit par un séisme quelques années après sa construction. Il offre une superbe vue sur les environs.

Stafnesviti

Un joli phare orange se dresse entre Hafnir et Sandgerði. Tout autour, de puissantes vagues se brisent souvent sur le rivage de ce paysage à la beauté rude. La ferme voisine était, aux XVIIe et XVIIIe siècles, le plus grand centre de pêche de la péninsule.

Splendeurs géologiques

Háleyjarbunga

Vieux de 9 000 ans et profond de 25 m, ce cratère situé près de Reykjanestá est atteignable depuis Gunnuhver par un sentier de randonnée. (Reykjanesvitavegur)

Le Pont entre deux continents

Un pont relie ici les plaques tectoniques nord-américaine et eurasienne. (Negur)

Reykjanestá et Gunnuhver

Des colonnes basaltiques irrégulières, un phare et une zone géothermique avec mares de boue et fumerolles. (Reykjanesvitavegur)

Stampar

Cet ensemble de cratères a quelque 2 000 ans. Depuis la route, un parking en indique l'accès (à une courte distance de marche). (Nesvegur, route 425)

Bains et piscines

Brimketill

Une piscine en bord de mer, creusée par l'océan. Selon la légende, des trolls s'y baignaient autrefois. (à l'est de Gunnuhver, route 425)

Garður

Voir p.121. (425 3145 ; Garðbraut 94 ; adulte/enfant 950 ISK/gratuit ; juin-août 6h-21h lun-ven, 9h-17h sam-dim, sept-mai 6h-8h et 15h-20h30 lun-ven, 10h-16h sam-dim)

Grindavík

Voir p. 121. (426 8244 ; Austurvegur 1 ; adulte/enfant 980 IKS/gratuit ; juin-août 9h-18h lun-ven, 6h-21h sam-dim, sept-mai 9h-16h lun-ven, 6h-21h sam-dim)

Reykjadalur

Une jolie vallée géothermale, traversée par une rivière chaude dans laquelle on peut se baigner. Le chemin part du parking et se déroule sur 3 km, parmi des champs de solfatares (comptez 1 heure aller). Restez sur les sentiers balisés, sous peine de voir fondre vos chaussures. (Vallée de la Rivière chaude, Breiðamörk)

Reykjanesbær

Voir p. 121. (421 2744, 421 4567 ; Norðurstíg 2 ; adulte/enfant 1 000 ISK/gratuit ; 6h30-21h30, 13h-17h sam)

Sandgerði

Voir p. 121. (425 3140 ; Skólastræti 2 ; adulte/enfant 950 ISK/gratuit ; juin-août 6h30-21h

ANDREW MAYOVSKYY/SHUTTERSTOCK ©

Stafnesviti

lun-ven, 9h-17h sam-dim, sept-mai 6h30-20h30 lun-ven, 10h-16h sam-dim)

Sky Lagoon

Voir p. 121. (527 6800 ; skylagoon.com ; Vesturvör 44-48, Kópavogur ; adulte/enfant à partir de 7 000 /3 500 ISK ; oct-mai 12h-22h lun-ven, 11h-22h sam-dim, juin-sept 11h-23h tlj)

Vogar

Voir p. 121. (440 6220 ; Hafnargata 17 ; adulte/enfant 1 000 IKS/gratuit ; 6h-20h30 lun-ven, 10h-16h sam-dim)

Sur le pouce

Almar

Outre le pain frais, cette grande boulangerie de Hverasvæði vend des sandwichs, des salades et une soupe du jour. Copieuses pâtisseries islandaises, donuts, cookies, gâteau croustillant au riz… tout est délicieux et abordable. (483 1919 ; Sunnumörk 2, Hverasvæði ; gâteau à partir de 250 ISK, bar à salades 1 900 ISK ; 7h30-18h)

Cafe Bryggjan

Dans le port de Grindavík, ce café cosy sur le thème de la pêche attire touristes et habitants autour de quelques tables. On y sert du café, des pâtisseries maison et des gaufres islandaises. Envie de salé ? Goûtez l'appétissante soupe de fruits de mer, accompagnée de pain frais. (426 7100 ; bryggjan.com ; Miðgarður 2, Grindavík ; plats 1 000/3 500 ISK, soupes 1 500-2 400 ISK ; 11h-19h lun-ven)

Gunnuhver

Cafe Petite

Dans ce café de Reykjanesbær, on se détend dans un confortable fauteuil, on se sert soi-même une pression à table ou on commande des cafés élaborés. (583 5889 ; facebook.com/cafepetitee ; Framnesvegur 23, Reykjanesbær ; 16h-23h)

Hjá Höllu

La meilleure adresse de Grindavík pour manger de bons en-cas sains : smoothies, sandwichs et salades aux ingrédients choisis avec soin. (896 5316 ; hjahollu.is ; víkurbraut 62, Grindavík ; 8h-17h lun-ven, 11h-17h sam)

Issi Fish & Chips

Voir p. 113. (789 7773 ; issi.is ; Fitjar, Njarðvík ; 11h-13h30 et 17h-20h)

Litla Brugghúsið

Voir p. 113. (763 2020 ; litlabrugg.is ; Iðngarðar 9, Suðurnesjabær)

13 Escapade aux **VESTMANNAEYJAR**

MACAREUX | BALEINES | VOLCANS

Cet archipel de 15 îles en dôme, connues sous le nom collectif de Vestmannaeyjar, se trouve sur une zone volcanique, à seulement 16 km de la côte sud. Seule la plus grande, Heimaey, est habitée.

En pratique

S'y rendre Le ferry pour Heimaey (herjolfur.is) part de Landeyjahöfn (35 min) l'été et de Þorlákshöfn (3 heures) l'hiver. En hiver, les visiteurs doivent passer la nuit sur l'île. L'aéroport national de Reykjavík assure plusieurs liaisons par semaine.

Festival À la fin du mois de juillet, 10 000 à 15 000 Islandais affluent dans les Vestmannaeyjar pour les 4 jours du festival de musique pop Þjóðhátíð (dalurinn.is).

Restaurant Certains visiteurs ne viennent sur l'île que pour dîner au restaurant Slippurinn, mondialement réputé (p. 133).

Une île volcanique

Le bourg de Heimaey, dans l'archipel des Vestmannaeyjar, est surnommé la "Pompéi du Nord". On dut en effet le reconstruire après une éruption volcanique qui, en 1973, obligea ses habitants à fuir par une froide nuit de janvier.

Cette éruption dura 6 mois et le cratère de l'**Eldfell**, qui surplombe la localité, se reconnaît aisément à la forme de son cône et à l'absence de végétation. À pied, comptez 1 heure pour l'atteindre depuis l'agglomération (p. 132).

Le **musée Eldheimar** (p. 132), qui préserve l'histoire de cet événement majeur, propose une exposition immersive, en particulier l'intérieur d'une

En haut à droite Macareux sur les Vestmannaeyjar
En bas à droite Vue sur Heimaey

VENTURA/SHUTTERSTOCK ©

Un amour d'oiseau : le macareux

L'archipel de Vestmannaeyjar abrite la colonie de macareux moines la plus importante du monde. Tous les étés, à partir du mois de juin, ces "perroquets de mer" viennent s'accoupler et nidifier dans des terriers, notamment au cap Stórhöfði (p. 133) et à la falaise d'Heimaklettur (p. 133).

maison avec ses murs en ruine et son mobilier renversé mais intact, et une présentation parallèle sur la formation de l'île de Surtsey en 1963.

Petite Blanche et Petite Grise

En 2019, deux femelles **bélougas**, jusque-là pensionnaires d'un aquarium chinois, furent transportées en avion jusqu'aux Vestmannaeyjar pour une retraite bien méritée. Elles vivent désormais dans un enclos marin de 32 000 m², dans une crique sauvage de Klettsvik. Le **Sea Life Trust** y emmène en bateau avant ou après une visite à son centre d'accueil où sont présentés la vie marine de l'île et le voyage de Petite Blanche et Petite Grise (p. 133).

STORM INSIDE PHOTOGRAPHY/SHUTTERSTOCK ©

Carnet d'adresses

Musées

Eldheimar

Voir p. 130. (☎488 2700 ; eldheimar.is ; Gerðisbraut 10 ; adulte/enfant 2 600/1 300 ISK ; 10h-18h)

Landlyst

L'ancienne maternité abrite aujourd'hui la reconstitution d'un cabinet médical d'époque et une petite exposition (à côté de Skansinn ; 11h-17h mi-mai à mi-sept) GRATUIT

Sæheimar

Cet aquarium – Muséum d'histoire naturelle présente une collection intéressante d'animaux et d'oiseaux empaillés, des vidéos sur les macareux et les poissons-chats, et des aquariums où évoluent des poissons endémiques à l'Islande. (☎481 1997 ; Heiðarvegur 12 ; adulte/enfant 1 200 ISK/gratuit ; 10h-17h mai-sept, 13-16h sam oct-avr)

Sagnheimar Byggðasafn

Ce musée interactif, installé dans la bibliothèque municipale, raconte l'histoire de Heimaey depuis l'époque des pirates en maraude jusqu'aux éruptions survenues depuis 1973. (musée des Arts et Traditions populaires ; ☎488 2045 ; sagnheimar.is ; Raðhústræti ; adulte/enfant 1 000 ISK/gratuit ; 11h-17h mi-mai à mi-sept, 13h-16h sam mi-sept à mi-mai)

Skansinn

Le fort de Skansinn, la plus ancienne construction de l'île, fut édifié au XVe siècle pour défendre le port. Ses murs, dévastés par la lave en 1973, ont été partiellement rebâtis. (en retrait de Strandvegur)

Stafkirkjan

Cet édifice recouvert de bitume est une réplique d'une église médiévale en bois offerte par les autorités norvégiennes en 2000, pour célébrer un millénaire de christianisme. (à côté de Skansinn ; 11h-17h mi-mai à mi-sept)

Balades

Côte ouest

Quelques sentiers difficiles sillonnent les pentes raides aux alentours de Herjólfsdalur, et longent le sommet de Norðklettur jusqu'à **Stafnsnes**, l'une des plus importantes zones de nidification des macareux. L'ascension, ponctuée de quelques abrupts impressionnants, est grisante. Une randonnée plus facile longe la côte ouest vers le sud en passant au-dessus de grottes de lave où les habitants de l'île se réfugièrent pour échapper aux pirates en 1627. À **Ofanleitishamar**, d'innombrables macareux moines nichent dans les falaises.

Eldfell

Le cône volcanique de l'Eldfell, qui atteint 221 m de haut, a surgi au petit matin du 23 janvier 1973. Du village, on grimpe facilement en haut de l'Eldfell par la paroi nord effondrée du cratère sur 1,5 km (1 heure). (en retrait de Fellavegur)

Le musée Eldheimar avec en arrière-plan le volcan Eldfell

Eldfellshraun

Cette étendue de terre d'un autre monde créée par la coulée de lave de 1973 est désormais sillonnée d'un labyrinthe de sentiers qui descendent au fort de Skansinn et vers la zone où la lave est venue lécher les maisons, ainsi que sur la côte sauvage rouge, à l'est. (accessible par Eldfellsvegur)

Stóraklif et Heimaklettur

Une ascension de 30 minutes mène au sommet de la vertigineuse Stóraklif. Le chemin est difficile, mais les courageux seront récompensés par une vue exceptionnelle. Un peu plus loin sur la digue, Heimaklettur est plus risqué encore, mais c'est un site superbe pour voir des macareux couver. (Eiðisvegur)

Stórhöfði

Une station météorologique a été construite sur Stórhöfði (122 m), la péninsule rocheuse à la pointe sud de l'île. Relié par un isthme étroit (formé par la lave provenant de l'éruption de l'Helgafell il y a 5 000 ans), Stórhöfði offre une vue magnifique depuis son sommet. On peut aussi observer les macareux depuis un abri situé à mi-hauteur. (route 240)

Activités et circuits organisés

Piscine d'eau de mer

Ce complexe sportif comprend une piscine intérieure d'eau salée, des bassins découverts, des *hot pots*, un Jacuzzi, des toboggans. (Sundlaug Vestmannaeyja ; ☎488 2400 ; Brimhólabraut ; adulte/enfant 900/300 ISK ; 6h15-21h lun-ven, 10h-17h sam-dim juin-août, horaires réduits sept-mai)

Ribsafari

Des circuits quotidiens très impressionnants : on file à travers l'archipel à bord d'un Zodiac ultra-rapide. La petite taille du bateau permet de pénétrer dans de petites grottes et de se faufiler entre les rochers pour approcher les colonies d'oiseaux. Avec un peu de chance,

VICPHOTORIA/SHUTTERSTOCK.COM ©

Falaises de l'île d'Heimaey

vous apercevrez des baleines et des phoques. (☎661 1810 ; ribsafari.is ; Básaskersbryggja 8 ; sortie adulte/enfant à partir de 13 400/7 200 ISK ; mi-avr à oct)

Sea Life Trust

Voir p. 115. (belugasanctuary.sealifetrust.org ; Ægisgata 2 ; adulte/enfant 16 900/9 900 ISK ; avril-oct, 10h-16h lun-sam, 13h-16h dim)

Restaurants

Slippurinn €€

Ce restaurant animé occupe l'étage supérieur, joliment rénové, d'un ancien atelier de mécanique. Sa cuisine islandaise, contemporaine et créative, le place au-dessus de ses concurrents de l'île – produits sélectionnés avec soin et mélanges divins de poisson, viandes et produits frais locaux. (☎481 1515 ; slippurinn.com ; Strandvegur 76 ; déj 2 400-7 200 ISK, plats dîner 3 700-4 900 ISK, menu du jour 6 400-9 900 ISK ; 12h-14h30 et 17h-22h déb mai à mi-sept)

Gott €€

Une cuisine fusion soignée, à base de produits sains et bio, servie dans une salle pimpante avec parquet et chaises colorées. Plats végétaliens à la carte. (☎481 3060 ; gott.is ; Bárustigur 11 ; plats 1 390-4 800 ISK ; 11h-13h lun, 11h-21h mar et dim, 11h30-21h mer-sam)

LA CÔTE SUD ET LE SUD DES HAUTES TERRES

CASCADES | GLACIERS | PLAGES DE SABLE NOIR

LA CÔTE SUD
à la carte

Suivez la route côtière pour ses sites incontournables, mais n'hésitez pas à vous aventurer dans les terres, à la découverte de zones moins visitées. À l'écart des foules, la vallée de Þjórsárdalur et, dans les hautes terres, les régions de Þórsmörk et du Landmannalaugar, recèlent d'incroyables merveilles naturelles.

Randonnez dans les montagnes multicolores du **Landmannalaugar** (p. 146).
1 heure

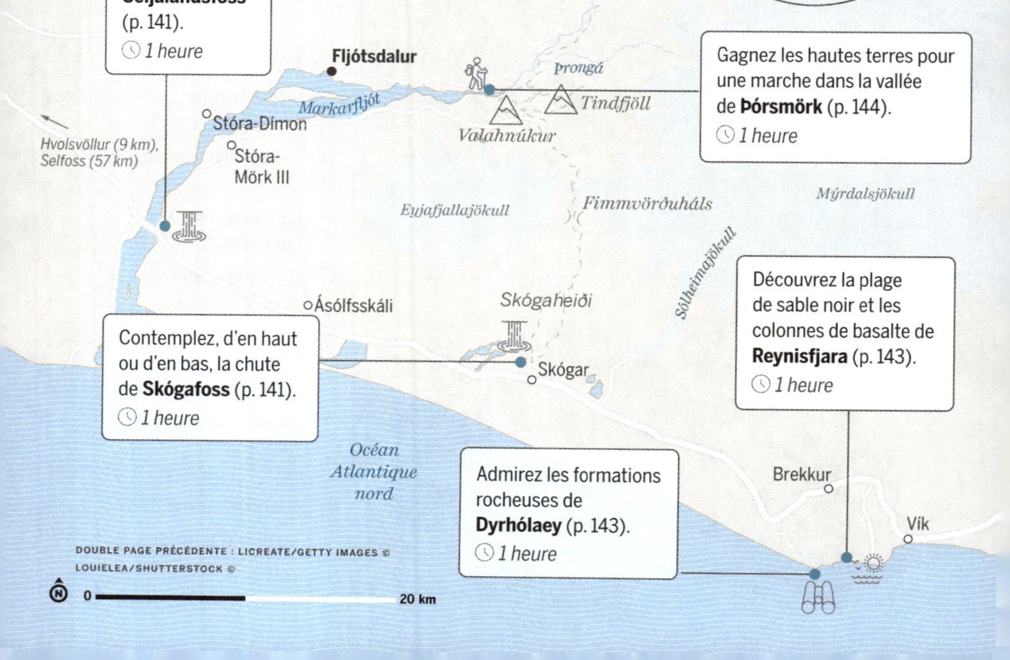

Passez derrière la cascade de **Seljalandsfoss** (p. 141).
1 heure

Gagnez les hautes terres pour une marche dans la vallée de **Þórsmörk** (p. 144).
1 heure

Contemplez, d'en haut ou d'en bas, la chute de **Skógafoss** (p. 141).
1 heure

Découvrez la plage de sable noir et les colonnes de basalte de **Reynisfjara** (p. 143).
1 heure

Admirez les formations rocheuses de **Dyrhólaey** (p. 143).
1 heure

Informations pratiques

À L'ARRIVÉE

L'aéroport international de Keflavík est situé à 165 km de Seljalandsfoss. Sinon, de Reykjavík, la route est bonne et les bus fréquents.

RENSEIGNEMENTS

Il y a des centres d'information touristique à Hveragerði, Selfoss et Vík.

ARGENT

Le parking de Seljalandsfoss est payant, tout comme les toilettes publiques de Dyrhólaey. Les cartes bancaires sont acceptées presque partout.

OÙ LOGER

Localité	Pour/contre
Selfoss	Localité avec restaurants et hébergements ; un point de chute pratique pour explorer la côte sud.
Hvolsvöllur	Village avec peu de services, mais proche des sites majeurs.
Vík	Plus grande bourgade de la zone sud, mais aussi la plus fréquentée et la plus chère.

COMMENT CIRCULER

Voiture C'est le meilleur moyen d'explorer les coins les moins touristiques.

Circuit Un circuit en car est idéal pour admirer les paysages sans se fatiguer.

Bus Les bus Strætó desservent les villages situés le long de la côte. (straeto.is)

SE RESTAURER ET PRENDRE UN VERRE

Repas dans une grange Gamla Fjósið (p. 151)

Frites et poisson frais Mia's Country Wagon (p. 151)

Bière locale Smiðjan Brugghús (p. 151 ; photo)

Restaurant à thème viking Ingólfsskáli (p. 151)

Surprenante pizza au fromage Suður-Vík (p. 151)

AVR-MAI
Températures fraîches, paysages bruns.

JUIN-AOÛT
Paysages verts, températures douces, soleil de minuit.

SEPT-OCT
Temps souvent pluvieux et venteux.

NOV-MARS
Temps neigeux et jour très court.

Les grands classiques

Pour les infos pratiques de chaque site, reportez-vous au carnet d'adresses p. 150.

VOLODYMYR SHEVCHUK/STOCK.ADOBE.COM ©

Seljalandsfoss et Skógafoss

Sur la route circulaire, se succèdent les cascades de Seljalandsfoss et Skógafoss. Tout aussi impressionnantes l'une que l'autre, l'eau dévale sur 60 m depuis des falaises dans un terrible grondement. À Seljalandsfoss, l'on peut passer derrière la chute, tandis qu'à Skógafoss (photo) une légende raconte qu'un coffre rempli d'or y a été caché…

CREATIVE TRAVEL PROJECTS/SHUTTERSTOCK ©

Dyrhólaey

À 10 km à l'ouest de Vík, se dresse la plus spectaculaire formation naturelle de la côte sud. Dyrhólaey est un promontoire de 120 m de haut, percé d'une immense arche au-dessus de l'océan. La vue depuis les hauteurs y est fabuleuse. Le site, classé réserve naturelle, abrite des colonies d'oiseaux, notamment de macareux.

ANDREY BAYDA/SHUTTERSTOCK ©

Reynisfjara

Offrant l'une des plus belles vues sur l'arche de Dyrhólaey, la plage de sable noir de Reynisfjara est adossée à d'incroyables empilements de colonnes basaltiques qui évoquent l'orgue de quelque église magique. C'est ici qu'a été tourné le clip *Holocene* du groupe Bon Iver en 2011.

Landmannalaugar

Sommets colorés, lacs aux eaux cristallines, sources d'eau chaude, champs de lave, le massif du Landmannalaugar offre une palette de teintes absolument unique. Située dans la réserve naturelle de Fjallabak, cette vaste zone géothermique est l'occasion de pratiquer bien des activités, à commencer par la randonnée, et pourquoi pas de se lancer dans le fameux trek du Laugavegurinn.

OLEG SENKOV/SHUTTERSTOCK.COM ©

Þjórsárdalur

Plus à l'écart des routes touristiques, la vallée de Þjórsárdalur s'étend depuis les rives du fleuve Þjórsá en de vastes plaines et champs volcaniques jusqu'à de rugueux massifs montagneux. L'histoire de la région est marquée par la présence du volcan Hekla dont les éruptions hantent encore les paysages et les habitants. Soyez prudent, le Hekla est susceptible de se réveiller à tout moment !

TINA7SI/STOCK.ADOBE.COM ©

ADRIAN72/STOCK.ADOBE.COM ©

Þórsmörk

Dominée par des pics enneigés, la réserve naturelle de Þórsmörk est formée de forêts que traversent des rivières glaciaires au fond de gorges tourmentées. Un tel environnement naturel fera le bonheur des randonneurs, en solo ou dans le cadre d'excursions guidées, par exemple dans le canyon de Stakkaholtsgjá ou vers le sommet du Valahnúkur.

14 En avant pour les CASCADES

NATURE | RANDONNÉES | PANORAMAS

L'Islande compte pléthore de chutes d'eau, dont certaines des plus fameuses se trouvent sur la côte sud. Nées des glaciers, ces immenses cascades vous attendent à 2 heures à peine de Reykjavík. Et si chacune se démarque par ses dimensions, son relief, son débit et son écrin de nature, toutes méritent le détour.

VADYM LAVRA/SHUTTERSTOCK ©

En pratique

S'y rendre Louez une voiture pour visiter les sites cachés et y passer le temps que vous voudrez. Tous les circuits organisés s'arrêtent aux principales cascades.

Quand Ces sites sont toujours très fréquentés, en particulier entre 10h et 16h, quand les cars touristiques se succèdent.

Où stationner Le parking de Seljalandsfoss coûte 700 ISK.

Comment s'habiller Vêtements imperméables. Entre novembre et mars, il faut des crampons sur les chemins glacés.

DANIELFREYR/SHUTTERSTOCK ©

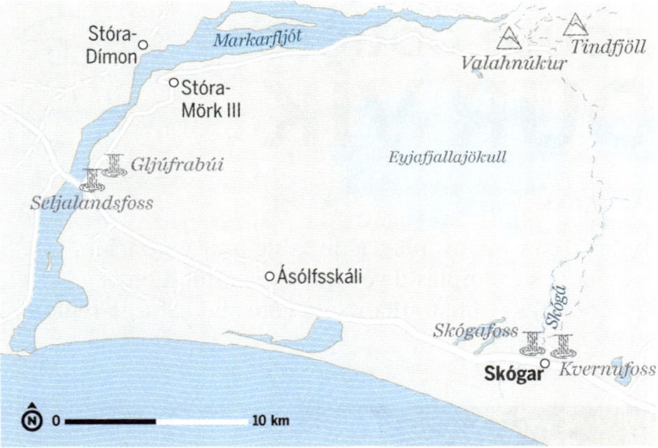

Seljalandsfoss Vous verrez cette chute de loin si vous conduisez vers l'est sur la route circulaire. L'eau y dévale 60 m à pic depuis une falaise, mais c'est le fait de pouvoir passer derrière la cascade qui rend le lieu unique. Veillez à porter des vêtements imperméables, car vous serez arrosé, ainsi que de bonnes chaussures, le chemin étant glissant. De novembre à mars, l'épaisse couche de glace qui se forme sur le chemin le rend impraticable sans crampons. Restaurez-vous ensuite au *food truck* voisin, tout en admirant la vue.

Skógafoss Quelques habitants du village de Skógar profitent, juste derrière chez eux, du spectacle d'une chute d'eau s'abattant, d'une hauteur de 60 m, au milieu d'une végétation luxuriante. On peut s'en approcher pour mieux en sentir la puissance, mais au risque d'être trempé. Gravissez ensuite les 500 marches menant au sommet, d'où l'on a, depuis une plateforme, une vue panoramique sur la vallée. Ce site est aussi le point de départ de la randonnée du Fimmvörðuháls, un circuit de 25 km menant à Þórsmörk (p. 144).

Gljúfrabúi À 500 m de Seljalandsfoss, nichée derrière une paroi rocheuse, cette merveille tombe sur 40 m dans une grotte à ciel ouvert. Après avoir marché sur les pierres glissantes du cours d'eau en vous tenant à la paroi, vous serez accueilli par le joyeux vacarme de la cascade.

Kvernufoss Derrière le musée de Skógar (p. 150), cachée tout au bout d'un ravin, cette chute haute de 30 m, encadrée de roches sombres, est un joyau à ne pas manquer. Pour l'atteindre, suivez la rivière derrière le musée durant 20 minutes environ.

Haut Seljalandsfoss
Bas Kvernufoss

Superbes cascades

Le territoire islandais est couvert à 11% de glaciers, dont l'Eyjafjallajökull et le Mýrdalsjökull, qui alimentent les chutes d'eau de la côte sud. Lors de la fonte de ces calottes glaciaires, l'eau s'infiltre dans les crevasses et se jette du haut de falaises pour rejoindre la mer, créant de superbes cascades dans des paysages très variés.

15 La route côtière POUR VÍK

PANORAMAS | LITTORAL | CASCADES

Entre saisissantes chutes d'eau, vastes plages de sable noir et glaciers à flanc de montagne : voilà quelques exemples de ce qui vous attend entre Reykjavík et Vík. Riche en panoramas époustouflants, la côte sud est une région à ne surtout pas manquer.

CANYALCIN/SHUTTERSTOCK ©

Mémorables détours

Quittez la grand-route à la découverte de lieux magnifiques :

Þórsmörk Les hautes terres, paradis des randonneurs (p. 144). Accessible en 4x4 ou en circuit guidé, car la route est difficile et traverse des cours d'eau.

Vestmannaeyjar Un archipel d'îles volcaniques à gagner en ferry (p. 130). Un village occupe l'île d'Heimaey, qui a récemment subi une éruption et accueille des macareux de mai à août.

En pratique

S'y rendre Louez un véhicule ou réservez un circuit organisé.

Quand La meilleure saison court de juin à septembre. La route, mauvaise entre novembre et mars, rend le trajet plus long.

À savoir La route 1, à deux voies, n'a pas de bande d'arrêt d'urgence, si bien qu'il est dangereux de s'y arrêter. Trouvez-vous une aire de repos si vous voulez prendre des photos.

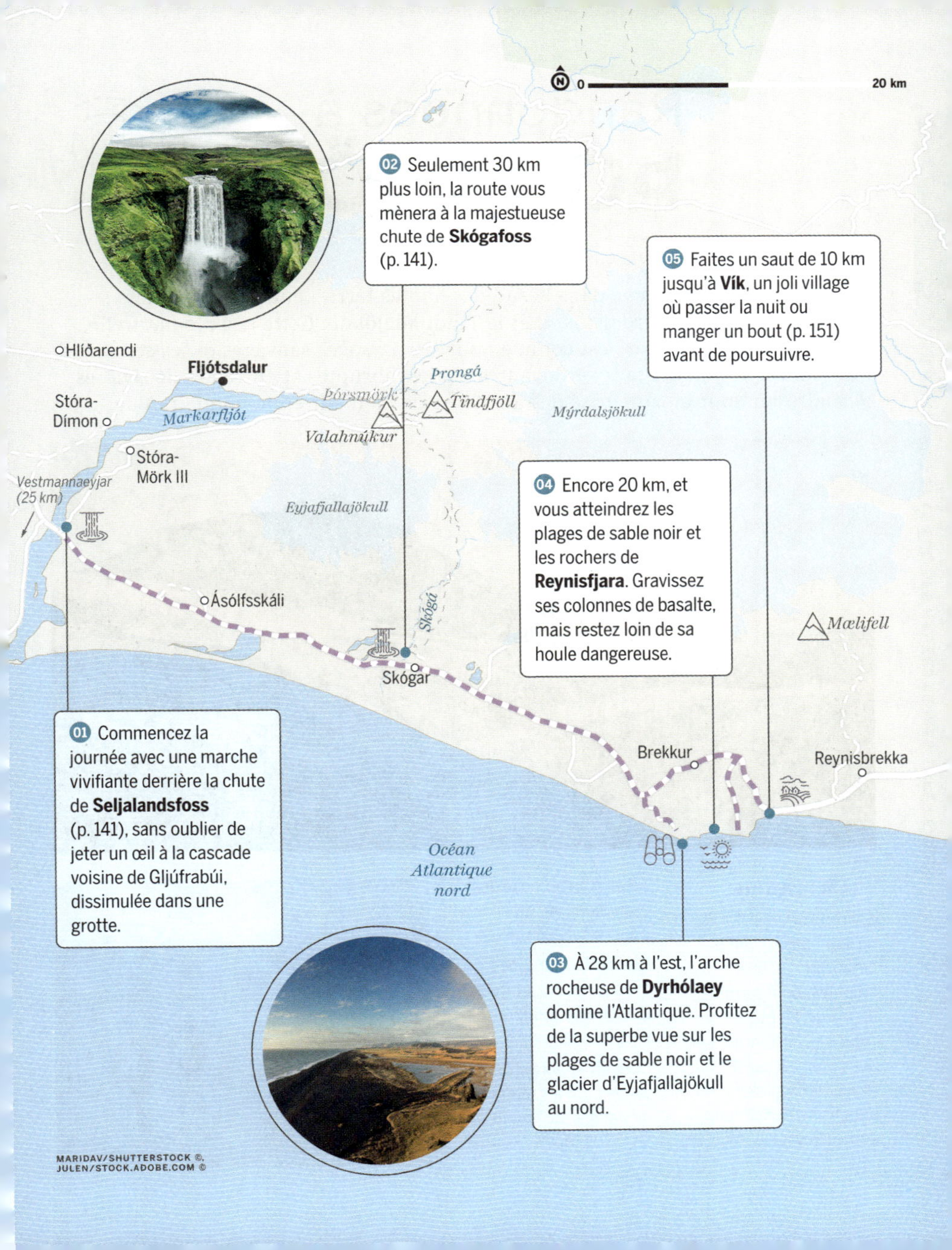

01 Commencez la journée avec une marche vivifiante derrière la chute de **Seljalandsfoss** (p. 141), sans oublier de jeter un œil à la cascade voisine de Gljúfrabúi, dissimulée dans une grotte.

02 Seulement 30 km plus loin, la route vous mènera à la majestueuse chute de **Skógafoss** (p. 141).

03 À 28 km à l'est, l'arche rocheuse de **Dyrhólaey** domine l'Atlantique. Profitez de la superbe vue sur les plages de sable noir et le glacier d'Eyjafjallajökull au nord.

04 Encore 20 km, et vous atteindrez les plages de sable noir et les rochers de **Reynisfjara**. Gravissez ses colonnes de basalte, mais restez loin de sa houle dangereuse.

05 Faites un saut de 10 km jusqu'à **Vík**, un joli village où passer la nuit ou manger un bout (p. 151) avant de poursuivre.

16 Randonnées à ÞÓRSMÖRK

HAUTES TERRES | ACTIVITÉS DE PLEIN AIR | NATURE

Þórsmörk se trouve dans le sud des hautes terres, entre trois glaciers : l'Eyjafjallajökull, le Mýrdalsjökull et le Tindfjallajökull. Cette réserve naturelle, nommée "Vallée de Thor", est connue pour ses paysages sauvages et ses sentiers de randonnée. Ses montagnes verdoyantes, gorges abruptes et entrelacs de rivières glaciaires en font un site prisé des amateurs de plein air et de photographie.

LUIGIMORBIDELLI/GETTY IMAGES ©

En pratique

S'y rendre Un 4x4 ne suffit pas ; il faut emprunter un bus amphibie pour terminer le voyage. En été, Trex (trex.is), Sterna (icelandbybus.is) et Reykjavík Excursions (re.is) organisent des circuits depuis Reykjavík. Midgard Adventure propose des excursions en Super Jeep (midgardadventure.is).

Quand Toute l'année avec un tour-opérateur. De juin à septembre si vous conduisez.

Conseil Apportez des vivres pour les refuges ou mangez au restaurant LavaGrill (p. 151).

HENN PHOTOGRAPHY/GETTY IMAGES ©

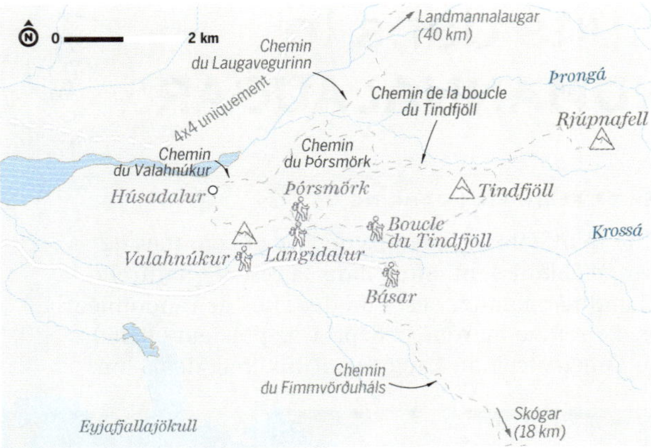

Les refuges proposent des cartes des principales randonnées.

Valahnúkur Cette marche de difficulté moyenne, partant des Volcano Huts, à Húsadalur, offre, sur 2,4 km, une superbe vue sur la vallée. En haut, vous admirerez deux glaciers, de sinueuses rivières et des monts couverts de mousse, s'étendant à l'infini.

Boucle du Tindfjöll Cette boucle de 8 km traverse de sublimes paysages. L'itinéraire commence à Langidalur, mais on peut aussi le rejoindre depuis les Volcano Huts, à Húsadalur. Certains segments sont étroits et en forte pente. En chemin, des points de vue dégagés sur la vallée récompenseront vos efforts. Prévoyez 5 à 6 heures.

Sur plusieurs jours Les randonnées du Fimmvörðuháls et du Laugavegur commencent et finissent à Þórsmörk. La première part de Basar et la seconde se termine à Langidalur. Ne vous y engagez pas sans un équipement et une préparation adaptés.

Randonnée du Fimmvörðuháls

Ce circuit de 25 km relie la chute de Skógafoss à Þórsmörk. Il se divise en trois sections. La première est appelée "chemin de la cascade" : une série de 26 chutes d'eau le long de la Skogá. La deuxième passe entre deux glaciers : l'Eyjafjallajökull et le Mýrdalsjökull. La troisième traverse les verdoyantes montagnes de Þórsmörk. Cette marche requiert un matériel adapté (habits chauds, solides chaussures, eau et nourriture) et une préparation sérieuse. Comptez 8 à 10 heures de marche ou passez la nuit dans un refuge à mi-chemin.

Haut Vue sur le sentier du Fimmvörðuháls **Bas** Randonneurs sur le col du Fimmvörðuháls

Où passer la nuit

Les refuges suivants sont normalement ouverts de juin à septembre. Vous devrez réserver pour dormir en cabane, mais non pour camper. Þórsmörk étant une réserve naturelle, le camping sauvage y est interdit.

Basar Refuge de 83 couchages, cuisine et terrasse extérieure, douches payantes et aire de camping. (utivist.is)

Húsadalur Cottages privatifs, dortoirs, tentes confort et aire de camping. Cuisine, salon et douches. Le restaurant sert trois repas chauds par jour. (volcanotrails.com)

Langidalur Refuge de 75 couchages, cuisine tout équipée, douches payantes et aire de camping. (fi.is)

Slyppugil Aire de camping avec toilettes et douche payante. Ni cuisine, ni électricité. (tjalda.is)

17 Circuits dans le LANDMANNALAUGAR

HAUTES TERRES | ACTIVITÉS DE PLEIN AIR | CAMPING

Montagnes de rhyolite multicolores, champs de lave et colonnes de vapeur peignent ici un paysage éblouissant. Situé dans la réserve naturelle de Fjallabak, le massif du Landmannalaugar est l'un des sites de randonnée les plus populaires du pays. Le refuge marque le départ de plusieurs balades d'une journée, ainsi que du fameux trek du Laugavegurinn, long de 55 km.

LOUIELEA/SHUTTERSTOCK ©

En pratique

S'y rendre En 4x4 par l'une des ces trois routes : la F208 depuis le nord, et la F225 ou la F208 depuis le sud. Trex (trex.is) et Reykjavík Excursions (re.is) proposent des départs en bus tous les jours depuis Reykjavík.

Quand De juin à septembre quand les routes rouvrent.

Conseil Apportez vos provisions ou achetez-en au Mountain Mall (p. 151).

Où loger Le refuge compte aire de camping, dortoirs, cuisine et douches. (☎568 2533)

PYTY/SHUTTERSTOCK ©

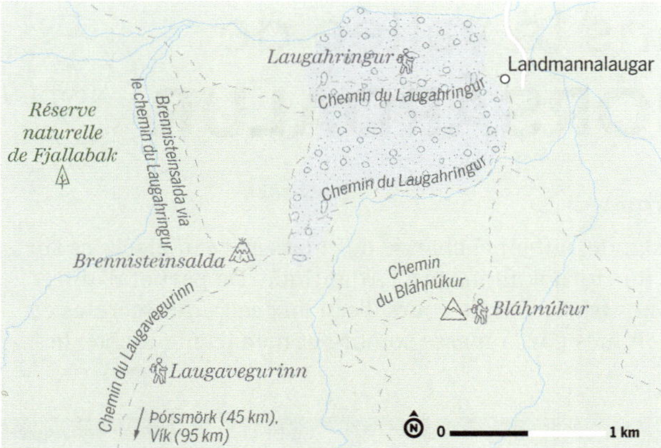

Itinéraires populaires

Le Landmannalaugar recèle d'innombrables circuits de randonnée, de durée et de difficulté variables. Demandez des cartes au refuge. Les plus prisés de ces itinéraires sont ceux de Laugahringur, du Brennisteinsalda et du Bláhnúkur.

Laugahringur Une boucle de 5 km à travers un champ de lave. Plutôt aisée, il s'agit d'une promenade idéale à faire en famille.

Brennisteinsalda Ce vieux volcan, célèbre pour ses couleurs, est un mont emblématique du Landmannalaugar. On suit d'abord le même chemin que pour la marche de Laugahringur, avant de grimper vers le sommet. Cette boucle de 6 km a l'attrait d'une superbe vue sur les hautes terres.

Bláhnúkur Quoique difficile, cette randonnée est ponctuée des plus beaux paysages. Elle tient en une boucle de 6 km avec des passages étroits et escarpés menant, au sommet, à un panorama éblouissant. Si vous avez le temps, combinez cette marche à celle de Brennisteinsalda.

Laugavegurinn Ce trek de 55 km, de Landmannalaugar à Þórsmörk, traverse certains des plus beaux paysages d'Islande. Il n'est praticable que de juillet à septembre et se fait généralement en 3 à 5 jours, avec des arrêts dans des refuges. Réservez un lit ou renseignez-vous sur les campings en ligne (fi.is). Il faut prévoir plusieurs couches de vêtements chauds et imperméables, ainsi que de bonnes chaussures. Apportez nourriture et eau, et remplissez ensuite vos gourdes dans les cours d'eau glaciaires rencontrés en chemin.

Haut Le Landmannalaugar
Bas La randonnée du Landmannalaugar

Autres activités

La randonnée n'est pas la seule façon d'apprécier la beauté du Landmannalaugar.

Sources chaudes

Landmannalaugar ne signifie pas "bassin du peuple" pour rien : on y trouve une vaste source chaude. Détendez-vous dans ses eaux fumantes et profitez du paysage environnant.

Équitation

Les chevaux vous mèneront dans des lieux difficilement accessibles à pied. Les cavaliers expérimentés peuvent même réserver des excursions de plusieurs jours.

Pêche

Les lacs volcaniques des alentours sont riches en truites et en ombles chevaliers. Pêchez avec votre propre canne après vous être procuré un permis au Mountain Mall, ou partez en excursion avec un tour-opérateur.

18 Dans la vallée de ÞJÓRSÁRDALUR

VOLCAN | CASCADES | HISTOIRE

Plus long fleuve d'Islande, la Þjórsá charrie des masses d'eau glaciales sur 230 km, du Vatnajökull et du Hofsjökull jusqu'à l'Atlantique. De part et d'autre, s'étendent de grandes plaines traversées de cours d'eau aux cascades secrètes et des champs volcaniques dominés par la masse sombre et menaçante du Hekla.

MYIMAGES - MICHA/SHUTTERSTOCK.COM ©

En pratique

S'y rendre La route 32, qui va au Landmannalaugar, traverse la vallée. Les bus des tour-opérateurs Trex (trex.is) ou Reykjavík Excursions (re.is) s'arrêtent à Leirubakki en chemin de/vers Reykjavík.

Quand De juin à septembre.

Où loger Árnes et Leirubakki proposent diverses solutions d'hébergement, du camping à l'hôtel en passant par le séjour à la ferme.

NIRIAN/ISTOCKPHOTO.COM ©

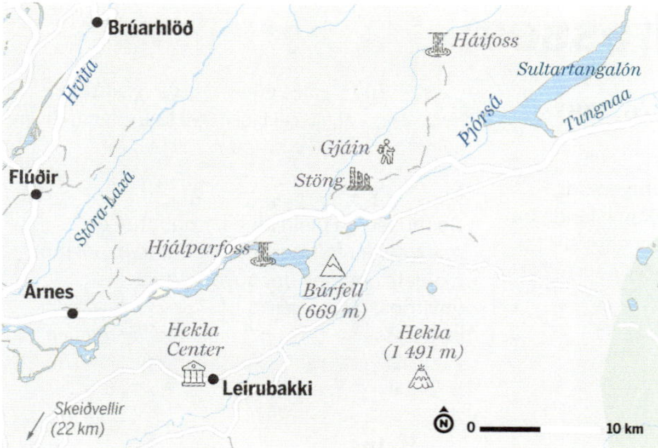

D'ouest... Autour de Búrfell, la vallée de la Þjórsá découvre des paysages spectaculaires. Ensevelie sous les cendres en 1104, lors d'une éruption du Hekla, la ferme de **Stöng** (route 327, en retrait de la route 32) fut la propriété de Gaukur Trandilsson, un Viking du Xe siècle. Les ruines comprennent les fondations d'une ferme, d'une habitation, d'une grange, d'une forge et d'une église. Derrière le site, une piste conduit, en 2 km, jusqu'à **Gjáin** (qui signifie "faille"), un joli petit vallon étrange et verdoyant jalonné de formations laviques, de grottes comme irréelles et d'impressionnantes cascades. Plus au nord (route 332, en retrait de la route 32), **Háifoss** ne sont rien moins que les deuxièmes plus hautes chutes du pays. Elles plongent de 128 m depuis le rebord d'un majestueux plateau dans un canyon de lave sinueux.

... en est Sur sa rive orientale, les vastes plaines inondables de la Þjórsá englobent des formations volcaniques et des champs de lave de plus en plus hallucinants. À l'horizon se dresse le Hekla, l'un des volcans les plus menaçants d'Islande (voir ci-contre). Son histoire explosive est détaillée au **Hekla Center** (p. 150) à travers des expositions multimédias, dans un décor volontairement obscur, avec effets lumineux. Pour découvrir la région, des **balades à cheval** sont proposées dans les nombreux élevages de chevaux et fermes équestres aux alentours (p. 150).

Haut Le volcan Hekla **Bas** Chevaux dans la plaine de la Þjórsá

Hekla

Le plus célèbre et le plus actif des volcans d'Islande, le Hekla, doit son nom (qui signifie "l'encapuchonné") à son sommet (1 491 m), presque toujours enveloppé d'un nuage menaçant. Il a exprimé sa fureur de nombreuses fois à travers les siècles. En 1104 par exemple, il dévasta tout dans un rayon de 50 km. Ces dernières années, le Hekla a connu des phases éruptives régulières tous les 10 ans. Pour en savoir davantage sur le Hekla, visitez le Hekla Center à Leirubakki (p. 150).

Il est possible de faire l'ascension du Hekla, tout en étant conscient qu'il s'agit d'un volcan actif. Depuis la route F225 (4x4 uniquement), un sentier bien balisé monte jusqu'à la crête du flanc nord-est de la montagne, puis au cratère du sommet. Comptez 3 heures 30 de marche depuis le pied du volcan (15 km).

Carnet d'adresses

Les grands classiques (p. 138)

Landmannalaugar

Le centre d'information et le refuge sont gérés par l'association Ferlðafélag Islands qui fournit de nombreux renseignements sur la région. (568 2533 ; fis.is ; en retrait de la F224 ; 8h-19h et 20h-21h30 juin-sept)

Musées

Bobby Fischer Center

En 1972, l'Américain Bobby Fischer remporta le titre de champion du monde d'échecs à l'issue d'un tournoi donné à Reykjavík, puis il s'installa en Islande. À Selfoss, un musée abrite des souvenirs de ses années passées dans le pays. (894 1275 ; fischersetur.is ; Austurvegur 21, Selfoss ; adulte/enfant 1 000 ISK/gratuit ; 13h-16h mi-mai à mi-sept, sur rdv hors-saison)

Hekla Center

Voir p. 149. (Heklusetrið ; 487 8700 ; leirubakki.is ; Leirubakki ; adulte/enfant 900/450 ISK ; 12h-21h lun-ven)

Icelandic Lava Show

Vous serez au plus près de la lave en fusion lors de cette attraction interactive consacrée aux éruptions volcaniques. (823 7777 ; icelandiclavashow.com ; Víkurbraut 5, Vík ; adulte/enfant 5 900 ISK/gratuit ; 9h-17h mar-dim, 11h-17h lun)

LAVA – Centre islandais de volcanologie et de sismologie

À Hvolsvöllur, ce centre propose une expérience interactive sur les volcans et séismes d'Islande. Vous pourrez y ressentir l'effet des secousses sismiques ou voir des éruptions comme si vous y étiez. Le site sert aussi de bureau d'information touristique. (415 5200 ; lavacentre.is ; Austurvegur 14, Hvolsvöllur ; adulte/enfant 3 990 ISK/gratuit, cinéma uniquement 1 550 ISK/gratuit ; 9h-17h)

Musée de Skógar

Ce musée en plein air est constitué de maisons au toit herbeux et d'une exposition d'objets anciens découverts dans les environs. (Skógasafn ; 487 8845 ; skogasafn.is ; Skógavegur, près de la route 1 ; adulte/enfant 2 000 ISK/gratuit ; 9h-18h juin-août, 10h-17h sept-mai)

Bains

Seljavallalaug

L'un des plus anciens bassins géothermaux du pays. Construit en 1923 par un fermier pour enseigner aux autres à nager, il est alimenté par une source chaude naturelle. Le parking est à 1,8 km de marche facile. (Seljavallalaug, en retrait de la route 242) GRATUIT

Circuits organisés

Ferme équestre de Skeiðvellir

Cette ferme équestre réputée de la vallée de la Þjórsá propose des visites des écuries ainsi que des randonnées. (487 6572, 899 5619 ;

Musée de Skógar

skeidvellir.is ; route 26, ferme Skeiðvellir ; visite des écuries adulte/enfant 2 000 ISK/gratuit, balades 1/2 heures 9 500/15 000 ISK)

Hautes terres

Midgard Adventure propose des excursions d'un ou plusieurs jours hors des sentiers battus, en Super Jeep. (☎578 3370 ; midgardadventure.is ; Dufþaksbraut 14, Hvolsvöllur ; 14 000-34 000 ISK)

Randonnée glaciaire

Non loin du Mýrdalsjökull, la langue glaciaire de Sólheimajökull est très prisée pour la marche. De nombreux organismes y proposent des excursions, notamment Arcanum. (☎487 1500 ; arcanum.is ; marches sur le glacier à partir de 9 900 ISK)

Zipline Vík

Faites de la tyrolienne au-dessus des gorges pour profiter du paysage depuis les hauteurs. (☎698 8890 ; zipline.is ; Víkurbraut 5, Vík ; adulte/enfant 14 900/7 500 ISK)

Boire et manger

Gamla Fjósið — €€

Cette vieille grange convertie en restaurant sert des plats délicieux. (☎487 7788 ; facebook.com/gamlafjosid/ ; Hvassafell, en retrait de la route 1 ; plats 2 090-6 900 ISK ; 11h-21h juin-août, horaires réduits sept-mai)

Ingólfsskáli — €€

Cette maison longue abrite un restaurant sur le thème des Vikings. Le personnel en habits traditionnels y sert une cuisine faite d'ingrédients locaux. Réservation impérative. (☎662 3400 ; ingolfsskali.is ; Efstalandi, Ölfus ; 18h-22h lun-sam)

LavaGrill — €€

Voir p. 144. (☎552 8300 ; volcanohuts.com ; Húsadalur ; petit-déj/déj/dîner 2 200/2 700/5 000 ISK)

MATTHEW MICAH WRIGHT/SHUTTERSTOCK ©

Randonnée, glacier Sólheimajökull

Mia's Country Wagon — €

Juste avant Skógafoss, ce *food truck* rouge à pois blancs sert des *fish and chips* préparés à partir de poisson fraîchement pêché dans un village voisin. (☎696 6542 ; facebook.com/miascountryvan/ ; Skógafossvegur, près de la route 1 ; fish and chips 2 000 ISK ; 12h-16h)

Mountain Mall — €

Voir p. 146. (facebook.com/mountainmall/ ; en retrait de la F224 ; 11h-21h)

Smiðjan Brugghús — €

À Vík, cette brasserie artisanale sert de bonnes bières pression. (☎571 8870 ; smidjanbrugghus.is ; Sunnubraut 15, Vík ; 12h-22h)

Suður-Vík — €€

À Vík, ce restaurant occupe une maison ancienne en tôle. Oserez-vous goûter la pizza aux 4 fromages et servie avec de la confiture ? (☎487 1515 ; facebook.com/Sudurvik ; Suðurvíkurvegur 1, Vík ; plats 1 300-5 350 ISK ; 12h-22h, horaires réduits l'hiver)

Tryggvaskáli — €€

Installé dans la première maison bâtie à Selfoss, ce restaurant joliment rénové sert des plats islandais raffinés, à base de produits locaux. (☎482 1390 ; tryggvaskali.is ; Austurvegur 1, Selfoss ; plats 3 450-6 250 ISK ; 11h30-22h dim-jeu, 11h30-23h ven-sam)

L'EST ET LE SUD-EST

FJORDS RECULÉS | PARC NATIONAL DU VATNAJÖKULL | SENTIERS PAISIBLES

L'EST ET LE SUD-EST
à la carte

Un itinéraire dans l'est de l'Islande s'écrit aux couleurs du drapeau islandais – bleu, rouge et blanc – qui représentent l'eau, le feu et la glace. La région est riche de contrastes et les visiteurs y ressentiront un mélange de saine excitation et de calme énergie, depuis les paysages glaciaires emblématiques de Jökulsárlón jusqu'aux fjords de l'Est, moins visités.

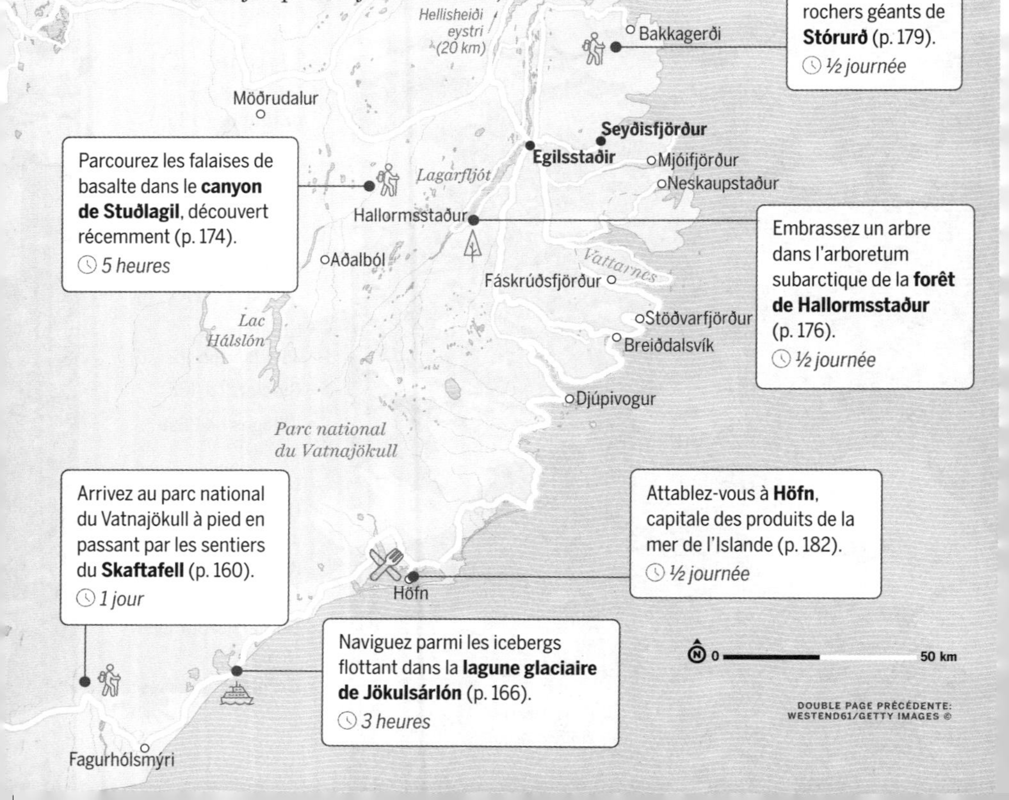

Informations pratiques

À L'ARRIVÉE

Terminal du ferry à Seyðisfjörður Le ferry *Norræna* permet de venir avec son propre véhicule, depuis le Danemark.

Aéroports d'Egilsstaðir et de Höfn Louer une voiture aux aéroports est la meilleure solution pour un circuit en Islande.

ORIENTATION

Le parc national du Vatnajökull dispose de centres d'accueil de visiteurs à Skaftafell et Skriðuklaustur. Consultez les sites visitegilsstadir.is et visitfjardabyggd.is.

ARGENT

Les cartes sont acceptées partout. Comptez environ 11 000 ISK pour une randonnée de 3 heures et 2 000 ISK pour un *fish and chips*.

OÙ LOGER

Localité	Pour/contre
Höfn	Pensions et entrepôts en bois rénovés bordent le port animé, rempli de chalutiers.
Breiðdalsvík	Une boutique, une microbrasserie, une piscine publique.
Egilsstaðir	La capitale régionale affiche une histoire particulière, une influence française et un élégant hôtel en front de mer. Hébergements ouverts toute l'année.

COMMENT CIRCULER

Voiture Le moyen le plus pratique de voyager. À l'est de Höfn, la route circulaire est moins fréquentée.

Bus Service inégal. Essayez le site Internet de covoiturage samferda.net.

Tunnels Plusieurs villages de l'Est sont reliés par des tunnels de montagne – le plus long, entre Eskifjörður et Neskaupstaður, fait 7 km.

SE RESTAURER ET PRENDRE UN VERRE

Produits de la mer Entre flétan, maquereau ou brosme, les menus de cette région portuaire sont une fenêtre sur la pêche locale et ses recettes.

Thé Les Vök Baths ont un bar à thé au choix étonnant (p. 182).

Restaurant incontournable Pakkhús (p. 182)

Meilleur en-cas de la route circulaire Fjalladýrð (p. 182)

NOV-MARS
Saison pour les grottes de glace et risques de tempêtes de neige.

AVR-MAI
L'hiver raccourcit. Il fait trop clair pour les aurores boréales.

JUIN-AOÛT
Les températures avoisinent les 15°C.

SEPT-OCT
Les couleurs sont spectaculaires et l'affluence moindre.

Les grands classiques

Pour les infos pratiques de chaque site, reportez-vous au carnet d'adresses p. 180.

Skaftafell

Dans le parc national du Vatnajökull, le Skaftafell est un condensé des beautés naturelles de l'Islande. Les visiteurs s'y pressent pour découvrir ses cascades grondantes, ses bois de bouleaux noueux, le réseau de rivières qui parcourent les *sandar* et le glacier Vatnajökull (photo) scintillant d'un blanc bleuté, avec ses langues glaciaires qui descendent des montagnes.

Jökulsárlón

Si le site est aujourd'hui archi-connu et maintes fois représenté, la magie opère toujours, d'autant que la lagune glaciaire surgit comme une apparition, juste au bord de la route circulaire. Difficile en effet de rester insensible face à ces icebergs d'un bleu lumineux qui dérivent doucement depuis le glacier Breiðamerkur jusqu'à l'océan Atlantique.

Ingólfshöfði

Entre Skaftafell et Jökulsárlón, le cap Ingólfshöfði est une réserve naturelle, superbe et isolée, où viennent nicher au printemps et en été macareux, grands labbes et autres oiseaux marins. C'est aussi ici qu'Ingólfur Arnarson, le premier colon installé en Islande, hiverna lors de sa première incursion dans le pays en 874.

Höfn

Principale localité du Sud-Est, Höfn constitue une étape de choix sur la route circulaire. Il fait bon s'y promener, au bord de l'eau, le long des quais. Au port sont déchargées les fameuses *humar* qui font la réputation de la ville. Il s'agit de langoustines qui se dégustent grillées dans du beurre à l'ail, dans une bisque ou encore en sandwich.

Fjaðrárgljúfur

En chemin vers/depuis l'Est, ne manquez pas, non loin de Kirkjubæjarklaustur, le canyon de Fjaðrárgljúfur. Le sentier qui longe la rive sud sur quelques kilomètres permet d'admirer la beauté de cette gorge aux profondeurs rocheuses et sinueuses qui tranchent sur le vert intense de la nature alentour.

Seyðisfjörður

Parmi les villages des fjords de l'Est, force est de reconnaître que Seyðisfjörður se distingue des autres. Sur fond de montagnes enneigées et de cascades, la localité est charmante avec ses maisons de bois colorées. C'est de surcroît un endroit accueillant, cher aux artistes, artisans et étudiants étrangers.

WERNERMUELLERSCHELL/SHUTTERSTOCK.COM ©

Hallormsstaður

À l'écart des principaux circuits touristiques, Hallormsstaður offre une autre vision de l'Islande : ses 750 ha de forêt tranchent en effet avec les mornes versants montagneux du Nord et de l'Est. Entre Hengifoss (photo), parmi les plus hautes cascades du pays, et Lagarfljót, une rivière qui abrite un monstre marin, les découvertes sont variées et surprenantes.

MIROSLAV_1/GETTY IMAGES ©

Steinasafn Petru

Les amateurs de pierres et de minéraux vont être émerveillés par la collection rassemblée dans cette maison privée de Stöðvarfjörður. Jaspe, agate polie, améthyste, cristal de quartz, etc. s'empilent du sol au plafond. La plupart proviennent de la région.

Borgarfjörður Eystri

Si le village en lui-même est tout petit, les alentours offrent de nombreuses possibilités de balades et de randonnées, entre sculptures en bois flotté, elfes cachés et rochers géants. À Hafnarhólmi (photo), niche une colonie de macareux qu'il est possible d'approcher entre avril et août.

19 Exploration du SKAFTAFELL

GLACIER | CASCADES | GROTTES

Le Skaftafell est la porte d'entrée au parc national du Vatnajökull, site classé au patrimoine mondial de l'Unesco. Là, les visiteurs arpentent les forêts de bouleaux sauvages avant d'enfiler une veste, car les températures chutent à mesure qu'ils se rapprochent de l'imposant glacier du Vatnajökull.

JACQUESVANDINTEREN/GETTY IMAGES ©

En pratique

S'y rendre En voiture, prenez la route circulaire pour rejoindre la plupart des sites. Au Skaftafell, les visiteurs doivent s'acquitter d'un droit de stationnement (750 ISK/voiture), et parcourir à pied les 2,5 km jusqu'aux chutes de Svartifoss.

Quand Skaftafell est accessible toute l'année. Les sentiers peuvent être bondés en été. Les grottes de glace ne sont accessibles que d'octobre à mars.

Conseil De juillet à août, réservez tôt si vous prévoyez de passer la nuit entre Vík et Höfn.

MANDY CREIGHTON/SHUTTERSTOCK ©

Cascade noire La plupart des voyageurs ont déjà vu une photo des emblématiques chutes de **Svartifoss** avant de se rendre au Skaftafell (voire en amont de leur départ pour l'Islande), aussi le site actuel pourra-t-il vous surprendre : la cascade n'est qu'un ruisseau, et non une rivière, qui ne chute que de 20 m de hauteur. Mais la spectaculaire façade de basalte qui lui tient lieu d'arrière-plan compense amplement ce modeste débit. La courte boucle de 5 km qui passe par Svartifoss se révèle une randonnée des plus agréables.

SOVA502/SHUTTERSTOCK ©

Un glacier photogénique Si le nom de **Svínafellsjökull** n'est pas, en soi, très connu, les fans de *Batman*, de *Game of Thrones* et de *James Bond* reconnaîtront d'emblée l'endroit. La vue qui donne sur le glacier se trouve à mi-hauteur de la montagne et accessible via une route de gravier courte mais

Le sommet de l'Islande

À 2 110 m d'altitude, le **Hvannadalshnúkur** est la plus haute montagne d'Islande. Par temps clair, le sommet est visible depuis le Skaftafell, à 12 à 18 heures de marche. Mountain Guides (mountainguides.is) et Tindaborg (tindaborg.is) organisent des circuits. Le printemps est la meilleure période pour s'y rendre ; les matins sont alors assez froids pour que la glace ne dégèle pas.

En haut à gauche Les montagnes autour du Svínafellsjökull **En haut à droite** Macareux moine **À gauche** L'emblématique Svartifoss

cahoteuse, qui part à environ 2 km à l'est de l'embranchement vers Skaftafell. La fonte rapide du glacier a augmenté les risques de glissement de terrain et de chute de pierres, ce qui limite l'accès au-delà du point de vue.

Macareux à Ingólfshöfði Voici plusieurs décennies, le fermier de Hofsnes s'est mis à proposer des circuits à bord d'un chariot à foin, adapté pour les passagers et tiré par un tracteur, jusqu'au **cap Ingólfshöfði** tout proche. Riche d'histoire, car point d'arrivée des premiers colons d'Islande, ce promontoire est ourlé d'une spectaculaire plage de sable. De juin à août, les macareux y affluent pour nicher. Il existe de meilleurs lieux pour observer les macareux, mais la faune aviaire ajoute à la magnifique randonnée de 2 heures 30 menée par un guide local (fromcoasttomountains.com).

Enfilez vos crampons Les "randonnées sur glacier" sont un moyen apprécié de découvrir les bases de la glaciologie.

Exploration du parc le plus vaste d'Europe

Avec 10 volcans actifs, dont sept sous la calotte glaciaire, le parc national du Vatnajökull est le lieu de rencontre du feu et de la glace. Le plus grand parc national d'Europe couvre presque 14% du territoire islandais. La portion sud de la route circulaire qui va de Kirkjubæjarklaustur à Lónsöræfi fait de merveilleux détours dans le parc, accessible uniquement l'été :

Lakagígar Aujourd'hui recouverts de mousse et paisibles, les cratères des volcans du Laki ont été formés lors d'une éruption de 1783 qui a causé la mort, par famine, de près du quart de la population islandaise. Atteindre le sommet du Laki prend environ 40 minutes depuis le parking accessible en 4x4.

Morsárjökull Ce glacier, situé dans une vallée isolée, accessible à pied uniquement depuis Skaftafell, fournit une preuve visuelle du rétrécissement du Vatnajökull.

Lónsöræfi Ce trek de Lónsöræfi à Snæfell est une aventure de plusieurs jours (mountainguides.is).

À gauche Cratère recouvert de mousse, Laki **Ci-dessous** Grotte de glace, glacier Vatnajökull

La plupart des circuits ont lieu, en été, sur le **Falljökull** (près de Skaftafell), ou en hiver, sur le **Breiðamerkurjökull** (près de Jökulsárlón), et durent au moins 2 heures 30. Piolet en main et crampons aux pieds, les marcheurs sont guidés jusqu'à des failles, des ruisseaux et des mares qui se forment sur le glacier. Le rythme est lent et la difficulté basse ; l'ascension du glacier depuis la moraine peut être raide. Vous n'aurez probablement pas besoin du piolet, mais l'effet sur les photos est garanti ! Arctic Adventures propose des circuits de niveau et durée variables (adventures.is).

Grottes bleu de glace Tous les hivers, les explorateurs des grottes de glace locaux partent dans leur Super Jeep jusqu'au pied du glacier Vatnajökull en quête d'une entrée naturelle : le paysage change tous les étés et il est dangereux de s'y rendre en dehors des mois de gel, d'octobre à mars. La **grotte de saphir** est une destination prisée, mais chaque visite dépend des conditions météorologiques et du nombre d'heures d'ensoleillement. Parmi les tour-opérateurs, citons, outre Arctic Adventures (adventures.is), Local Guide de Vatnajökull (localguide.is). Comptez au moins 30 000 ISK par personne, car le nombre de places assises est limité dans les véhicules.

Le Skaftafell à pied

PERDU DANS UNE FORÊT DE BOULEAUX ? LEVEZ-VOUS !

Skaftafell, une forêt de bouleaux qui s'étend au pied du glacier Vatnajökull, offre un rare aperçu de l'aspect de l'Islande durant l'optimum climatique médiéval qui a précédé la colonisation.

ANDRIY BLOKHIN/SHUTTERSTOCK ©

À gauche Randonneurs bravant le mauvais temps, Skaftafell **Au centre** Sentier traversant la végétation estivale **À droite** L'emblématique saule laineux d'Islande

Les historiens se demandent encore à quel point l'Islande était verte avant sa colonisation par les Scandinaves. À en croire le *Livre de la colonisation* (Landnámabók), chronique du XIIe siècle rédigée notamment par Ari le Savant (1067-1148), l'île était couverte d'arbres "de la côte jusqu'aux montagnes", mais certaines études avancent plutôt le chiffre de 30%.

Le pourcentage exact dépend énormément de la définition du mot "arbre". Selon les Nations unies, tout végétal haut de moins de 5 m est considéré comme un buisson ! Cela froisse les Islandais, qui voient leurs genévriers et saules laineux, essences natives, comme des arbres, mais à taille humaine.

"J'aime le calme", déclare Sigurgeir Thoroddsen, guide touristique local, par une agréable journée de juin, devant le centre d'accueil de Skaftafell qui reçoit plus d'un millier de visiteurs par jour. Malgré l'agitation, Thoroddsen insiste : "Tout ce que vous avez à faire est de suivre les sentiers qui ne vont pas à Svartifoss."

Emblématique, la cascade de Svartifoss est petite mais pittoresque, avec des parois de basalte noir en toile de fond, et reste impressionnante même durant le gel hivernal. Le sentier qui part du parking est très bon et empruntable à tout âge. L'été, par beau temps, il y a foule.

Les randonneurs en quête de solitude préféreront se diriger dans la vallée du glacier Morsár ou de la forêt de Bæjarstaðaskógur, deux sentiers plats mais longs.

Les alpinistes amateurs prêts à relever un défi peuvent passer la journée à faire l'ascension du Kristínartindar. Époustouflante, la vue à 1 126 m d'altitude permet de voir

ANDRIY BLOKHIN/SHUTTERSTOCK ©

WOLFGANG KAEHLER/LIGHTROCKET VIA GETTY IMAGES ©

l'immensité du glacier Vatnajökull, qui couvre 8% de l'Islande. Les glaciers de la vallée visibles en contrebas ne sont en réalité que de minuscules ramifications.

Depuis le Kristínartindar on a également une vue splendide sur la plus haute chute d'eau d'Islande, qui se jette dans le glacier Morsár. Le cours d'eau est alimenté par la fonte croissante du glacier, et en 2011, sa hauteur a été mesurée pour la première fois à 228 m. La cascade de Morsár est ainsi devenue la plus haute d'Islande. Sachez qu'elle s'observe à 6 km de distance.

> Les Islandais voient leurs genévriers et saules laineux, essences natives, comme des arbres, mais à taille humaine.

En regardant vers le sud, vous apercevrez l'avers de la médaille du réchauffement climatique : de jeunes bouleaux croissent désormais sur les étendues, autrefois grises, d'alluvions glaciaires (*sandur*). À ce rythme, la zone baptisée en fonction de sa particularité géologique de plaine alluviale – Skeiðarársandur – pourrait bientôt devenir la plus vaste forêt du pays. Selon Kristín Svavarsdóttir, écologiste spécialiste des plantes, il s'agirait là d'une des "évolutions les plus étonnantes que connaît actuellement la nature islandaise".

En 2019, Skaftafell, ainsi que la majeure partie du parc national du Vatnajökull, a été inscrit au patrimoine mondial de l'Unesco, précisément pour son paysage éphémère, vu comme une sorte de laboratoire permettant "d'explorer les répercussions du réchauffement climatique sur les glaciers du monde entier et les reliefs apparaissant après leur fonte".

Les meilleurs sentiers

Svartifoss-Sjónarsker-Sel
Passant devant plusieurs cascades et une ancienne ferme, cette boucle de 5 km est l'itinéraire le plus prisé. Comptez 2 heures 30.

Glacier Skaftafellsjökull
Le sentier le plus facile existant : environ 2 km sur un terrain plat jusqu'à une moraine glaciaire. Retour par le même chemin. Comptez 1 heure-1 heure 30.

Forêt Bæjarstaðarskógur
Protégée depuis 1935, cette forêt de bouleaux offre une belle expérience sur 16 km, incluant deux superbes ravins et longues passerelles. Comptez 5 heures.

Kristínartindar Depuis ces montagnes, la vue est magnifique. Emportez un pull et des en-cas : la randonnée fait 18 km aller-retour et dure de 6 à 8 heures, suivant votre forme physique et la période de l'année.

20 Excursion à JÖKULSÁRLÓN

BATEAU | KAYAK | PHOTOGRAPHIE

Dans la lagune glaciaire Jökulsárlón, l'Islande se montre digne de sa réputation : des icebergs, se détachant du plus vaste glacier d'Europe, dérivent vers la mer et, avant de s'y jeter, s'échouent sur les bancs de sable de l'immense lagune qui était autrefois un glacier.

LARIGAN - PATRICIA HAMILTON/GETTY IMAGES ©

En pratique

S'y rendre La route 1, ou route circulaire, traverse la pointe sud de la lagune où les icebergs les plus imposants sont généralement visibles depuis la route. Par prudence, garez-vous. Le parking est immense.

Quand Le doux soleil du soir, ainsi que le petit matin, se prêtent à une agréable découverte de l'endroit. En hiver, on peut y apercevoir des aurores boréales – et faire une photo exceptionnelle.

À ne pas manquer La lagune est peuplée de phoques annelés, que l'on voit parfois se reposer sur la glace.

WATEROTTER/GETTY IMAGES ©

Points d'entrée Des icebergs, grands et petits, ponctuent l'extrémité sud de la lagune, la plus éloignée du glacier Breiðamerkur. La plupart des visiteurs s'arrêtent au pont, où les icebergs sont les plus proches de la rive. Mais un peu plus à l'ouest (point indiqué par "alternative car park" sur Google Maps), vous trouverez des sentiers en hauteur avec vue panoramique.

Diamond Beach Il n'y a pas si longtemps, le petit estuaire où la Jökulsá se jette dans la mer n'avait pas encore de nom. Aujourd'hui, le site a été baptisé "Diamond Beach" (plage des Diamants). Sans doute inspiré de légendes de photos, ce nom renvoie aux petits morceaux de glace qui, déposés sur la plage par les flots, y brillent, en contraste avec le sable noir.

Bateau Les yachts qui vont et viennent le long des rives de Jökulsárlón (puisqu'il n'y a aucun port) figurent parmi les plus anciens prestataires du tourisme islandais. Au cœur de l'été, une quarantaine de circuits partent chaque jour (icelagoon.is), et voguent autour des icebergs pendant 40 minutes. Pour le double du prix (11 000 ISK), un conducteur de Zodiac vous emmènera beaucoup plus près du glacier à la faveur d'une croisière de 1 heure.

Kayak La troisième manière d'explorer la lagune est le kayak (iceguide.is), également au départ du parking principal. Il est nécessaire d'être en bonne forme physique, la sortie durant approximativement 1 heure (11 000 ISK par personne). Contrairement aux autres moyens de transport, en kayak, vous pourrez entendre la glace fondre.

Sens des aiguilles d'une montre à partir d'en bas à gauche Kayakiste sur le Jökulsárlón ; lagune glaciaire Jökulsárlón ; Diamond Beach

L'autre lagune glaciaire

On peine à échapper aux foules tant le site est populaire. Mais l'immense lagune **Fjallsárlón** est moins fréquentée que sa célèbre voisine. La zone est en effet une propriété privée, qui appartient à une ferme proche. Il n'y a qu'un seul café et un prestataire de plaisance (fjallsarlon.is), qui propose des excursions en canot pneumatique de 45 minutes. En raison de la profondeur de la lagune, les icebergs y sont plus éparpillés qu'à Jökulsárlón, et il est plus rare d'en voir de près depuis la terre ferme.

Glaciers

LA LIGNE DE FRONT (EN RECUL CONSTANT) DU RÉCHAUFFEMENT CLIMATIQUE

Quelque 10% du territoire islandais est couvert de glace. Or, tous les ans, il en disparaît l'équivalent de deux fois la taille de l'aéroport de Keflavík. Peu de régions froides du monde sont aussi accessibles aux voyageurs, mais la nécessité de maintenir les glaciers en bonne santé va bien au-delà de leur simple attrait touristique.

À gauche Entrée d'une grotte de glace, glacier Vatnajökull **Au centre** Icebergs tombés du glacier Breiðamerkur **À droite** Glacier Skaftafellsjökull

En 1995, lorsque Gudfinna Adalgeirsdóttir a passé son doctorat en glaciologie, le réchauffement climatique était, au mieux, matière à bon mot. "Nos étés sont doux, mais nous avons de grands espoirs dans le réchauffement climatique", lâchait-on aux visiteurs. Même le présentateur météo décrivait les journées chaudes en disant qu'elles "mettraient bientôt l'Islande sur la paille".

Or, l'heure n'est plus à la plaisanterie. Près de la moitié de la fonte totale des glaciers d'Islande observée depuis la fin du petit âge glaciaire (voici près de 150 ans) s'est produite au cours des 30 dernières années.

De fait, les images satellites actuelles sont indiscutables : ainsi voit-on, sur un graphique accéléré du glacier Okjökull, un cercle blanc se réduire, décennie après décennie, année après année, dans les hauts plateaux de l'Ouest, jusqu'à devenir un minuscule point proche de l'effacement. En 2019, des funérailles ont été organisées pour le Okjökull, le premier glacier à perdre son statut.

Les 15 autres pourraient suivre le même chemin, et tel sera sans doute le cas pour les plus petits. Même si, comme spécifié dans l'accord de Paris, l'augmentation de la température reste en deçà de 2°C par rapport aux niveaux préindustriels, le puissant glacier Vatnajökull, dont l'épaisseur peut atteindre 1 km, ne devrait couvrir à terme plus que 30% à 60% de sa taille actuelle.

Pour les Islandais, la conséquence de la disparition des glaciers ne se limite pas à une crise identitaire. La fonte des glaces entraîne en effet un phénomène appelé "rebond post-glaciaire" : ainsi, dans la ville de Höfn, d'où le Vatnajökull, tout proche, est visible, la terre se soulève d'environ 2 cm chaque année, déformant ses conduits

d'égouts. Son port est même déjà devenu trop peu profond pour que les grands navires puissent y entrer à marée basse.

Environ 70% de l'électricité en Islande est produite par des centrales hydroélectriques situées sur les rivières s'écoulant des glaciers. À mesure que la fonte de ces derniers s'accroît, les cours d'eau se font plus puissants, avec, à la clé, une augmentation de la production d'électricité, mais seulement de court terme. Aussi, la compagnie énergétique d'État Landsvirkjun installe-t-elle de plus en plus d'éoliennes en vue d'une transition énergétique imminente.

Près de la moitié de la fonte totale des glaciers d'Islande observée depuis la fin du petit âge glaciaire s'est produite au cours des 30 dernières années.

Le tourisme arctique, lui, est en plein essor : une tendance que l'on met au compte du souhait de voir des immensités gelées avant qu'elles ne disparaissent.

La plupart des grands sites glaciaires de l'Islande, pays relativement facile d'accès, sont concentrés au sud du Vatnajökull. Très prisée, la lagune Jökulsárlón est accessible en voiture (électrique) depuis Reykjavík. Il y a cent ans, le glacier Breiðamerkur, qui se déverse dans la lagune, couvrait les terres qu'occupe l'actuel parking.

Jökulsárlón a une superficie totale d'environ 20 km^2, soit la moitié de la perte annuelle des terres glaciaires de l'Islande au cours de la décennie passée. Les icebergs dérivent à travers la lagune et s'échouent sur la plage, sur la rive sud, juste à côté de la route circulaire, où ils finissent par se briser et fondre, comme pour attester des enjeux du moment.

Randonnée sur la fonte des glaciers

Tous les après-midi, de juin à août, le parc national du Vatnajökull propose un circuit guidé du Skaftafellsjökull. Gratuite, la randonnée de 1 heure part du centre d'accueil des visiteurs du Skaftafell (p. 180), à l'endroit approximatif où se trouvait le glacier à l'aube du XXe siècle. Ari Másson, le responsable de l'excursion, explique aux visiteurs qu'ils traversent le passé du glacier ; le sentier passe par des moraines où les collines les plus anciennes datent des années 1930. "Mis en perspective, le paysage choque la plupart des gens", affirme-t-il. Une petite lagune sépare désormais le sentier de randonnée du bord du glacier. Le circuit fait le tour de la plus haute colline de sable, après 2 km environ de marche.

21 Villages DE L'EST

POISSON FRAIS | MUSÉES INSOLITES | ART LOCAL

Abritant pêcheurs et fermiers, hôtels et fonderies d'aluminium, une communauté d'artistes et un pensionnat, les villages de l'Est témoignent des contrastes qu'offre l'Islande. C'est une région où les habitants savent différencier le cabillaud de l'églefin et où les visiteurs sont les bienvenus : dans les sources chaudes, les *austfirðingar* se laissent volontiers aller à la conversation.

YEVHENII CHULOVSKYI/SHUTTERSTOCK ©

En pratique

Circuler Les tunnels de montagne réduisent les distances routières entre les principales localités, appelées collectivement Fjarðabyggð. La route pour Mjóifjörður (11 habitants) est souvent fermée en hiver et le col pour Seyðisfjörður peut se révéler dangereux.

Quand La plupart des établissements sont ouverts toute l'année, mais avec des horaires restreints en hiver.

À ne pas manquer L'église de Seyðisfjörður accueille, tous les mercredis soir de juillet et d'août, des concerts donnés par de grands musiciens.

DNAVEH/SHUTTERSTOCK ©

Ci-dessus Seyðisfjörður
Ci-dessous Collection de minéraux de Petra, Stöðvarfjörður

Communauté d'artistes **Seyðisfjörður** (visitseydisfjordur.com) est une ville portuaire devenue communauté d'artistes. Composée de vieilles maisons en bois peintes dans les couleurs de l'arc-en-ciel, cette charmante bourgade se visite mieux à la faveur d'une promenade à pied. En partant de l'église bleue, vous verrez plusieurs boutiques d'art et d'artisanat qui bordent la rue menant au **centre culturel de Skaftfell** (p. 180), refuge pour les artistes visuels, où l'on sert de surcroît des pizzas. À la périphérie de Seyðisfjörður se dresse une sculpture sonore de Tvísöngur, qui mérite bien les 15 minutes de montée depuis la pêcherie de Brimberg. En 2020, un important glissement de terrain a détruit une partie de l'agglomération, d'où les multiples chantiers.

Du poisson, directement dans la poêle La localité la plus éloignée de Reykjavík, **Neskaupstaður**, peut satisfaire presque tous les désirs d'une vie cosmopolite moderne en dépit – ou peut-être en raison – de son éloignement. Elle compte même un fabuleux magasin de disques (tonspil.is). L'une des plus importantes sociétés de pêche du pays y est basée. Pour goûter la prise du jour, mettez le cap sur Beitiskúrinn (p. 182), dont la terrasse donne sur un quai, et qui propose du poisson frit servi à même la poêle.

Lac froid, bain chaud Depuis son ouverture en 2019, les luxueux **Vök Baths** (p. 182) sont une destination toute trouvée pour qui veut s'accorder un bain chaud au bord d'un lac aux eaux froides. C'est une merveille architecturale avec un bar flottant où l'on sert un choix de thés.

Nouveau village, nouveau musée

Chaque village de l'Est s'enorgueillit de posséder un musée emblématique dont le thème fait ressortir le caractère de sa communauté. À **Fáskrúðsfjörður** se trouve le musée des Français en Islande (p. 180) qui rend hommage à l'héritage des marins français du XIXe siècle. **Eskifjörður** possède un Musée maritime (p. 180), installé dans une maison en bois de 1816. À **Reyðarfjörður**, le musée de la Seconde Guerre mondiale (p. 180), bien situé, retrace l'occupation des forces alliées durant le conflit. Mais la plus intrigante de toutes est une demeure privée de **Stöðvarfjörður**, dont la collection de minéraux de Petra présente des centaines de pierres colorées (p. 180). Collectionneuse de pierres, Petra Sveinsdottir (1922-2012) a commencé à accueillir des visiteurs vers 1975, peu après le décès de son mari ; aujourd'hui, la collection est tenue par ses quatre enfants.

22 Escapades DANS L'EST

RANDONNÉES | KAYAK | ROAD TRIP

Depuis les premiers jours de la topographie, les fjords de l'Est (qui s'étendent approximativement de Djúpivogur, dans le Sud, à Vopnafjörður, dans le Nord) font l'objet de grandes incertitudes. Jusqu'à présent, la région demeure la moins explorée d'Islande. Et c'est précisément ce qui fait son charme.

Sens des aiguilles d'une montre en partant de la gauche
Renne ; canyon de Stuðlagil ; Páskahellir, la grotte de Pâques

LUKAS GOJDA/SHUTTERSTOCK ©

En pratique

Circuler La spectaculaire route 939, surnommée Öxi, est un raccourci pour Egilsstaðir en été. En hiver, la neige coupe les routes de gravier.

Quand Si vous prévoyez de plonger dans la rivière Eyvindará, comme les Islandais le font par beau temps, l'été est probablement la meilleure saison. Sinon, faites comme bon vous semble !

Avant de partir Pour découvrir si vous avez le potentiel pour devenir un Hercule nordique, essayez de soulever le rocher de 186 kg qui se trouve à l'extérieur de la piscine d'Egilsstaðir.

PAVEL DUDEK/ALAMY STOCK PHOTO ©

JACEK STAMBLEWSKI/SHUTTERSTOCK ©

Une grotte-dicothèque La **grotte de Pâques** (Páskahellir), située sur une plage rocheuse dans la réserve naturelle de Neskaupstaður, tient à la fois d'une crique et d'une petite grotte. Ce lieu paisible a la faveur des habitants. Il faut compter 20 minutes de marche pour s'y rendre, et le sentier commence à l'endroit où la route se termine, à quelques kilomètres à l'est de Neskaupstaður. Depuis la grotte "on peut admirer le soleil danser le matin de Pâques" indique un panneau, sans préciser ce que cela signifie exactement.

Le royaume de cristal À environ 10 minutes de route d'Eskifjörður, se trouve l'entrée de la **mine d'Helgustaða** (Helgustaðanáma), longue de quelque 70 m. On en extrayait naguère des cristaux de spath d'Islande (*silfurberg* en islandais) d'une grande pureté.

Pays des rennes

Au début du XVIIIe siècle, le gouvernement islandais a importé des rennes et les a relâchés dans la nature pour qu'ils y fassent souche et servent de gibier. L'expérience a également été tentée avec le bœuf musqué, natif du Groenland. De ces essais, ne restent que 3 000 rennes, qui vivent uniquement dans l'Est et sont souvent visibles depuis la route… lorsqu'ils ne la traversent pas tout bonnement.

Cette calcite cristalline fut un composant essentiel des premiers microscopes. Le morceau le plus gros jamais extrait (220 kilos) est exposé au British Natural History Museum. Aujourd'hui, le site n'en compte plus que de menus éclats, qu'il est du reste interdit de ramasser.

Sortie en kayak Les kayakistes trouveront leur bonheur dans les eaux calmes des fjords de l'Est. À Neskaupstaður, le club de kayak local **Kaj** (facebook.com/kajakklubburinnkaj) loue tout l'équipement et organise parfois des circuits guidés. Mieux vaut avoir un peu d'expérience.

Une découverte inespérée Bien que situé dans les terres et ne faisant pas, à proprement parler, partie des fjords de l'Est, le **canyon de Stuðlagil** (studlagil.is) est un incontournable. Ses magnifiques formations en basalte sont restées ignorées des millénaires durant. On doit leur découverte à la construction du barrage de la gigantesque

Le Défi des cinq sommets

En 2020, des alpinistes islandais ont installé des poinçons au sommet des cinq montagnes emblématiques de la région – le Kistufell, le Hólmatindur, le Svartafjall, le Goðaborg et le Hádegisfjall. Si vous rassemblez les cinq poinçons dans la brochure spéciale (500 ISK), vous gagnerez le titre de "Fjallagarpur Fjarðamanna" – l'Alpiniste des fjords.

Combien de temps cela va-t-il vous prendre ? Eh bien, les cinq sommets totalisent 5 186 m d'altitude, soit un peu plus que la hauteur du Mont Blanc.

Ce défi demande donc du temps, mais témoigne de ce que l'Est se prête parfaitement à la randonnée. Si vous cherchez des idées, consultez la brochure *The Pearls of Egilsstaðir Area*, publiée par le Touring Club local. Elle liste 30 excellentes randonnées, courtes et longues. Disponible gratuitement sur le site visitegilsstadir.is.

À gauche Hólmatindur, l'une des cinq montagnes emblématiques de la région **Ci-dessous** Fardagafoss

centrale hydroélectrique de Kárahnjúkar. Lorsque les niveaux de l'eau ont baissé, les orgues basaltiques, singulièrement hautes et ponctuées de touches d'ocre, ont été révélées.

Il est possible d'accéder au canyon depuis les deux côtés de la rivière Jökulsá á Dal. La vue est sans doute plus belle depuis le côté est, en partant de la ferme Klaustursel. Avant de traverser le pont, les visiteurs sont priés de garer leur voiture sur le parking. De là, suivez à pied la route de gravier en passant devant une petite cascade et une bergerie, puis continuez le long d'un sentier. Au total, vous marcherez 5 km (aller).

En revanche, le point de vue situé côté ouest ne nécessite pratiquement aucune marche. Pour vous y rendre, continuez après Klaustursel sur la route Jökuldalsvegur et cherchez le panneau Stuðlagil. Les voitures sont garées presque au bord de la falaise.

Grotte cachée Sur la route pour Seyðisfjörður, la **Fardagafoss** peut sembler n'être qu'une cascade de plus. Mais, à y regarder de plus près, on y découvre une grotte située derrière la chute d'eau. Vous risquez d'être mouillé en vous glissant par l'étroite entrée, mais c'est le prix à payer pour entendre le son de l'eau qui chute de 20 m se réverbérer dans la grotte.

23 Forêt de HALLORMSSTAÐUR

SENTIERS FORESTIERS | CASCADE | RÉCOLTE LOCALE

Entre pins, chênes et bouleaux, bienvenue dans la région la plus joliment boisée d'Islande. La forêt de Hallormsstaður, la plus vaste du pays, est sillonnée de sentiers de randonnée au fil desquels on découvre maintes essences d'arbres capables de pousser à 65° de latitude nord. Parfois surnommée "le paysage le moins islandais qui soit", cette contrée attire bien plus de visiteurs locaux que de touristes étrangers.

En pratique

Circuler La forêt est traversée de 11 sentiers, couvrant 740 ha. Des cartes sont disponibles sur les parkings et à l'Hotel Hallormsstaður, mais aussi en ligne (visitegilsstadir.is).

Quand De juin à août. Le solstice d'été, autour du 21 juin, est célébré par un feu de joie et le fascinant championnat national de bûcherons.

Notre conseil La station-service Orkan fait aussi office de glacier !

Ci-dessus Rives du Lagarfljót
Ci-dessous Pigne de pin

Balade dans l'arboretum Par temps chaud, l'été, la **crique Atlavík** a la prédilection des campeurs et camping-caristes. C'est ici que les Islandais vont en vacances (mais regardez avec quelle rapidité les voyageurs partent, au moindre nuage, vers un coin plus ensoleillé du pays). Depuis le parking, suivez l'agréable chemin de 2 km qui mène à l'arboretum, riche de 80 essences d'arbres, en suivant les falaises de la rivière Lagarfljót. Il y a maints excellents emplacements de pique-nique.

Pesto à la petite oseille de Vallanes Pour un délicieux avant-goût de ce qu'offrent cette région fertile et la forêt, visitez la **ferme Vallanes** (p. 182), qui sert des crêpes à base d'orge local, des burgers végétariens maison et du pesto à la petite oseille sauvage. Le restaurant est entièrement construit en bois local. Des pommiers ont été plantés dehors, dans le cadre d'une expérience audacieuse, et des raisins pendent dans une serre colorée.

La troisième plus haute cascade Avec ses 128 m, **Hengifoss** était autrefois la seconde plus haute chute d'eau du pays, la fonte du glacier Morsár lui a ravi la place. Cela dit, elle reste toujours aussi chère au cœur des Islandais. Elle donne à l'amont d'un canyon, et l'atteindre fait partie du plaisir. L'agréable sentier fait environ 5 km aller-retour et n'est que modérément raide. Comptez 1 heure 30 à 2 heures et admirez les magnifiques rochers en basalte voisins de la cascade, plus petite, de Litlanes, à mi-chemin.

Le monstre du Lagarfljót

Si vous pensez vous baigner dans la calme rivière qu'est le Lagarfljót, bordé de criques caillouteuses attrayantes, nous vous conseillons d'y songer à deux fois. Cette large rivière est alimentée par un cours d'eau glaciaire trouble, froid et profond. Et à proximité du fond, à 110 m de profondeur, se cache le monstre du Lagarfljót. Cette créature folklorique est sans doute l'animal fantastique le plus connu d'Islande, décrite pour la première fois dans un texte de 1350, et régulièrement aperçue depuis lors. Durant l'hiver 2012, un fermier à la retraite aurait filmé l'animal lors d'une de ses promenades. La preuve de son existence serait donc désormais en ligne.

24 Borgarfjörður EYSTRI

OBSERVATION DES OISEAUX | RANDONNÉE | SOLITUDE

Ici, les macareux moines se montrent imperturbables, les pierres abritent des elfes et le village renvoie à une époque révolue. Borgarfjörður Eystri est une paisible destination de randonnée, sise dans un fjord isolé, à 1 heure en voiture de la route circulaire. Et quel que soit l'itinéraire choisi, on finit souvent par rester plus longtemps que prévu.

IMAGEBROKER/OLAF KRUEGER/GETTY IMAGES ©

En pratique

S'y rendre Au moment de la rédaction du guide, la route 94 était en cours de goudronnage jusqu'au village de Bakkagerði (77 habitants) et ses deux hôtels. La construction devrait permettre aux visiteurs de s'y rendre en hiver, mais mieux vaut vérifier l'état des routes (road.is) pour rejoindre le col de montagne de Vatnsskarð durant les mois où il neige.

Quand De juin à début août, pour voir l'avifaune.

À ne pas manquer Le Musterið Spa, aménagé dans une ancienne poissonnerie, compte trois Jacuzzis et une vue imprenable (p. 181).

SLOOT/GETTY IMAGES ©

Ci-dessus Vue depuis le sentier de Víknaslóðir **Ci-dessous** Macareux prenant son envol

Pays des macareux À quelque 7 km du village de Bakkagerði se trouve un port abrité par les rochers herbeux de **Hafnarhólmi** qui figurent parmi les meilleurs endroits d'Islande "continentale" pour observer les macareux de près. Avec les fulmars et les mouettes tridactyles, ils nichent dans la colonie de Hafnarhólmi de juin à août. Avant de repartir, voyez si le **Hafnarhús Café** (p. 183) est ouvert : composé de trois boutiques, il présente les dernières tendances (minimalistes) de l'architecture nordique.

Rochers cachés Au milieu de nulle part, **Stórurð**, lagune de rochers géants, est le point culminant de la crête montagneuse de Dyrfjöll. Ce lieu sauvage doit sa beauté à la difficulté de s'y rendre : comptez 4 à 6 heures pour un aller-retour en fonction de votre forme physique. Cela dit, le sentier de randonnée est relativement facile et plat, car il commence plusieurs centaines de mètres plus haut, au col de Vatnsskarð, sur la route 94. Il est recommandé de porter des chaussures de randonnée pour affronter le terrain plein de graviers, à moins que vous ne vous entraîniez pour la Dyrfjalla, une course notoirement difficile qui se déroule en juillet.

Rencontre avec les elfes La colline rocheuse qui surplombe le camping local s'appelle l'**Álfaborg** (la Cité des Elfes) et, selon le folklore, une visite à cet endroit porte chance. Au moins, la colline offre une vue superbe. L'église, en bas de la colline, est d'usage ouverte, et son **retable** mérite un coup d'œil ; c'est l'une des premières œuvres du peintre Jóhannes Kjarval, qui a grandi non loin.

Sentier de Víknaslóðir

Le sentier balisé de 55 km allant de Borgarfjörður Eystri à Seyðisfjörður, connu sous le nom de Víknaslóðir, est devenu ces dernières années une alternative de plus en plus courue aux itinéraires de montagne bien établis comme le Landmannalaugar et le Lónsöræfi. Là, les randonneurs voyagent dans la solitude. L'itinéraire passe par trois criques emblématiques – Brúnavík, Breiðavík et Húsavík – et peut être couvert en 3 à 5 jours en fonction de la destination. La plupart des randonneurs finissent leur périple dans le fjord désert de Loðmundar et rentrent en jeep à Bakkagerði ; les autres ajoutent une journée supplémentaire et terminent dans la bourgade de Seyðisfjörður.

Carnet d'adresses

Les grands classiques (p. 156)

Fjaðrárgljúfur

(route 206, à l'ouest de Kirkjubæjarklaustur)

Skaftafell

Voir aussi p. 160. Le parc national dispose d'un centre des visiteurs avec de nombreuses informations sur les randonnées à faire. (Skaftafellsstofa ; 470 8300 ; vjp.is ; 8h-19h juin-sept, 9h-18h fév-mai et oct, 10h-18h nov-jan)

Steinasafn Petru

Voir aussi p. 171. (Collection de pierres de Petra ; 475 8834 ; steinapetra.is ; Fjarðarbraut 21, Stöðvarfjörður ; adulte/enfant 1 500 ISK/gratuit ; 9h-18h mai à mi-oct)

Musées

Centre culturel de Skaftfell

Voir p. 171. (472 1632 ; skaftfell.is ; Austurvegur 42, Seyðisfjörður ; 12h-18h juin-août, horaires variables sept-mai)

Frakkar á Íslandsmiðum

Voir p. 171. (musée des Français en Islande ; 475 1170 ; en.visitfjardabyggd.is ; Hafnargata 12, Fáskrúðsfjörður ; adulte/enfant 2 000 ISK/gratuit ; 10h-18h mi-mai à sept, sur rdv reste de l'année)

Íslenska Stríðsárasafnið

Voir p. 171. (musée de la Seconde Guerre mondiale ; stridsarasafn.fjardabyggd.is ; Spítalakampu, Reyðarfjörður ; adulte/enfant 1 500 ISK/gratuit ; 13-17h juin-août)

Sjóminjasafn Austurlands

Voir p. 171. (musée maritime de l'Est de l'Islande ; Strandgata 39b, Eskifjörður ; adulte/enfant 1 500 ISK/gratuit ; 13-17h juin-août)

Art en plein air

Eggin í Gleðivík

A 1 km à pied du village de Djúpivogur, l'artiste Sigurður Guðmundsson a installé 34 pierres en forme d'œuf pour représenter les espèces aviaires locales. Les avis sont partagés.

La Cabine téléphonique

À la périphérie de Seyðisfjörður se trouve une mystérieuse cabine téléphonique. Réalisée en 2006 par l'artiste Guðjón Ketilsson, elle a célébré le centenaire de la pose à Seyðisfjörður d'un câble sous-marin tiré depuis l'Écosse.

La Chaise rouge

Cette gigantesque chaise rouge est érigée au cœur d'un magnifique paysage. À proximité de la route circulaire, près de la ferme de Þorgeirsstaðir, entre Höfn et Djúpivogur.

Activités

Kayak sur le Heinabergslón

Alternative au Jökulsárlón, la lagune glaciaire du Heinabergslón, au pied du Heinabergsjökull, se prête merveilleusement bien à une sortie en kayak au milieu des

Jacuzzi géothermal, Djúpavogskörin

icebergs. (IceGuide ; (☎661 0900 ; iceguide.is ; à partir de 15 900 ISK)

Motoneige sur le Skálafellsjökull

La calotte glaciaire du Vatnajökull peut être parcourue en motoneige en passant par les agences locales Glacier Jeeps (glacierjeeps.is) et Glacier Journey (glacierjourney.is). Comptez environ 30 000 ISK.

Randonnée à cheval à Húsey

On s'aventure jusqu'à la ferme équestre de Húsey (le long des routes 925 et 926, non asphaltées, qui suivent le fleuve Jökulsá á Brú) pour observer les oiseaux en bord de mer et voir les phoques qui s'ébattent, le tout au cours d'une randonnée à cheval. (☎471 3010 ; huseyfarm.is ; 2/4 heures 9 000/19 365 ISK)

Ski à Stafdalur

De décembre à mai, on peut pratiquer le ski alpin ou nordique (location de matériel sur place) à Stafdalur, à 9 km de Seyðisfjörður sur la route d'Egilsstaðir. (stafdalur.is ; 17h-20h mar-ven, 11h-16h sam, 10h-16h dim déc-mai)

Escapades estivales

Hellisheiði Eystri

Si vous n'avez pas peur de gravir une route à 12%, Hellisheiði Eystri, sur la route 917 entre Egilsstaðir et Vopnafjörður, est le col de montagne le plus élevé à être encore utilisé.

Mjóifjörður

Un détour de 1 heure sur une route de gravier sinueuse permet de rejoindre ce fjord habité par une communauté de 11 personnes. En hiver, la route est généralement fermée. Ne manquez pas la cascade Klifbrekku et faites une pause au Sólbrekka Cafe (p. 183).

Vattarnes

Au lieu d'emprunter le tunnel entre Fáskrúðsfjörður et Reyðarfjörður, suivez la route 955 qui longe la péninsule de Vattarnes.

FEIFEI CUI PAOLUZZO/GETTY IMAGES ©

Portion de route le long de la péninsule de Vattarnes

Il s'agit d'une route de gravier, jalonnée de vues magnifiques et souvent traversée par des moutons.

Bains

Djúpavogskörin

Au sud du village de Djúpivogur, sur un champ géothermique, se trouvent deux Jacuzzis, bâtis par des habitants des environs. Tout le monde est bienvenu, mais il faut se montrer respectueux du lieu. Pas de casiers.

Piscine d'Eskifjörður

Elle comprend trois bassins à différentes températures et deux toboggans. Et bien sûr, une piscine de 25 m pour nager. (Eskifjarðarvegur ; adulte/enfant 900/250 ISK ; 6h-21h lun-ven, 10h-18h sam-dim)

Piscine de Hornafjörður

Bleu, rouge et jaune – les trois toboggans de la piscine de Höfn permettent des descentes vertigineuses. Les Jacuzzis sont très agréables aussi. (☎470 8477 ; Víkurbraut 9, Höfn ; adulte/enfant 1 050/260 ISK ; 6h45-21h lun-ven et 10h-19h sam-dim mi-mai à sept, 6h45-21h lun-ven et 10h-17h sam-dim oct à mi-mai)

Musterið Spa

Voir p. 178. (☎861 1792 ; blabjorg.is/musterid-spa-and-wellness/, Blábjörg Guesthouse, Borgarfjörður

Eystri ; adulte/enfant 3 000/1 000 ISK ; 15h-22h ou sur rdv)

Selárdalslaug

Construite sur les rives d'une rivière à saumons en 1949, Selárdalslaug se dessine au détour d'une route déserte, à 12 km au nord de Vopnafjörður. (473 1499 ; Selárdalur ; adulte/enfant 950/370 ISK ; 10h-22h lun-ven et 10h-18h sam-dim juin-août, 14h-19h lun-ven et 12h-16h sam-dim sept-mai)

Vök Baths

Voir p. 171. (470 9500 ; vokbaths.is ; route 925, à 5 km au nord de Egilsstaðir ; adulte/enfant 5 500 ISK/gratuit ; lun-ven 17h-22h, sam-dim 12h-22h mai-sept, 12h-22h juin-août, à partir de 10h au milieu de l'été)

Produits de la mer

Beitiskúrinn

Voir p. 171. (Bait Shack ; 477 1950 ; beituskurinn.is ; Egilsbraut 26 , Neskaupstaður ; plats 1 990-3 600 ISK ; 12h-22h dim-jeu, 12h-2h ven-sam)

Café Sumarlina €€

Dans une maison en bois marquée d'un drapeau français, ce restaurant à Fáskrúðsfjörður propose des plats pour tous les membres de la famille, notamment *fish and chips*, pizzas et burgers. (475 1575 ; sumarlina.is ; Búðavegi 59, Fáskrúðsfjörður ; 11h-22h lun-ven, 12h-22h sam-dim)

Eldhúsið €€€

Si d'autres produits locaux figurent à la carte de ce restaurant d'Egilsstaðir, une mention spéciale doit être réservée au poisson fraîchement pêché dans le fjord avec sa salade de raisins et mayonnaise à l'aneth. (471 1114 ; akehotel.is ; Egilsstöðum 1-2, Egilsstaðir ; plats déj 1 490-3 990 ISK, dîner 3 390-6 390 ISK ; 11h30-22h)

Hafnarbúðin €

Cette table du vieux port de Höfn, qui sert burgers et milk-shakes, est surtout connue pour ses sandwichs-baguette à la langoustine, servis avec de la mayonnaise. (478 1095 ; Ránarslóð 2, Höfn ; en-cas et repas 400-2 600 ISK ; 9h-22h)

Norð Austur Sushi & Bar €€

Ici, le saumon, la truite et l'omble passent directement du port de Seyðisfjörður aux mains de chefs *es*-sushis accomplis. (787 4000 ; nordaustur.is ; 2 ét., Norðurgata 2, Seyðisfjörður ; plats 690-2 690 ISK ; 17h-22h mer-dim, juin-déb sept)

Pakkhús Restaurant €€€

Ce restaurant de Höfn est spécialisé dans la langoustine islandaise, rapportée par les pêcheurs travaillant dans le port voisin. (478 2280 ; pakkhus.is ; Krosseyjarvegi 3, Höfn ; 12h-21h)

Randulff's Seahouse €€

Installé dans une maison en bois décorée d'objets datant de l'époque où Eskifjörður était un village de pêcheurs de harengs, ce restaurant de poisson est une adresse de choix pour déguster la cuisine de l'est de l'Islande. Tables en bord de mer. (447 1247 ; randulffssjohus.is ; Strandgata 96, Eskifjörður ; 12h-21h juin-août)

Café frais et gourmandises

Fjalladýrð

Le Fjalladýrð, construit avec du bois local et flotté, se trouve au niveau de l'embranchement de la route circulaire vers Möðrudalur, la ferme habitée la plus en altitude du pays. Ne ratez pas les *kleinur* (beignets torsadés) maison. (471 1858 ; fjalladyrd.is ; Möðrudalur, Mývatn)

Ferme Vallanes

Voir p. 177. (471 1747 ; modirjord.is ; Vallanes ; buffet déj 2 500 ISK ; 9h-18h tlj juin-août, lun-ven avr-mai et sept-oct)

Hafnarhús Café

Voir p. 179. (facebook.com/hafnarhuskaffi/ ; Hafnarhús 720, Bakkagerði)

Hjáleigan Kaffihús

Aménagé à l'extérieur de la maison de tourbe qui abrite le musée Bustarfell, près de Vopnafjörður, ce café sert d'impressionnants gâteaux faits maison à partir de recettes traditionnelles. (☎844 1153 ; facebook.com/hjaleigan/ ; Bustarfell ; ⏲10h-17h juin à mi-sept)

Kaupfjelagið Verzlun

Café-épicerie de Breiðdalsvík, la boutique a repris l'aspect de l'ancien magasin général de la ville, avec ses étagères en bois remplies et sa caisse d'antan. (☎475 6670 ; facebook.com/kaupfjelagid/ ; Sólvellir 25, Breiðdalsvík ; ⏲10h-17h lun-jeu, 10h-20h ven-sam)

Nesbær

Cette boulangerie de Neskaupstaður vend également de la bonne laine. Le personnel est sympathique, l'ambiance agréable et les pains à la cannelle sont délicieux. (facebook.com/nesbaerkaffihus ; Egilsbraut 5, Neskaupstaður ; déj 890-2 290 ISK ; ⏲9h-18h lun-mer et ven, 9h-22h jeu, 10h-18h sam ; wifi)

Sólbrekka Cafe

Voir p. 181. (☎476 0007 ; mjoifjordur.weebly.com ; en-cas et sandwichs 350-650 ISK ; ⏲11h-19h juil à mi-août)

Festivals

Festival de metal Eistnaflug

Le deuxième week-end de juillet, ce festival de Neskaupstaður rassemble des groupes et des métalleux venus du monde entier. (eistnaflug.is)

BLUE PLANET STUDIO/STOCK.ADOBE.COM ©

Humar, langoustine islandaise

Fjarðabyggð à pied

Á fætur í Fjarðabyggð est un festival d'une semaine qui se déroule fin juin et donne lieu à des randonnées guidées. (fjardabyggd.is)

Humarhátíð

Tous les ans, fin juin ou début juillet, la Fête de la langoustine (les homards islandais) de Höfn met à l'honneur ce succulent crustacé. Il y a généralement une fête foraine, des danses et de la musique. L'alcool coule à flots.

LungA

Depuis l'an 2000, tous les ans au mois de juillet, le festival d'art et de musique LungA attire de grands noms à Seyðisfjörður. Une célébration merveilleusement éclectique de tout ce qui a trait à l'art. (lunga.is)

AKUREYRI

SKI | SPORTS AQUATIQUES | SAVEURS

AKUREYRI
à la carte

La capitale du Nord affiche en toutes saisons un florilège d'activités de plein air : découverte de la nature, randonnée, sports nautiques, ski... Elle a également l'attrait d'une scène culturelle dynamique et d'une vie nocturne animée.

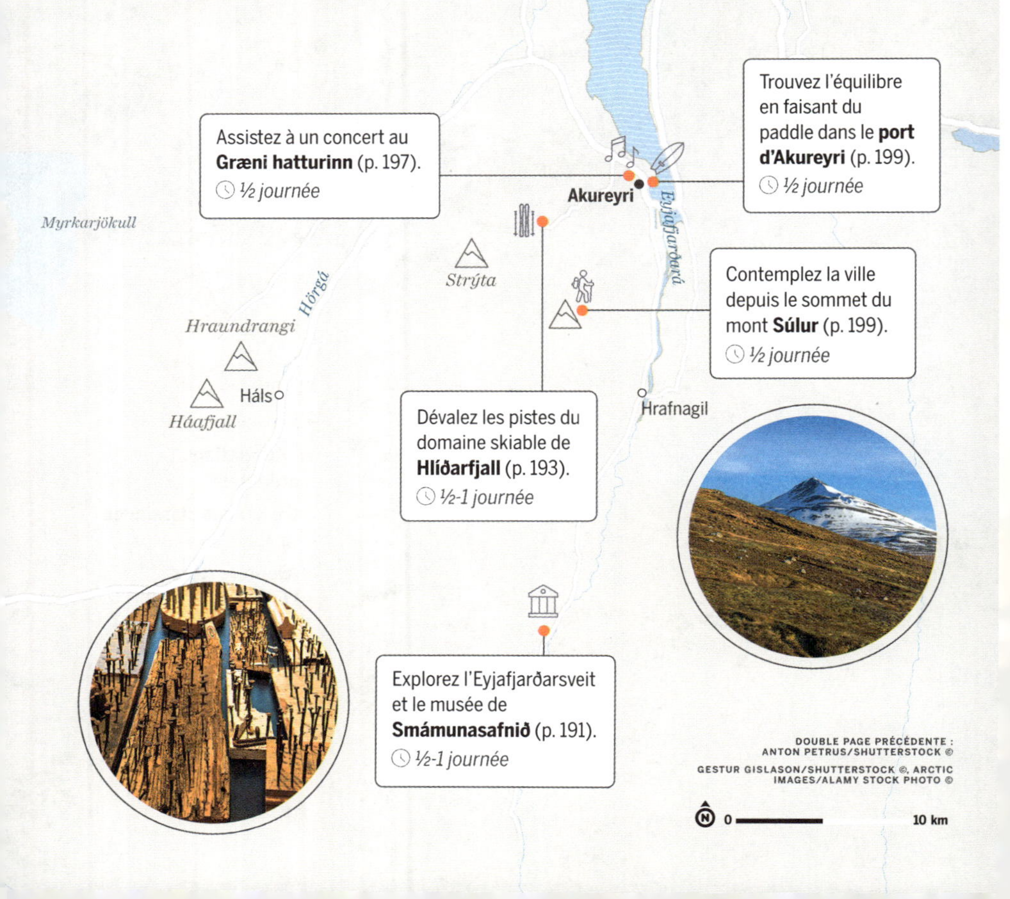

Informations pratiques

À L'ARRIVÉE

Aéroport d'Akureyri Louez une voiture, prenez un taxi ou gagnez la ville à pied (30 min).

Hof Des bus relient Reykjavík à l'arrêt du Hof, dans le centre-ville. La station de taxis BSO et les bus municipaux (gratuits) sont ensuite à 5 minutes de marche.

RENSEIGNEMENTS

Il n'y a pas d'office du tourisme, mais on peut se renseigner sur visitakureyri.is.

ARGENT

Cartes bancaires largement acceptées. Il y a des DAB en centre-ville. Pour économiser, préparez vous-même vos repas.

OÙ LOGER

Hébergement	Pour/contre
Camping, glamping	Deux campings – l'un en ville et l'autre en périphérie. Nuit en yourte dans la vallée d'Eyjafjarðarsveit.
Auberges, hôtels, guesthouses	Choix varié, à des tarifs divers.
Cottages, appartements	Avec cuisines équipées ; en ville ou en dehors.
Ferme	Hors de la ville ; atmosphère champêtre.

COMMENT CIRCULER

À pied On peut visiter l'essentiel de la ville à pied, mais certaines rues sont escarpées.

Taxi La compagnie BSO dessert le centre-ville.

Bus Les bus municipaux (straeto.is) sont gratuits. Toutes les lignes font une boucle depuis l'arrêt principal (Miðbær), dans le centre.

HAUT : GIM42/GETTY IMAGES ©; BAS : EDUCATION IMAGES/UNIVERSAL IMAGES GROUP VIA GETTY IMAGES ©

SE RESTAURER ET PRENDRE UN VERRE

Institution locale Le Bautinn (p. 200 ; photo) officie depuis 1971. La carte est variée ; essayez l'agneau ou le poisson.

Cocktails Sirotez un cocktail sur la terrasse du Múlaberg Bistro & Bar (p. 201), qui domine le centre-ville.

Café et pâtisseries Tout est bon au Kaffi Ilmur (p. 200 ; photo) : le café, les gâteaux, le déjeuner et le brunch.

Circuit gastronomique Helgi Magri (p. 191)

Meilleur rooftop Le R5 (p. 201)

JAN-MARS
Ski. Jours courts, nuits noires. Aurores boréales.

AVR-JUIN
Ski hors piste. Jours longs, nuits claires. Soleil de minuit.

JUIL-SEPT
L'idéal pour les activités et sports de plein air.

OCT-DÉC
Tempêtes, routes difficiles. Jours courts, aurores boréales.

Les grands classiques

Pour les infos pratiques de chaque site, reportez-vous au carnet d'adresses p. 198.

Akureyrarkirkja

Difficile de manquer l'église qui surplombe la ville d'Akureyri et l'Eyjafjörður ! Le vaste édifice en basalte, construit dans l'entre-deux-guerres, a été conçu dans un style proche de l'Art déco. À l'intérieur, le modèle réduit de bateau suspendu au plafond reflète une vieille tradition nordique d'offrandes votives pour la protection des êtres aimés en mer.

TSUGULIEV/STOCK.ADOBE.COM ©

Lystigarðurinn

Ce jardin botanique, parmi les plus septentrionaux du monde, est un endroit charmant. À considérer la proximité du cercle arctique, le nombre de plantes est stupéfiant. Le lieu recèle toutes les espèces endémiques d'Islande, ainsi que d'autres de toutes latitudes et altitudes du globe.

DUDLAJZOV/STOCK.ADOBE.COM ©

Musée d'Akureyri

Le musée d'Akureyri offre au visiteur curieux un passionnant voyage au cœur de l'histoire islandaise. Ses différents espaces, répartis dans la ville mais aussi dans ses alentours, en présentent des aspects variés : vie quotidienne, écrivains et poètes locaux, architecture et loisirs.

PAOLO TROVO/SHUTTERSTOCK.COM ©

Eyjafjarðarsveit

Desservie par les routes 821 et 829, la vallée au sud d'Akureyri est une région agricole fertile, traversée par la rivière Eyjafjarðará. Ces paysages champêtres sur fond de montagnes se prêtent à de nombreuses activités de plein air et à des découvertes surprenantes.

Hlíðarfjall

Le principal domaine skiable d'Islande se trouve à 5 km à l'ouest d'Akureyri : une bonne occasion de profiter de ses 23 pistes de ski alpin. On peut également y pratiquer le ski nordique. La saison s'étend de novembre à mai, avec des conditions optimales en février et mars.

GESTUR/STOCK.ADOBE.COM ©

ARCTIC-IMAGES/GETTY IMAGES ©

GHISCHEFOREVER/SHUTTERSTOCK.COM ©

Festivals

Outre les différents lieux qui proposent toute l'année spectacles, concerts et expositions, plusieurs moments forts rythment l'année à Akureyri. En été, ne manquez pas le Festival d'art estival (Listasumar) ou la fête commémorant la fondation de la ville.

25 Aventure dans L'EYJAFJÖRÐUR

GASTRONOMIE | FERMES | NATURE

À quelques kilomètres au sud d'Akureyri, encadrée de hautes montagnes, la vallée d'Eyjafjarðarsveit est un paradis rural. Les Islandais y viennent en week-end pour profiter de ses paysages en voiture ou à vélo, se restaurer directement à la ferme, découvrir des boutiques et musées originaux, et se ressourcer en pleine nature.

ALLGAIER PHOTOGRAPHY/SHUTTERSTOCK ©

En pratique

Circuler Apportez votre vélo ou louez une voiture à l'aéroport d'Akureyri. Il n'y a aucun bus public.

Quand Toute l'année. Mais l'été est particulièrement agréable et c'est là que l'essentiel des services est ouvert. La foire artisanale Handverkshátíð a lieu début août à Hrafnagil.

Où loger Passez la nuit dans une ferme, dans votre propre tente ou dans une yourte. (esveit.is/ferdathjonusta/gisting)

VISIONDREAMS / 500PX/GETTY IMAGES ©

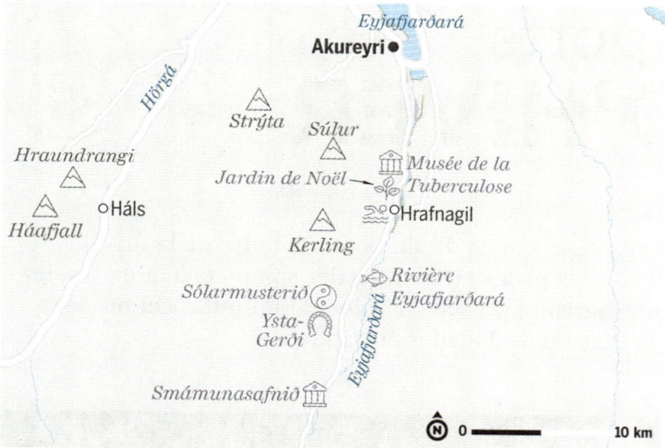

Haut L'Eyjafjarðará
Bas Chevaux islandais

Randonnée Le mont **Kerling** est le point culminant du nord de l'Islande (1 538 m). Depuis Finnastaðir (route 824), un chemin non balisé mène au sommet – d'où l'on admire les hautes terres jusqu'au glacier Vatnajökull – avant de redescendre dans la vallée de Glerárdalur. Bonne forme physique et météo clémente indispensables.

Pêche L'Eyjafjarðará est peuplée de gros ombles chevaliers. Permis en ligne (sala.eyjafjardara.is/permits/eyjafjardara).

Équitation **Ysta-Gerði** (ysta-gerdi.com) propose des balades.

Yoga **Sólarmusterið** (solarmusterid.is) organise des marches méditatives, des soirées contes et des cours de yoga. **Retreat Inspiration Iceland** (inspiration-iceland.com) propose des cours de yoga, des soins, des excursions et des marches.

Baignade Avec son grand toboggan, la piscine de **Hrafnagil** est idéale pour les familles. Le nouveau Forest Lagoon (p. 236) donne quant à lui sur Akureyri et le fjord.

Charmante et curieuse bourgade Kristnes s'étend là où fut bâtie la toute première maison de la région. On y établit plus tard un sanatorium, où l'on peut visiter aujourd'hui le **musée de la Tuberculose** (p. 198). **Le jardin de Noël** (p. 198) attire les visiteurs en toutes saisons ; sa fausse maison en pain d'épice abrite un musée kitsch et gourmand. Le musée **Smámunasafnið** (p. 198) expose les outils, crayons et objets en tous genres collectionnés par un excentrique local ! Son café sert des spécialités régionales. Explorez aussi la forêt environnante et les six superbes **églises de campagne**, typiquement islandaises, dispersées dans l'Eyjafjarðarsveit.

Itinéraire gourmand

L'Eyjafjarðarsveit est connue pour sa production laitière, mais aussi pour ses viandes (bœuf, agneau, porc, cheval), ses œufs et son miel, ainsi que ses pommes de terre et ses légumes cultivés sous serre. Ensemble, producteurs et restaurateurs locaux ont créé l'itinéraire gourmand **Helgi Magri** (facebook.com/matarstigurhelgamagra). Goûtez aux glaces de la ferme Holtsel (p. 200), assistez à la traite des vaches au Kaffi Kú (p. 200) ou à un spectacle équestre à Brúnir Horse (p. 200), et apprenez-en plus sur la gastronomie locale auprès des autres établissements membres du réseau.

26 Sports D'HIVER

SKI | AVENTURE | FAMILLE

Dans la région d'Akureyri, la saison de ski peut s'étendre de la mi-novembre à la mi-juin. Dévalez les pistes en famille, des sommets à la mer, skiez sous les étoiles et les aurores boréales ou sous le soleil de minuit... Ou ne skiez pas du tout et optez pour la luge ou les balades en raquettes.

ELLI THOR MAGNUSSON/GETTY IMAGES ©

En pratique

S'y rendre Le plus simple est de louer une voiture. Le bus n°78 (straeto.is) relie les principales stations de ski. Certaines pistes sont accessibles à pied.

Quand De décembre à mars pour le ski de piste et de fond en station. De mars à mai pour le hors-piste.

Tarifs Le pass pour les cinq stations du Nord coûte 23 400/8 100 ISK (adulte/enfant). Le forfait journée pour Hlíðarfjall coûte 5 600/1 600 ISK (adulte/enfant). Pour la location de ski, comptez environ 3 900/1 900 ISK (adulte/enfant).

VITALALP/GETTY IMAGES ©

L'embarras du choix

Ski de piste La station du Hlíðarfjall (p. 198), à Akureyri, est la plus grande. Elle compte plusieurs remontées, des pistes variées et des leçons pour enfants et adultes. À 30 minutes au nord se trouve le domaine de Dalvík, et encore 30 minutes plus loin, ceux d'Ólafsfjörður et Siglufjörður. Les stations sont plus ou moins grandes et équipées, mais leurs pistes, pour skieurs et snowbordeurs, sont toutes bien entretenues (skiiceland.is).

Ski de fond On trouve des pistes dans le bois de Kjarnaskógur (accès libre), à Akureyri, ainsi que dans toutes les stations. Parfois aussi dans la vallée de Skíðadalur près de Dalvík (gratuit). Cours organisés à Ólafsfjörður et Siglufjörður (écrivez à siglohotel@siglohotel.is pour réserver).

Ski hors piste Les stations se prêtent toutes au hors-piste. Les monts Kaldbakur et Múlakolla sont des sites populaires. Arctic Freeride (facebook.com/arcticfreeride) et Kaldbaksferðir (kaldbaksferdir.com) proposent des excursions en dameuse ; d'autres agences font de l'héliski (bergmenn.com ; vikingheliskiing.com ; arcticheliskiing.com).

Raquettes Pour des aventures plus tranquilles, consultez wideopen.is et siglohotel.is.

Luge Kaldbaksferðir (kaldbaksferdir.com) propose des excursions familiales en dameuse et en luge. Les habitants d'Akureyri font de la luge à Jólasveinabrekkan (gratuit ; places de stationnement dans Brálundur).

Haut Enfants faisant de la luge, au Mývatn
Bas Promenade en raquettes au lever du soleil

Jeux hivernaux

Festival d'hiver du Mývatn

En mars, ce festival voit se succéder les démonstrations de sport : course sur la glace à cheval, en motoneige ou en traîneau à chien, ski de fond, pêche sur glace… (vetrarhatid.com)

Iceland Winter Games

En mars également, Akureyri accueille une compétition de ski freestyle parmi d'autres disciplines allant du snowboard au snow volley en passant par le VTT sur neige. (icelandwintergames.com)

27 Curiosités CULTURELLES

ART | MUSIQUE | HISTOIRE

Prenez le temps d'explorer une autre facette d'Akureyri. Parcourez la ville à pied, passez quelques heures dans ses musées d'art et d'histoire, plongez-vous dans la vie et l'œuvre d'écrivains et de poètes locaux.

En pratique

Circuler On peut marcher entre la plupart des musées et lieux culturels. Les bus municipaux sont gratuits. On peut aussi prendre le taxi ou louer une voiture.

Notre conseil Le musée d'Akureyri, consacré à l'histoire de la ville, vend un pass donnant accès à cinq musées. On peut aussi s'y renseigner sur le calendrier culturel de la ville. (minjasafnid.is)

Architecture urbaine
Perchée sur une colline qui domine la ville, l'**Akureyrarkirkja** (p. 198) est l'église emblématique d'Akureyri. Elle a été construite en 1940 sur les plans de Guðjón Samúelsson, l'architecte qui dessina la Hallgrímskirkja de Reykjavík. Vous admirerez son orgue monumental de 3 200 tuyaux et le superbe vitrail central du chœur, qui provient de la cathédrale de Coventry (Angleterre). Plus haut, promenez-vous parmi les arbres et les fleurs du jardin botanique **Lystigarðurinn** (p. 198), superbe entre juin et septembre. Pique-niquez, profitez des événements organisés ou savourez un gâteau au café.

Art Dans l'"allée des Arts", de vieux bâtiments industriels abritent le **musée d'Art d'Akureyri** (p. 198) qui expose les œuvres d'artistes locaux et nationaux. On y déguste aussi de bons cafés, gâteaux et vins. Quelques galeries d'art se trouvent dans le quartier. À 20 minutes de route au nord, le hameau de **Hjalteyri** cache un centre d'art dans une ancienne usine de hareng (ouvert en été).

JOVANNIG/STOCK.ADOBE.COM ©

CHRISTIANE VOLGMANN/SHUTTERSTOCK ©

Haut L'Akureyrarkirkja, dominant la ville et l'Eyjafjörurður **Bas** Fers à cheval et outils, à Laufás

De l'autre côté de l'Eyjafjörður, un géant accueille les visiteurs au **musée d'Art populaire et d'Art brut islandais** (p. 198).

Histoire Le **musée d'Akureyri** englobe cinq lieux (p. 198). Le principal propose des expositions sur l'histoire et la vie quotidienne à Akureyri, avec notamment des reconstitutions d'anciennes maisons islandaises. **Nonnahús**, la maison de l'auteur de livres jeunesse Jón Sveinsson (surnommé Nonni), n'a pas bougé depuis le XIXe siècle et offre un aperçu de la vie en Islande à cette époque. Il y a aussi le **musée du Jouet** ; **Davíðshús**, la maison du poète Davíð Stefánsson ; et la ferme traditionnelle aux toits de tourbe **Laufás**, de l'autre côté du fjord. Le musée organise des concerts, des visites historiques et les Journées médiévales de Gásir (p. 223).

28 Gastronomie ET FÊTE

RESTAURANTS | BARS | MUSIQUE

Akureyri n'est pas une ville bien grande, selon les critères internationaux, mais pour l'animation nocturne, elle n'a pas son pareil en Islande, juste après Reykjavík. En soirée, baladez-vous dans Hafnarstræti pour découvrir quelques bonnes adresses et lieux animés.

WIRESTOCK/STOCK.ADOBE.COM ©

En pratique

Quand Les grandes fêtes culturelles ont lieu entre juin et août. Il y a un festival d'arts vivants en octobre. Les concerts battent leur plein autour de Noël et de Pâques.

Notre conseil Malgré le nombre de restaurants et de cafés à Akureyri, il vaut mieux réserver pour dîner en période estivale.

Restaurants Pour le petit-déjeuner, plusieurs options s'offrent à vous : le **Berlin** (p. 200) pour son décor lambrissé et ses gaufres, ou le **Kaffi Ilmur** (p. 200) pour ses superbes petits-déjeuners servis dans un bâtiment historique de la ville. L'après-midi, le **Blaá Kannan** (p. 200), la "Théière bleue", est un café très prisé

ACKATS/SHUTTERSTOCK © ARCHITECTS: NORDIC – OFFICE OF ARCHITECTURE AND ARKITEMA

servant des plats du jour au déjeuner. Le soir, le **Strikið** (p. 201) constitue l'adresse idéale pour déguster des produits islandais avec une vue magnifique sur le fjord. À moins de préférer l'institution de la ville, le **Bautinn** (p. 200).

Bars Le **Götubarinn** (p. 201) est le bar favori des habitants, suivi de près du convivial **Akureyri Backpackers** (p. 201) où se pressent aussi les voyageurs. Pour les amateurs de bière, direction l'**Ölstofa Akureyrar** (p. 201), associé avec la brasserie locale Einstök, ou au **R5** (p. 201) qui propose une grande variété de bières du nord de l'Islande et d'ailleurs. Ceux qui aiment les cocktails pourront se faire plaisir au **Múlaberg Bistro & Bar** (p. 201).

Scènes La Compagnie culturelle d'Akureyri regroupe la Compagnie de théâtre d'Akureyri, l'Orchestre symphonique du Nord et le centre culturel **Hof** (p. 201). Dans ce dernier, un grand bâtiment circulaire sur port, elle organise spectacles, concerts et conférences. Il y a souvent des concerts de classique à Pâques. Cachée au sous-sol du café Bláa kannan, **Græni hatturinn** est la salle de concert la plus fréquentée du pays (p. 201).

Page de gauche Akureyri de nuit
Ci-contre Le Hof

Festivals

Depuis de longues années, le Listasumar fait vibrer la ville tout le mois de juillet. Musique pop, rock et classique, expositions, arts de rue, ateliers... il y en a pour tous les âges et tous les goûts. (listasumar.is) Le dernier week-end d'août, la fête d'Akureyri commémore la fondation de la ville avec force concerts, expositions et événements.

Carnet d'adresses

Les grands classiques (p. 188)

Akureyrarkirkja

Voir aussi p. 194. (462 7700 ; akureyrarkirkja.is ; Eyrarlandsvegur ; généralement 10h-16h lun-ven)

Davíðshús

Voir aussi p. 195. (462 4162 ; minjasafnid.is ; Bjarkarstígur 6 ; 13h-17h lun-ven juin-août)

Ferme traditionnelle Laufás

Voir aussi p. 195. (462 4162 ; minjasafnid.is ; route 83 ; adulte/enfant 1 800 ISK/gratuit ; 9h-17h juin-août)

Hlíðarfjall

Voir aussi p. 193. (462 2280 ; hlidarfjall.is ; route 837 ; forfait journée adulte/enfant 5 600/1 600 ISK)

Lystigarðurinn

Voir aussi p. 194. (462 7487 ; lystigardur.akureyri.is ; Eyrarlandsholt ; 8h-22h lun-ven, 9h-22h sam-dim juin-sept) GRATUIT

Musée d'Akureyri

Voir aussi p. 195. (Minjasafnið á Akureyri ; 462 4162 ; akmus.is ; Aðalstræti 58 ; adulte/enfant 1 800 ISK/gratuit ; 10h-17h juin-sept, 13h-16h oct-mai)

Musée du Jouet

Voir aussi p. 195. (462 4162 ; minjasafnid.is ; Aðalstræti 46 ; 11h-17h tlj juin-sept)

Nonnahús

Voir aussi p. 195. (462 4162 ; minjasafnid.is ; Aðalstræti 54 ; adulte/enfant 1 800 ISK/gratuit ; 10h-17h juin-août, jeu-dim sept-oct)

Musées

Jardin de Noël

Voir p. 191. (463 1433 ; northiceland.is/en/service/the-christmas-garden ; Sveinsbær ; 10h-18h juin-août, 12h-18h sept-déc, 14h-18h jan-mai)

Musée d'Art d'Akureyri

Voir p. 194. (Listasafnið á Akureyri ; 461 2610 ; listak.is ; Kaupvangsstræti 8 ; 1 900 ISK ; 10h-17h juin-août, 12h-17h mar-dim sept-mai)

Musée d'Art populaire et d'Art brut islandais

Voir p. 195. (Safnasafnið ; 461 4066 ; safnasafnid.is ; route 1, Svalbarðsströnd ; adulte/enfant 1 000 ISK/gratuit ; 10h-17h mi-mai à sept)

Musée de la Tuberculose

Voir p. 191. (780 1927 ; haelid.is ; Kristnes, Eyjafjarðarsveit ; 14h-18h mai, 12h-18h juin-août, 14h-18h sam-dim hors saison)

Smámunasafnið

Voir p. 191. (463 1261 ; esveit.is/smamunasafnid ; Kristnes, Eyjafjarðarsveit ; adulte/enfant 1 500 ISK/gratuit ; 13h-17h juin-sept, sur rdv hors saison)

Parcs et forêts

Kjarnaskógur

Les habitants apprécient aussi la forêt de Kjarnaskógur pour ses sentiers, son cours d'eau, ses aires de jeux, ses barbecues et son terrain de volley-ball.

WOLFGANG KAEHLER/LIGHTROCKET VIA GETTY IMAGES ©

Lystigarðurinn

Vaglaskógur

À 30 minutes de route, de l'autre côté du tunnel du Vaðlaheiði, s'étend l'une des plus vastes forêts d'Islande.

Randonnées et promenades

Fálkafell et Súlur

Profitez de la vue sur Akureyri, le fjord et les montagnes depuis le Fálkafell. Pour une ascension plus stimulante, gravissez le Súlur.

Glerárdalur

Suivez la Glerá, la rivière qui traverse Akureyri, jusqu'à Glerárdalur. Un chemin de 10 km mène du parking de Súluvegur jusqu'au bout de la vallée.

Hraunsvatn

Un superbe lac au pied du beau massif du Hraundrangi, dans la vallée de l'Öxnadalur. Garez-vous à la ferme de Háls, trouvez le sentier balisé et embarquez pour une courte randonnée.

Krossanesborgir

Une réserve naturelle en périphérie d'Akureyri, où découvrir des rochers, un étang, une végétation variée, des oiseaux et une plage étroite.

Leiran et le delta de l'Eyjafjarðará

Au sud de l'aéroport vous attendent des sentiers et un affût à oiseaux. Prévoyez un bâton pour vous protéger des sternes arctiques.

Aventures maritimes

Fairytale at Sea

Ce tour-opérateur basé à Ólafsfjörður propose des excursions en Jet-Ski hors des sentiers battus, au pied des montagnes, parmi les oiseaux et les cétacés. (848 4372 ; fairytale.is ; Ólafsvegur 2, Ólafsfjörður)

Hjalteyri Kayak Rental et Nonni Travel

Deux agences pour faire du kayak dans l'Eyjafjörður. La première s'adapte aux enfants avec des sorties de pêche ou d'observation des baleines se terminant par des bains chauds. L'autre fait des circuits plus longs au départ de Grenivík, le long de falaises peuplées d'oiseaux. (896 3569 ; ttv.is/hjalteyri-kayak-rental/ et 461 1841 ; nonnitravel.is)

ROMAN BELOGORODOV/SHUTTERSTOCK ©

Baleine à bosse près de Hauganes

Paddle North Iceland et Venture North

Dans le port d'Akureyri, ces deux agences organisent des sorties en paddle dans le fjord. La première s'adresse principalement aux familles. (822 8582 ; facebook.com/venturenorth.is/ et 848 4190 ; facebook.com/paddlenorthiceland/)

Strýtan Divecenter et Arctic Trip

Faites de la plongée et du snorkeling avec l'une de ces agences. La première, à Hjalteyri, emmène les plongeurs expérimentés dans les cheminées géothermiques du fjord. La seconde est basée sur l'île de Grímsey. (862 2949 ; strytan.is et 848 1696 ; arctictrip.is)

Surf

Les vagues d'Ólafsfjörður attirent les surfeurs du monde entier.

Whale Watching Hauganes

Au village de Hauganes, cette agence vous emmène voir les baleines et pêcher en pleine mer. Le restaurant local sert du poisson et il y a des *hot tubs* sur la plage. (867 0000 ;

whales.is ; Hafnargata 2, Hauganes ; adulte/enfant 10 600/4 900 ISK les 3 heures ; mai à mi-nov).

Sport et activités

Brúnir Horse

Voir p. 191. (863 1470, 845 8933 ; brunirhorse.is ; Brúnir 601, Akureyri ; juin-août)

Daladýrð

Non loin de la forêt de Vaglaskógur (p. 199), la ferme de Daladýrð permet aux enfants de toucher les animaux et de sauter dans le foin ! (863 23112 ; daladyrd.is ; Brúnagerði, Akureyri ; adulte/3-12 ans 1 200/900 ISK ; 11h-18h mai-nov)

Golf d'Akureyri

Le parcours de Jaðarsvöllur est le 18-trous le plus septentrional au monde. L'Arctic Open s'y tient chaque année à la fin juin, sous le soleil de minuit. (462 2974 ; Golfklúbbur Akureyrar, Jaðar, Akureyri)

Kaffi Kú

Voir p. 191. (867 3826 ; kaffiku.is ; route 829 ; 10h-18h, 12h-18h sam-dim)

Saveurs d'Islande et d'ailleurs

Bautinn €€€

Voir p. 197. (462 2223 ; bautinn.is ; Hafnarstræti 92 ; plats 2 499-4 699 ISK ; 12h-22h)

Blaá Kannan €

Voir p. 196. (461 4600 ; facebook.com/blaakannan ; Hafnarstræti 96 ; buffet déj 1 800 ISK ; 9h-22h30, 10h-23h30 sam-dim)

Berlin €

Voir p. 196. (772 5061 ; facebook.com/berlinakureyri ; Skipagata 4 ; petit-déj 800-1 700 ISK ; 8h-18h)

Holtsel €

Voir p. 191. (861 2859 ; holtsel.is ; Holtsel ; plats 1 500-2 500 ISK, buffet déj 2 400 ISK ; 11h-18h juin-août, 13h-16h sam-dim avr-mai et sept-nov)

Kaffi Ilmur €

Voir p. 196. (571 6444 ; kaffiilmur.com ; Hafnarstræti 107 b ; plats 1 500-2 500 ISK, buffet déj 2 400 ISK ; 8h-23h lun-jeu, 8h-19h ven-dim)

Kurdo Kebab €

Chawarmas, falafels et autres délices ; ouvert plus tard qu'ailleurs. (788 8381 ; kurdokebab.com ; Skipagata 2 ; 11h-22h)

Indian Curry House €€

Ses kormas, currys et tikka masalas plaisent tellement que ce restaurant a déménagé dans un lieu plus grand, sur la place principale. (461 4242 ; facebook.com/IndianCurryHutAkureyri ; Ráðhústorg 3 ; plats 1 900-2 500 ISK ; 11h30-13h30 et 17h30-21h mar-ven, 17h30-21h sam-dim)

Orðakaffi €€

Au sein de la bibliothèque municipale, ce restaurant italien sert un délicieux buffet, du pain au levain, des desserts à tomber et du bon café. (661 4638 ; facebook.com/ordakaffi/ ; Brekkugata 17 ; 12h-17h mar-ven, 10h-17h lun)

Strikið €€

Voir p. 197. (462 7100 ; strikid.is ; Skipagata 14 ; plats déj 2 000-3 200 ISK, plats dîner 4 000-5 500 ISK ; 11h30-22h lun-jeu, 11h30-22h30 ven-sam)

Laufás

Bières et cocktails

Akureyri Backpackers

Voir p. 197. (571 9050 ; akureyribackpackers.com ; Hafnarstræti 98 ; accueil 7h30-23h dim-jeu, 7h30-1h ven-sam)

Götubarinn

Voir p. 197. (462 4747 ; facebook.com/gotubarinn ; Hafnarstræti 96 ; 13h30-21h mar, 17h-1h jeu, 17h-3h ven-sam)

Múlaberg Bistro & Bar

Voir p. 197. (460 2020 ; mulaberg.is ; Hafnarstræti 87-89 ; cocktails 2 450-2 990 ISK 11h30-23h lun-sam, 15h-23h dim)

Ölstofa Akureyrar

Voir p. 197. (663 8886 ; facebook.com/olstofak ; Kaupvangsstræti 23 ; 18h-1h lun-jeu, 18h-3h ven-sam, 18h-22h dim)

R5

p. 197. (412 9933 ; r5.is ; Ráðhústorg 5 ; 17h-1h dim-jeu, 17h-2h ven-sam)

Spectacles et concerts

Græni Hatturinn

Voir p. 197. (461 4646 ; graenihatturinn.is ; Hafnarstræti 96)

Hof

Voir p. 197. (450 1000 ; mak.is ; Strandgata 12)

FOTOKON/SHUTTERSTOCK.COM ©

Rue Hafnarstræti

Art et design

Íslensk.is

Dans une bâtisse historique du port, la créatrice Hugrún Ívarsdóttir vend des articles variés, dont des nappes et plateaux aux motifs inspirés du *laufabrauð*, le pain de Noël traditionnel du nord de l'Islande. (896 4341 ; facebook.com/islensk.is ou islensk.is ; Strandgata 43)

Vorhús

On vient dans cette boutique créée par la designer Sveinbjörg Hallgrímsdóttir, pour ses tasses, draps et autres objets inspirés des paysages islandais. (461 3449 ; vorhus.com ; Hafnarstræti 71)

LE NORD

LÉGENDES | CHEVAUX | PAYSAGES

LE NORD
à la carte

Dans cette contrée aux paysages à couper le souffle, se succèdent des lacs et rivières, de puissantes cascades, de hautes montagnes, des volcans et des zones géothermiques, des pâturages verdoyants, des moutons et chevaux en liberté et une faune variée.

Rejoignez **Grímsey**, le territoire le plus septentrional d'Islande (p. 227).
2 jours

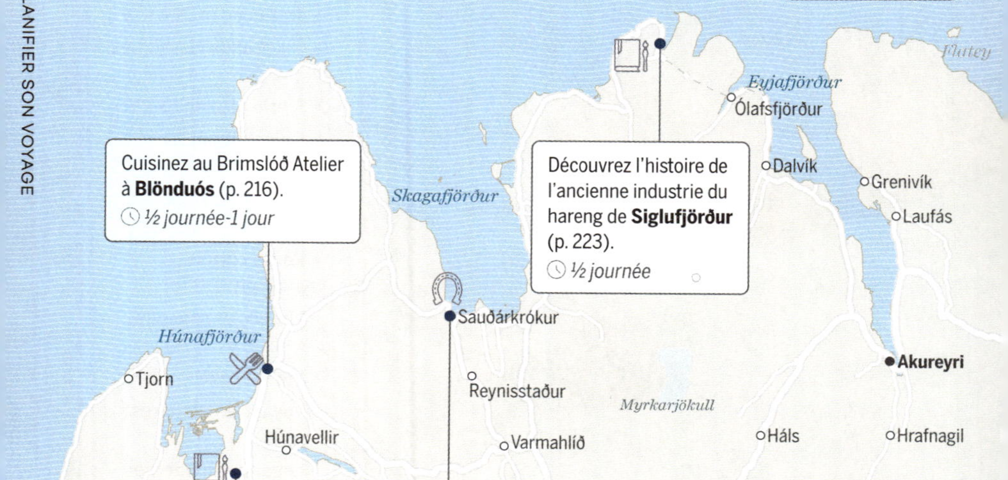

Cuisinez au Brimslóð Atelier à **Blönduós** (p. 216).
½ journée-1 jour

Découvrez l'histoire de l'ancienne industrie du hareng de **Siglufjörður** (p. 223).
½ journée

Apprenez-en plus sur la dernière exécution d'Islande à **Þrístapar** (p. 223).
½ journée

Montez à cheval et rabattez les moutons dans le **Skagafjörður** (p. 229).
1-8 jours

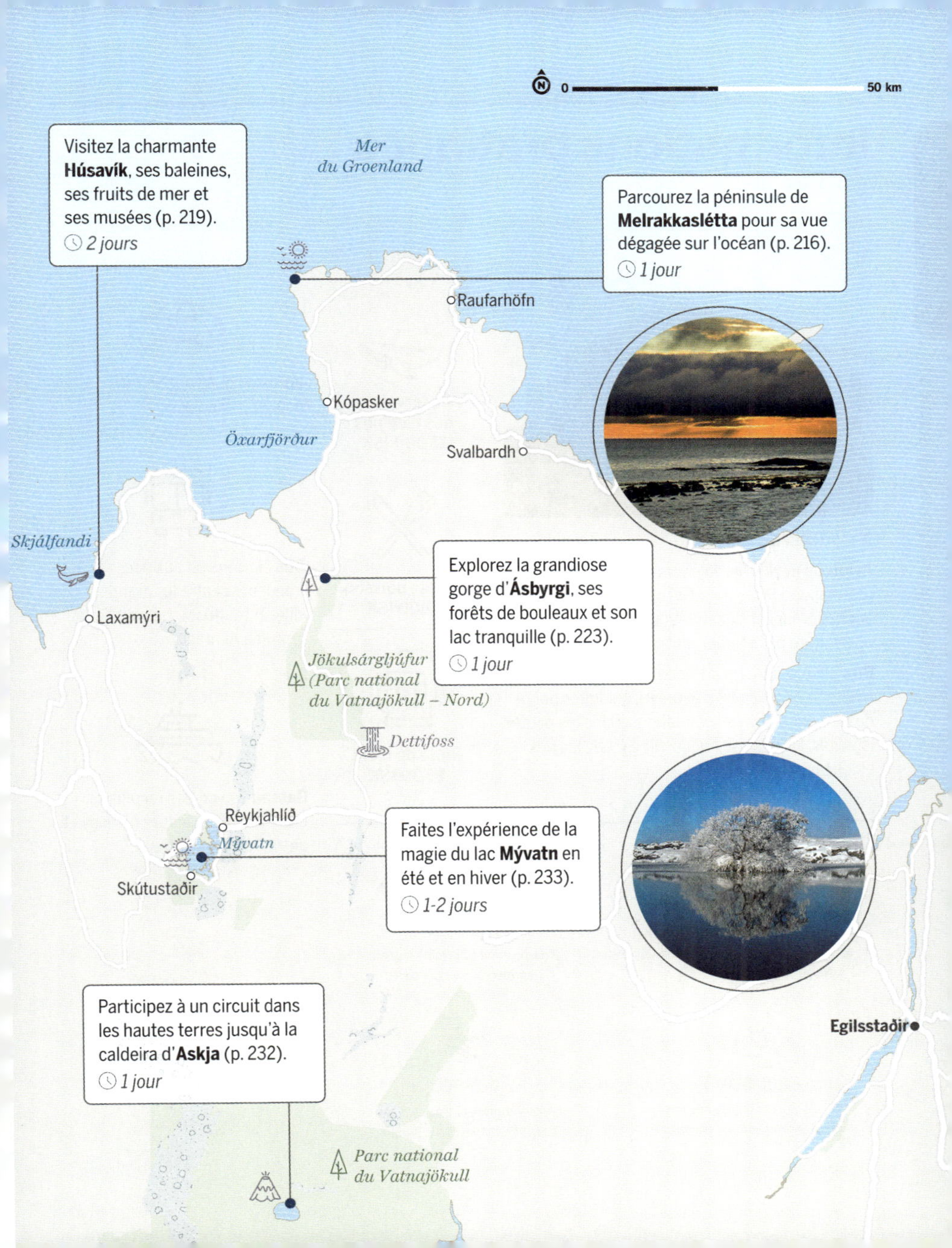
0
50 km
Visitez la charmante **Húsavík**, ses baleines, ses fruits de mer et ses musées (p. 219).
2 jours
Mer du Groenland
Parcourez la péninsule de **Melrakkaslétta** pour sa vue dégagée sur l'océan (p. 216).
1 jour
Raufarhöfn
Kópasker
Öxarfjörður
Svalbardh
Skjálfandi
Explorez la grandiose gorge d'**Ásbyrgi**, ses forêts de bouleaux et son lac tranquille (p. 223).
1 jour
Laxamýri
Jökulsárgljúfur (Parc national du Vatnajökull – Nord)
Dettifoss
Reykjahlíð
Mývatn
Faites l'expérience de la magie du lac **Mývatn** en été et en hiver (p. 233).
1-2 jours
Skútustaðir
Participez à un circuit dans les hautes terres jusqu'à la caldeira d'**Askja** (p. 232).
1 jour
Egilsstaðir
Parc national du Vatnajökull

Informations pratiques

TRUSOV/SHUTTERSTOCK ©

À L' ARRIVÉE

Avion De Reykjavík, vols vers Akureyri (correspondances pour Grímsey, Þórshöfn et Vopnafjörður) et Húsavík. Une fois sur place, louez une voiture ou réservez un taxi ou une navette.

Bus Strætó (straeto.is) va de Reykjavík à Akureyri (route 57). Au départ d'Akureyri, quelques bus desservent d'autres destinations. Dans les petites localités, les sites se rejoignent à pied ; les bus et les taxis sont rares.

BUDGET

Observation des baleines 11 000 ISK

Plat de poisson 3 900 ISK

Pinte de bière 1 300 ISK

COMMENT CIRCULER

Voiture Louez une voiture pour vous déplacer.

Bus Liaisons en bus peu fréquentes entre les grandes villes (straeto.is). Bus public gratuit à Akureyri.

Bateau Traversées régulières entre Árskógssandur et Hrísey et entre Dalvík et Grímsey.

QUAND PARTIR

JAN-MARS
Journées brèves. Aurores boréales. Neige et glace possible. Ski.

AVR-JUIN
Soleil de minuit (fin juin). Oiseaux migrateurs. Ski hors piste.

JUIL-SEPT
Festivals. Routes des hautes terres ouvertes. Activités de plein air.

OCT-DÉC
Journées courtes et froides. Aurores boréales. Couleurs d'automne.

SE RESTAURER ET PRENDRE UN VERRE

Cuisine islandaise Sur la côte, la plupart des restaurants servent des produits de la mer. Goûtez le poisson du jour. Les moutons paissent dans les montagnes au printemps et ont une saveur de gibier.

Skyr Sorte de yaourt (photo) vendu dans les supermarchés et servi au restaurant dans des préparations classiques ou plus originales.

Cafés et boulangeries Ouverts tôt le matin. Goûtez les *kleinur* (beignets ; photo).

Poisson et fruits de mer Le meilleur de la mer (p. 216)

Bains de bière Bjórböðin SPA (p. 236)

SE CONNECTER ET S'ORIENTER

Wi-Fi En accès gratuit dans la plupart des hôtels, bars, restaurants et bâtiments publics. Couverture GSM/3G/4G partout sauf dans les zones les plus reculées.

Déplacements Demandez conseil dans les offices du tourisme et les hôtels. Google Maps est pratique mais vérifiez l'état des routes et les fermetures (vegagerdin.is). Cherchez en ligne d'autres infos utiles (northiceland.is, safetravel.is).

OÙ LOGER

La région compte toutes sortes d'hébergements. Mieux vaut réserver.

Régions	À voir et à faire
Húnavatnssýslur / Húnaþing	Hvammstangi, Blönduós et Skagaströnd. Observation des phoques et randonnées équestres.
Skagafjörður	Sauðárkrókur, Varmahlíð, Hofsós et le Sturlunga Trail. Randonnées équestres et rafting.
Fjallabyggð	Siglufjörður et Ólafsfjörður. Sports nautiques, ski et marche.
Eyjafjörður	Dalvík, Akureyri, Hrísey et Grímsey. Ski, marche, sorties en bateau, sports nautiques, art et culture.
Suður-Þingeyjarsýsla et Norðurþing	Grenivík, Húsavík, Mývatn, volcans et zones géothermiques. Baleines, oiseaux et circuits dans les hautes terres.
Norður-Þingeyjarsýsla et Langanesbyggð	Ásbyrgi, Melrakkaslétta et Langanes. Sorties dans la nature, observation des oiseaux, calme et solitude.

RÉDUCTIONS

Camping Card Donne accès à plusieurs campings dans le pays pour 159 € (maximum 28 nuits/famille). À acheter sur campingcard.is.

ARGENT

Cartes bancaires largement acceptées et souvent préférées. Paiement en espèces pour certains tour-opérateurs et petits commerces. DAB dans la plupart des villes.

Les grands classiques

Pour les infos pratiques de chaque site, reportez-vous au carnet d'adresses p. 232.

Jökulsárgljúfur

Secteur nord du parc national du Vatnajökull, le Jökulsárgljúfur cache des merveilles naturelles le long d'une crête éruptive subglaciaire et de 25 km de gorges. Au programme, les puissantes cascades de la Jökulsá á Fjöllum (le deuxième plus long fleuve du pays), notamment celle de Dettifoss (photo), et la verdoyante gorge d'Ásbyrgi.

PILAT666/STOCK.ADOBE.COM ©

EDDA DUPREE/ISTOCKPHOTO.COM ©

Húsavík

Ce joli port de pêche du Nord-Est aux maisons colorées doit sa réputation aux baleines que l'on peut observer (presque) à coup sûr dans la baie de Skjálfandi. En complément d'une sortie en mer pour approcher ces majestueux animaux, le musée de la Baleine d'Húsavik apporte de nombreux éclairages sur les différentes espèces et leur mode de vie.

KOTENKO OLEKSANDR/SHUTTERSTOCK ©

Mývatn

Joyau incontesté du Nord-Est, le lac Mývatn et ses alentours composent un paysage surréaliste. Sur la rive orientale du lac peuplé d'oiseaux, des chemins de randonnée traversent des champs de lave ponctués de pseudo-cratères. À Hverir (photo) c'est un monde géologique actif qui apparaît entre fissures et cratères fumants, le tout dans une forte odeur de soufre.

NEUROBITE/STOCK.ADOBE.COM ©

Grímsey

À 40 km au nord de l'Islande, cette petite île se situe au-delà du cercle arctique. Outre l'obtention de son "certificat de traversée" de cette ligne mythique, Grímsey est l'endroit propice pour l'observation des très nombreux oiseaux, dont des macareux et des sternes arctiques, qui nichent le long de ses falaises côtières et dans ses spectaculaires formations basaltiques.

GUSTAVO MUÑOZ/STOCK.ADOBE.COM ©

Skagafjörður

Contrée fabuleuse et pourtant encore largement méconnue, le Skagafjörður est réputé pour ses élevages de chevaux et ses paysages sauvages, parsemé de vestiges historiques. Les activités y sont nombreuses, pour tous, de l'équitation au rafting en passant par la randonnée. Et en prenant le large, le petit îlot rocheux de Drangey ouvre à un fabuleux monde aviaire.

LIGHTFIELD STUDIOS/SHUTTERSTOCK.COM ©

Askja

Les hautes terres d'Islande forment un monde à part, à tel point que c'est ici, dans les années 1960, que les astronautes d'Apollo se sont entraînés avant d'aller sur la Lune ! Un circuit organisé amène jusqu'Askja (photo), une immense caldeira multicolore bordée de neige. Non loin s'étendent la gorge de Drekagil, le champ de lave d'Holuhraun et la verdoyante réserve d'Herðubreiðalindir.

HORST GERLACH/GETTY IMAGES ©

Tröllaskagi

Vaste péninsule qui s'étend entre le Skagafjörður et l'Eyjafjörður, Tröllaskagi déploie, le long de routes impressionnantes, de vastes panoramas faits de monts escarpés, de vallées profondes et de rivières tumultueuses. Les étapes de ce périple mêlent histoire, en particulier celle du hareng dans la bourgade de Siglufjörður, et plaisir, lors d'un bain dans la magnifique piscine du village d'Hofsós (photo).

29 FÉERIE céleste

ÉTOILES | AURORES BORÉALES | SOLEIL DE MINUIT

Le ciel du nord de l'Islande est un enchantement en toute saison. Ici, au bord du cercle arctique, le soleil ne se couche jamais en été et ne se lève qu'à peine en hiver. Des myriades d'étoiles scintillent dans un ciel sombre et dégagé où, parfois, dansent les aurores boréales.

MARTIN BARTUSEK/SHUTTERSTOCK ©

Monument aux nains

L'**Arctic Henge**, à Raufarhöfn (route 870), compte quatre portes hautes de 6 m et une colonne de 10 m. Baptisées Austri, Norðri, Suðri et Vestri, du nom des nains qui soutiennent le ciel dans la mythologie nordique, les portes font office de cadrans solaires. Encore en cours d'édification, ce monument rendra hommage aux 72 nains mentionnés dans le poème *Völuspá* de l'*Edda*.

En pratique

Circuler La voiture est le meilleur moyen de se déplacer dans le nord de l'Islande.

Quand Fin août à début mai pour les étoiles et les aurores boréales. Mi-juin à mi-juillet pour le soleil de minuit. Pluies de météores en août et novembre.

Notre conseil Renseignez-vous en ligne sur les aurores boréales et le soleil de minuit : prévisions (auroraforecast.is), endroits propices (arcticcoastway.is), circuits (northiceland.is).

02 Dans l'ouest de la péninsule de Skagi, près de la route 745, la belle crique de **Kálfshamarsvík**, avec ses colonnes de basalte et son phare, invite à contempler le soleil de minuit ou les aurores boréales.

04 À l'extrémité est du tunnel de **Múlagöng**, près d'Ólafsfjörður, une aire de repos avec vue sur Grímsey, est idéale pour admirer les étoiles, les aurores boréales et le soleil de minuit.

03 Une statue du passeur Jón Ósmann se dresse sur la plage de **Furðustrandir** près de Sauðárkrókur, sur fond de couchant et de ciel étoilé.

05 Le sommet du mont **Húsavíkurfjall** (417 m), qui domine Húsavík, la baie de Skjálfandi et les îles de Flatey et Lundey, se prête à l'observation du ciel.

01 La route 711 mène au piton volcanique de **Borgarvirki** (177 m), ancien fortin de l'âge des sagas. Avec sa table d'orientation et sa vue sur la baie de Húnaflói, c'est un lieu de choix pour apprécier le soleil de minuit.

Le ciel
ISLANDAIS

02

01

03

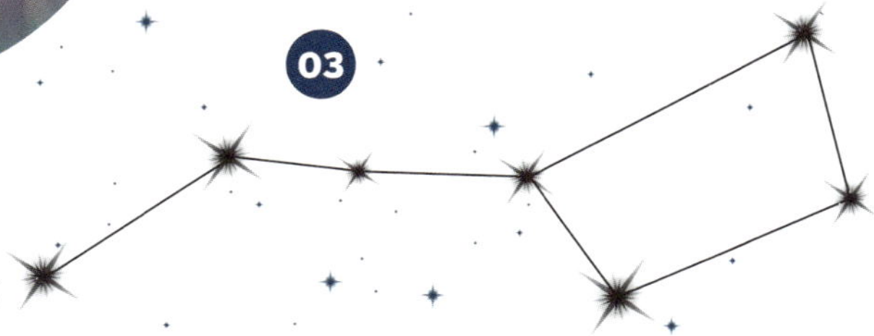

01 Aurores boréales
Ces envoûtants ballets lumineux résultent de perturbations causées dans la magnétosphère par le vent solaire, dont les particules entrent en collision avec les molécules atmosphériques.

02 Pluies de météores
Phénomènes célestes durant lesquels d'innombrables météores semblant provenir d'un même point filent dans le ciel. Les Perséides apparaissent en août, les Léonides en novembre.

03 Grande Ourse
Cette constellation est connue pour l'astérisme dessiné par ses sept étoiles principales. Visible dans l'hémisphère nord, elle porte de nombreux autres noms (*Karlsvagninn* en islandais).

04 Cassiopée
Cette constellation observable à l'œil nu dans l'hémisphère nord se reconnaît à la forme en W que composent ses cinq étoiles principales Alpha, Bêta, Gamma, Delta et Epsilon.

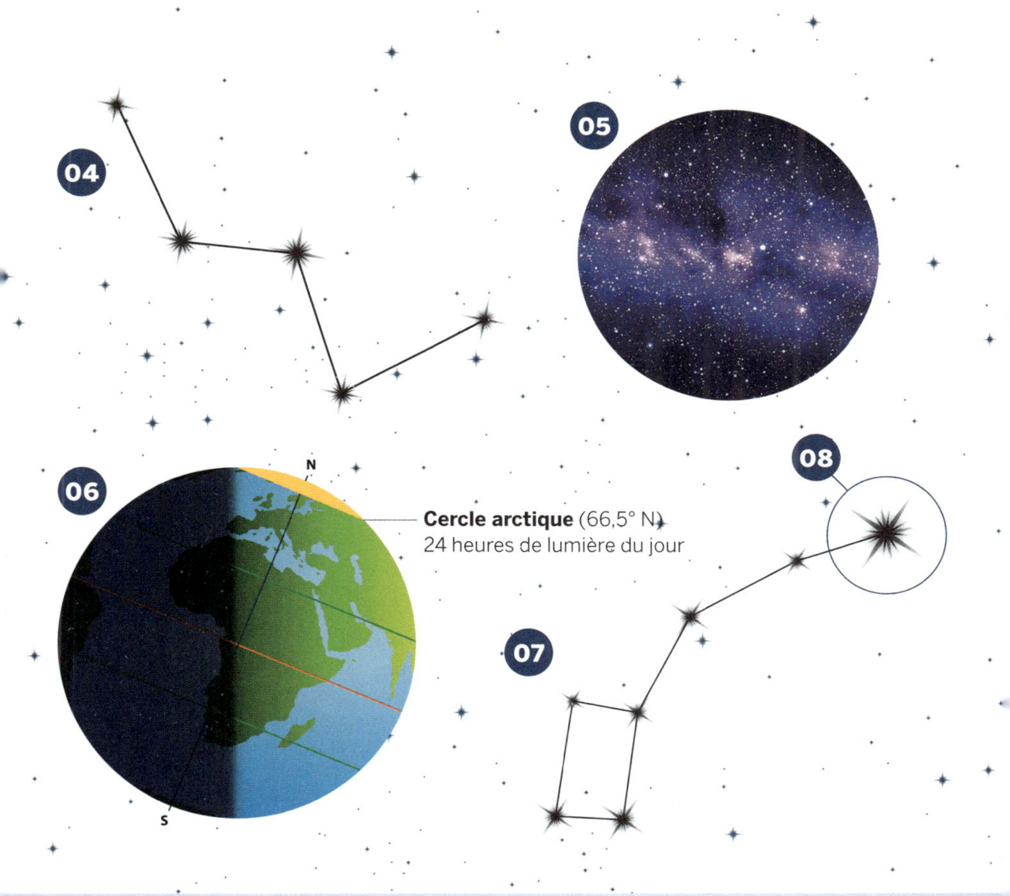

05 Voie lactée

La galaxie qui contient notre système solaire ressemble à une bande laiteuse qui s'étire d'est en ouest dans le ciel hivernal. En islandais, on l'appelle *Vetrarbrautin* ("chemin d'hiver").

06 Soleil de minuit

Au solstice d'été (vers le 21 juin), quand la Terre présente son inclinaison axiale maximale par rapport au Soleil, il fait jour en permanence à Grímsey, le point le plus au nord de l'Islande.

07 Petite Ourse

Une autre constellation de sept étoiles qui a la vague forme d'une cuillère. Elle était importante pour les marins car l'étoile polaire y figure.

08 Étoile polaire

Également appelé Polaris ou Étoile du Nord, ce système stellaire triple, presque aligné avec l'axe de rotation de la Terre "au-dessus" du pôle Nord, donne l'impression d'être immobile.

Les yeux au ciel

PHÉNOMÈNES CÉLESTES DANS LE CIEL ISLANDAIS

En hiver, les aurores boréales sont une attraction phare pour les visiteurs. Si votre séjour en est exempt, rabattez-vous sur l'observation des étoiles qui brillent au firmament.

À gauche La Voie lactée au-dessus de Goðafoss **Au milieu** Une aurore boréale **À droite** Filé d'étoiles autour de l'Étoile polaire

"Dès qu'on s'éloigne de la pollution lumineuse, on trouve des conditions propices à l'observation des étoiles. Facile à repérer dans le ciel nocturne, Cassiopée dessine un W juste au-dessus de votre tête. La Grande Ourse s'identifie aisément grâce à sa forme de casserole avec, dans son prolongement, la Petite Ourse et l'Étoile polaire", explique Valdís Björk Þorsteinsdóttir, directrice de la société d'astronomie Stjörnu-Oddi.

"À certaines périodes de l'année, on est quasiment sûr de voir des pluies de météores : les Perséides, en août, et les Léonides, en novembre, doivent leur nom aux constellations dont elles semblent issues. On peut aussi admirer la lueur de la Voie lactée qui s'étire d'est en ouest et ressemble à une bande lumineuse ou une traînée dans le ciel."

En 2022, les éclipses de Lune ne seront pas clairement visibles dans le nord de l'Islande mais Valdís souligne que celle-ci est toujours intéressante à observer. "En été, on peut voir d'incroyables couchers de soleil. Quand le soleil de minuit brille, on ne voit pas grand-chose d'autre, mais le soir il offre un beau spectacle."

Astronome médiéval

L'astronome islandais Oddi Helgason, ou Stjörnu-Oddi, travaillait comme ouvrier agricole dans la ferme Múli à Aðaldalur au XIIe siècle. Ses observations du solstice d'été, des variations hebdomadaires de la déclinaison du Soleil et des heures de la tombée de la nuit dans le nord de l'Islande se révélèrent importantes pour la mesure du temps et la navigation, et constituèrent l'apport le plus précieux aux sciences naturelles dans l'Islande du Moyen

SAROTE PRUKSACHAT/GETTY IMAGES ©

STEPHAN MANTLER/GETTY IMAGES ©

Âge. Pour estimer leur cap, les marins s'orientaient en fonction du Soleil en journée et de l'Étoile polaire à la nuit tombée.

"Il est incroyable que Stjörnu-Oddi ait pu mener de telles observations", souligne Valdís, dont l'association porte le nom de l'astronome. "Il a calculé les dates de l'équinoxe de printemps beaucoup plus précisément que d'autres avant lui. Il a mesuré le diamètre du Soleil comme fraction de l'arc total qu'il décrit dans le ciel, obtenant un résultat bien plus précis que la mesure officielle de l'Église à cette époque. Il a noté l'endroit où les rayons du Soleil frappaient un mur à travers une petite fente dans une porte et s'est basé là-dessus pour faire ses calculs."

> À certaines périodes de l'année, on est quasiment sûr de voir des pluies de météores.

On sait peu de choses sur l'homme et ses méthodes mais c'était sans doute un autodidacte qui n'avait pas de livre auquel se référer – peut-être même ne savait-il pas lire. On sait qu'il a passé quelque temps sur Flatey, où une mystérieuse construction circulaire appelée Arnargerði, lui aurait, selon certains, servi d'observatoire astronomique pour ses recherches. Le 20 juin 2020, lors du solstice d'été, un monument à sa mémoire a été inauguré à Grenjaðarstaður, ferme-musée au toit de tourbe située à Aðaldalur (p. 233).

Objets célestes dans la mythologie nordique

Étoiles Étincelles issues du Múspellsheimur, le monde brûlant de la mythologie nordique, d'après la création du monde décrite dans l'*Edda de Snorri*.

Soleil et Lune Sól et Máni sont une sœur et un frère. Sól conduit le chariot du Soleil dans le ciel, Máni celui de la Lune. Des loups les poursuivent, c'est pourquoi il se déplacent sans cesse. Lors du Ragnarök – la fin des temps – les loups dévoreront les corps célestes, le Soleil cessera de briller et le ciel deviendra rouge sang.

Bifröst Le pont entre le Ciel et la Terre, qui relie le monde des dieux, Ásgarður, à celui des hommes, Miðgaður. Décrit comme un arc-en-ciel dans l'*Edda de Snorri*, il est aussi parfois assimilé aux aurores boréales ou à la Voie lactée.

30 ROUTE CÔTIÈRE arctique

FRUITS DE MER | PLAGES | ODE À LA LENTEUR

Suivez la route côtière arctique en prenant votre temps. Proche de la route circulaire mais donnant l'impression de se trouver loin de tout, elle traverse une région désolée où le temps semble ralentir et où les habitants tirent leur subsistance de la mer en vivant au rythme des caprices de la météo.

LARIGAN - PATRICIA HAMILTON/ GETTY IMAGES ©

Le meilleur de la mer

Plongez dans la culture et l'histoire locales grâce au circuit "Hero Experience" (arcticcoastway.is). Le **Brimslóð Atelier** (p. 236) à Blönduós vous apprendra à cuisiner poissons, herbes sauvages et autres ingrédients. Le **musée de l'Ère du hareng** (p. 233), à Siglufjörður, retrace un âge d'or aujourd'hui révolu. À Hauganes, allez à la pêche, faites le plein d'information sur la morue et mangez au **Baccalá Bar** (p. 236).

En pratique

Circuler Louez une voiture à votre arrivée à l'aéroport de Keflavík. Vérifiez qu'elle est adaptée aux routes gravillonnées.

Quand Conditions de conduite optimales en été. Certaines routes sont fermées en hiver mais il existe des itinéraires bis (arcticcoastway.is). Septembre à mai pour les aurores boréales ; mi-juin à mi-juillet pour le soleil de minuit.

Notre conseil Si vous cherchez la solitude, privilégiez l'extrême ouest et l'extrême est de la route côtière arctique.

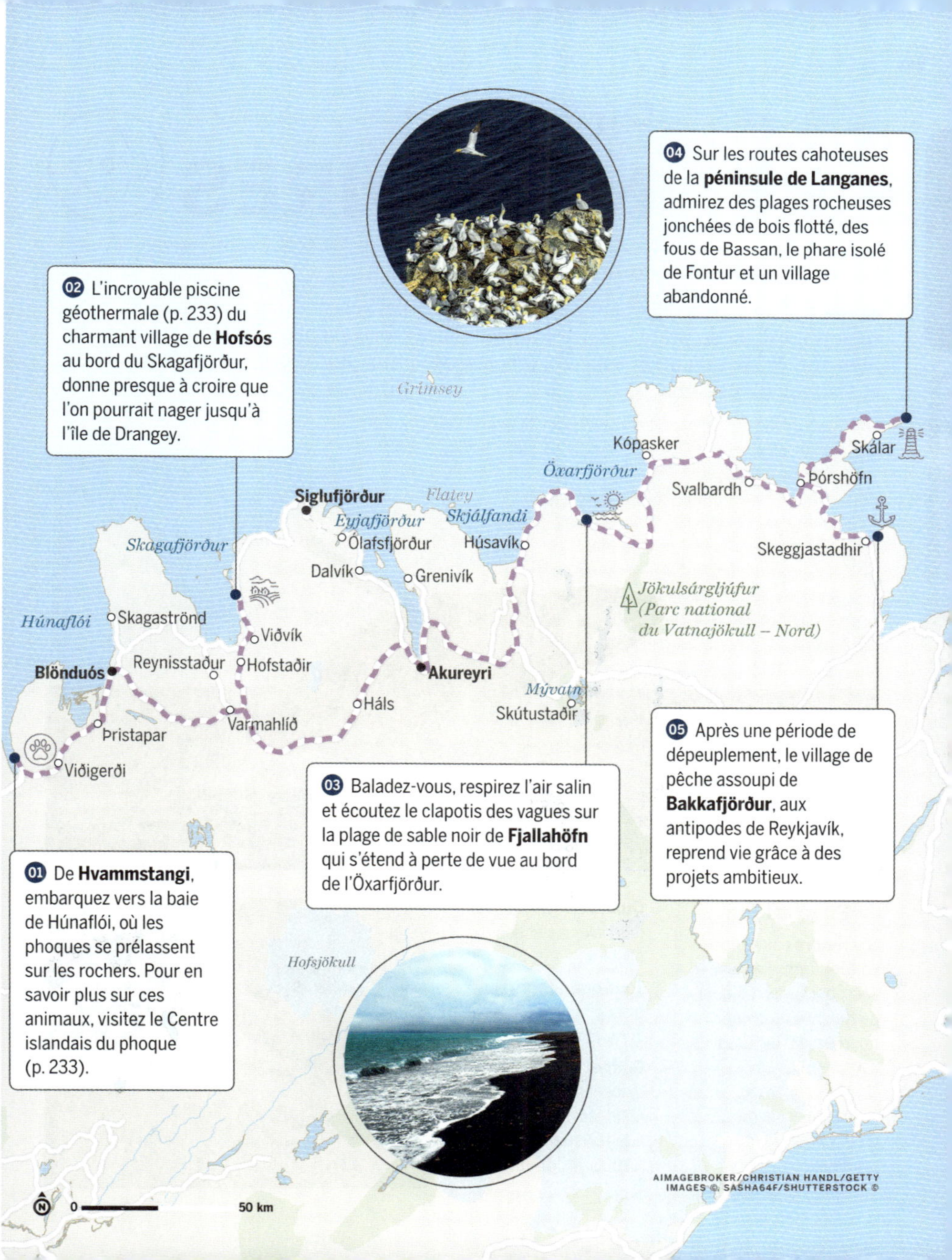

01 De **Hvammstangi**, embarquez vers la baie de Húnaflói, où les phoques se prélassent sur les rochers. Pour en savoir plus sur ces animaux, visitez le Centre islandais du phoque (p. 233).

02 L'incroyable piscine géothermale (p. 233) du charmant village de **Hofsós** au bord du Skagafjörður, donne presque à croire que l'on pourrait nager jusqu'à l'île de Drangey.

03 Baladez-vous, respirez l'air salin et écoutez le clapotis des vagues sur la plage de sable noir de **Fjallahöfn** qui s'étend à perte de vue au bord de l'Öxarfjörður.

04 Sur les routes cahoteuses de la **péninsule de Langanes**, admirez des plages rocheuses jonchées de bois flotté, des fous de Bassan, le phare isolé de Fontur et un village abandonné.

05 Après une période de dépeuplement, le village de pêche assoupi de **Bakkafjörður**, aux antipodes de Reykjavík, reprend vie grâce à des projets ambitieux.

31 Plumes et NAGEOIRES

SORTIES EN MER | RANDONNÉES | VIE SAUVAGE

Si l'on y trouve la capitale islandaise de l'observation des baleines, la région nord-est se prête aussi à admirer toutes sortes d'oiseaux : des macareux, bien sûr, et bien d'autres espèces, tels les arlequins plongeurs, les gerfauts et les fous de Bassan.

S.THORS/SHUTTERSTOCK ©

En pratique

S'y rendre Louez une voiture à votre arrivée à l'aéroport international de Keflavík ou prenez un avion de Reykjavík à Akureyri ou Húsavík. Une fois sur place, la voiture est le mode de transport le plus pratique.

Quand En été pour voir des baleines et des oiseaux.

Tour-opérateurs Vous trouverez des adresses en ligne (northiceland.is).

Budget Circuit d'observation des baleines de 2 ou 3 heures : adulte/enfant à partir de 10 500/4 000 ISK.

ADRIAN EUGEN CIOBANIUC/SHUTTERSTOCK ©

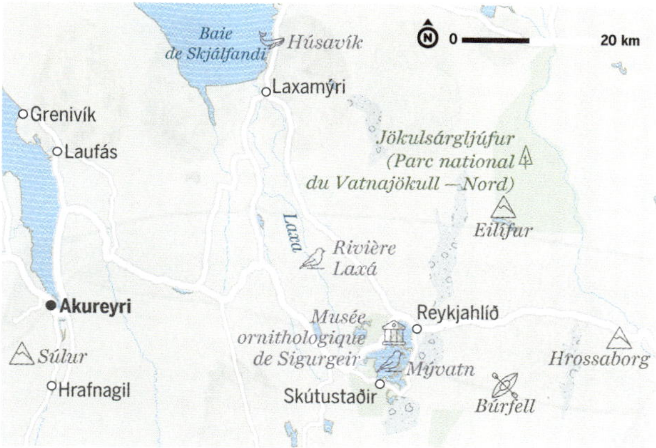

Observation des baleines

Húsavík, 2 300 habitants, se situe au bord de la baie de Skjálfandi, peuplée de 11 espèces de baleines et de dauphins. Les baleines à bosse sont les plus communes, mais la discrète baleine bleue, le plus grand de tous les animaux, fait parfois une apparition. Entre avril et octobre, les sorties en mer offertes par les quatre tour-opérateurs de la ville (p. 233) drainent chaque jour un millier de curieux. L'université d'Islande possède ici un **centre de recherche** sur la biologie marine, et le **musée de la Baleine de Húsavík** (p. 232), où est exposé un énorme squelette de baleine bleue, permet d'en savoir plus sur ces fascinants cétacés. On voit parfois des baleines depuis les **bains géothermaux GeoSea** (p. 236) qui donnent sur la baie.

Oiseaux de paradis

Dans le **Mývatn** nichent 14 espèces de canards – fuligules morillons, fuligules milouinans, canards siffleurs et macreuses noires, entre autres – qui font de ce lac un paradis pour les amateurs d'oiseaux et un lieu unique en son genre dans l'hémisphère nord. Les berges de la **Laxá** sont l'habitat d'élection des arlequins plongeurs et des garrots d'Islande. Guettez aussi les gerfauts en chasse. Dans un superbe bâtiment près du lac, le **Musée ornithologique de Sigurgeir** (p. 234) expose 280 oiseaux naturalisés, soit la quasi-totalité des espèces qui nichent dans le pays, et 300 œufs.

En haut Baleine à bosse près de Húsavík **En bas** Fuligule morillon

Sur la piste des oiseaux

Pour les amoureux des oiseaux, le **Birding Trail of Northeast Iceland** (birdingtrail.is) est un sentier qui relie des lieux connus pour leur riche faune aviaire : marécages, rivières, lacs et étangs, falaises et régions côtières, landes et hautes terres. Il permet d'observer des myriades d'espèces : oiseaux marins, aquatiques et de rivage, passereaux, canards et rapaces.

VIE
sauvage

01

02

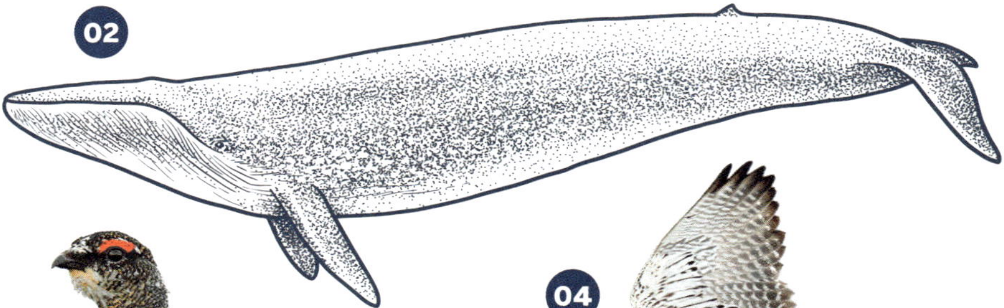

04

03

01 Œufs d'oiseaux

On ramasse des œufs de guillemots et d'autres oiseaux sur les falaises de Grímsey. Ils sont aussi beaux à regarder que bons à manger. Arctic Trip (arctictrip.is) organise des sorties pour les collecter.

02 Baleine bleue

Le plus gros animal de la planète, qu'on peut parfois observer lors d'une sortie en mer dans le nord de l'Islande.

03 Lagopède

Cet oiseau aux pattes emplumées change de couleur trois fois par an pour se fondre dans l'environnement et échapper aux prédateurs.

04 Gerfaut

La gorge de Jökulsárgljúfur constitue l'un de ses habitats privilégiés.

05 Baleine à bosse

Couramment observée en mer, elle se reconnaît aux motifs qui ornent ses nageoires. Elle migre sur 25 000 km chaque année, soit plus que tout autre mammifère.

05

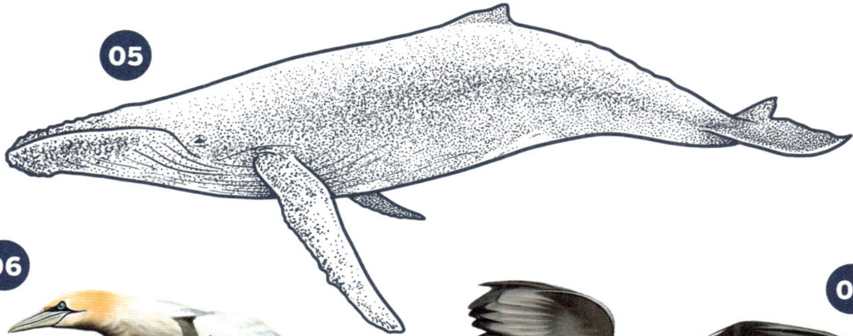

06

07

08

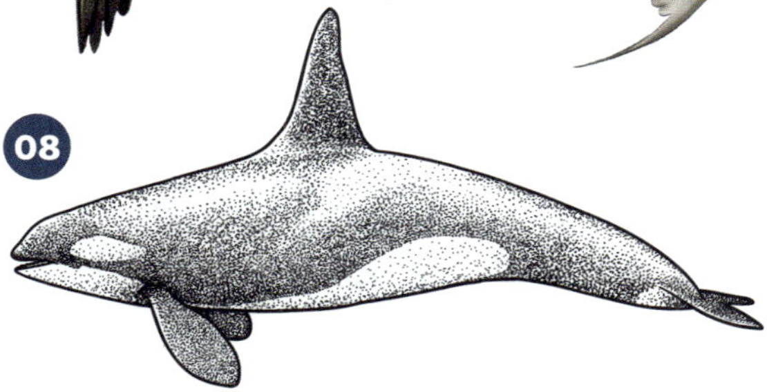

09

06 Fou de Bassan

Ce grand et élégant oiseau migrateur est connu pour ses plongeons en piqué dans la mer. Les péninsules de Melrakkaslétta et Langanes abritent de vastes colonies.

07 Sterne arctique

Elle effectue la plus longue migration de tous les oiseaux, de l'Arctique à l'Antarctique, et niche le long des côtes, des lacs et des marécages.

08 Orque

Plus grand delphinidé au monde, cet animal très intelligent chasse en groupe en adoptant des techniques différentes selon l'environnement.

09 Arlequin plongeur

Cet oiseau coloré vit toute l'année dans les rivières à fort débit du nord-est de l'Islande, en particulier dans la Laxá, près du Mývatn.

32 Voyage en HISTOIRES

FOLKLORE | CINÉMA | HISTOIRE

Explorez des lieux chargés d'histoire, visitez des musées consacrés aux traditions populaires et découvrez des expositions et des expériences interactives qui font revivre le passé. Votre voyage prendra une autre dimension.

STEPHAN LANGHANS/SHUTTERSTOCK ©

En pratique

Circuler Louez une voiture et roulez à votre guise ou réservez des circuits thématiques.

Quand Toute l'année, mais la plupart des manifestations ont lieu l'été.

Renseignements
Pour préparer votre séjour, voyez les offices du tourisme locaux et les ressources en ligne (northiceland.is ; sagatrail.is).

FOTOVOYAGER/GETTY IMAGES ©

Mythes et légendes Souvent liés à la nature et au paysage. Le piton rocheux de **Hvítserkur** (route 711) serait un troll changé en pierre ; les chutes de **Kolugljúfur** (p. 234) doivent leur nom à l'ogresse qui aurait vécu dans la gorge ; la gorge d'**Ásbyrgi**, (p. 232) en forme de fer à cheval, aurait été créée lorsque Sleipnir, le cheval à 8 pattes du dieu Óðinn, aurait touché le sol.

Sagas Baignez-vous dans le **Grettislaug** (p. 236), où Grettir le Fort se détendit après être venu à la nage de Drangey. À Skagaströnd, visitez le **musée des Prophéties** (p. 234) dédié à la voyante Þórdís. À Blönduós, au Centre islandais du textile (p. 233), brodez un bout de la tapisserie de Vatnsdæla qui raconte la saga du même nom.

Sturlunga Trail Cet itinéraire dans le Skagafjörður relie les lieux marquants de la période la plus sanglante de l'histoire du pays qui mena à la fin de l'État libre d'Islande. À **Kakalaskáli**, un monument et une exposition retracent la bataille de Haugsnesbardagi en 1246 (p. 233). À **1238: The Battle of Iceland** (p. 233), on se transforme en guerrier grâce à la réalité virtuelle.

Fermes au toit de tourbe Elles ont assuré chaleur et abri aux Islandais durant des siècles. **Glaumbær**, **Grenjaðarstaður** (p. 233) et **Laufás** (p. 234) présentent la vie rurale d'autrefois.

Films et littérature Arrêtez-vous à **Þrístapar**, lieu de la dernière exécution d'Islande (1830), immortalisée par Hannah Kent dans *À la grâce des hommes*. La grotte de **Grjótagjá** (route 860, près du Mývatn) sert de cadre aux premiers ébats amoureux de Jon Snow et d'Ygritte dans *Game of Thrones*. La série *Trapped* a été tournée à **Siglufjörður**.

En haut Gorge d'Ásbyrgi
En bas Piton rocheux de Hvítserkur

Histoire vivante

Musée de l'Ère du hareng

Ce musée (p. 233) présente le boom du hareng à Siglufjörður au milieu du XXe siècle. En été, une fête sur le port recrée l'atmosphère de l'époque, avec des jeunes femmes occupées à saler des tonneaux de hareng aux sons de l'accordéon.

Journées médiévales

Fin juillet, l'ancien centre de négoce de Gásir, à une dizaine de kilomètres au nord d'Akureyri, reprend vie. Observez un forgeron battre du métal, regardez des femmes teindre de la laine à l'aide de plantes et cuire du pain sur un feu de bois, ou essayez-vous au tir à l'arc (minjasafnid.is).

CANADASTOCK/SHUTTERSTOCK ©

Légendes modernes

VILLES PITTORESQUES ET ATMOSPHÈRE SURNATURELLE

S'ils figurent dans les sagas médiévales et les contes transmis oralement de génération en génération, les paysages islandais servent aussi aujourd'hui de cadre à des films policiers, fantastiques et de science-fiction. Le nord de l'Islande joue un grand rôle dans l'engouement croissant des cinéastes pour le pays.

À gauche Bateaux à Húsavík
Au milieu Dettifoss
À droite Éruption du Holuhraun

Þór Kjartansson, responsable du repérage pour la société de production True North, est chargé de dénicher des lieux de tournage pour les réalisateurs du monde entier. "C'est souvent un travail de longue haleine, surtout pour les gros films", explique-t-il. Il faut de nombreux déplacements avant de trouver l'endroit idéal, qui doit remplir certaines conditions, comme se situer près de la mer mais dans un endroit pas trop reculé et faire face au soleil. "Les équipes de tournage sont séduites par la lumière mais ne veulent pas de ciel bleu ensoleillé – ce qui est rare de toute façon en Islande."

Paysages féeriques

Fast & Furious 8, qui comprenait une course-poursuite sur le lac Mývatn, compte parmi les projets les plus mémorables de Þór. "C'était incroyable de filmer une telle scène sur le lac gelé." Les séquences tournées pour *Star Wars: The Mandalorian* sur le site de l'éruption du Holuhraun en 2014-2015 sont aussi gravées dans sa mémoire. "C'était une expérience unique car il était difficile d'accéder aux champs de lave désolés et sauvages au nord du Vatnajökull." *Rogue One* a été tourné en divers endroits, notamment dans le secteur géothermique de Krafla, près du Mývatn. "On a filmé des scènes dans la neige autour du mont Leirhnjúkur", raconte Þór.

La nature du nord de l'Islande incarne une autre planète dans *Prometheus*, de Ridley Scott. Dans la première scène, un extraterrestre boit une potion mortelle et tombe dans une gigantesque cascade : Dettifoss. Dans le film post-apocalyptique *Oblivion*, le cratère de Hrossaborg représente un stade de football dévasté. En 2020, la gorge

© MARCO BOTTIGELLI/GETTY IMAGES ©

ARCTIC-IMAGES/GETTY IMAGES ©

de Jökulsárgljúfur, dans le parc national du Vatnajökull, a servi de cadre à certains passages d'une série télévisée avec Will Smith.

Une ville pour l'Eurovision

Changement de décor pour *Eurovision Song Contest: The Story of Fire Saga*, avec Will Ferrell, "Les producteurs cherchaient une ville islandaise où situer l'action", explique Þór. D'abord attirés par Stykkishólmur, la première suggestion de True North, ils ont ensuite eu le coup de foudre pour Húsavík. "Húsavík les a éblouis", dit Þór en riant. Cette comédie a pour personnage principal un fils de pêcheur, Lars, qui rêve depuis toujours de participer au concours de l'Eurovision. La chanson originale a été nominée pour un Oscar lors des Academy Awards 2021 et True North a enregistré un clip vidéo avec la chanteuse Molly Sandén et une chorale féminine de Húsavík.

Les paysages sont non seulement variés mais il se métamorphosent au fil des saisons.

"Le massif du Kverkfjöll, Dettifoss ou encore le Mývatn : dans le nord de l'Islande, la puissance de la nature s'exprime dans les glaciers, champs de lave, plages désertes, gorges et cascades. Les paysages sont non seulement variés mais il se métamorphosent au fil des saisons. On peut filmer au même endroit en été, en hiver, en automne et au printemps, et tout change en fonction de la lumière, des couleurs et de la présence ou de l'absence de neige."

Le nord de l'Islande dans le cinéma islandais

The Last Fishing Trip (*Síðasta Veiðiferðin*, 2020) Des amis dans la quarantaine partent pour une partie de pêche qui dégénère. Comédie tournée au bord de la Mýrarkvísl.

The Swan (*Svanurinn*, 2017) L'histoire d'une fillette de neuf ans qui est envoyée à la campagne et se trouve mêlée à un drame. Filmé dans la vallée de Svarfaðardalur.

Béliers (*Hrútar*, 2015) Deux frères éleveurs de moutons qui vivent dans deux fermes voisines de la vallée de Bárðardalur mais s'ignorent depuis 40 ans sont contraints de faire bloc quand la catastrophe les frappe.

33 DES ÎLES à explorer

OISEAUX | POISSONS | COMMUNAUTÉS

Les îles qui s'étendent au large de la côte nord forment un univers à part. Autrefois, leurs habitants devaient être autosuffisants pour survivre aux tempêtes qui les coupaient du reste du pays. Cette sensation d'isolement encore présente attire quiconque souhaite faire une pause loin de tout.

SUBTIK/GETTY IMAGES ©

En pratique

S'y rendre Bateau d'Árskógssandur à Hrísey et de Dalvík à Grímsey. Avion entre Akureyri et Grímsey. Circuit organisé pour Drangey et Flatey.

Quand Toute l'année pour Hrísey et Grímsey. En été pour Drangey et Flatey. Octobre à mars pour les oiseaux.

À savoir Renseignez-vous en ligne sur les îles et les excursions (northiceland.is ; arcticcoastway.is).

Homonymes Il existe deux îles Flatey : une dans le Nord et une dans les fjords de l'Ouest.

LAYNE KENNEDY/GETTY IMAGES ©

Drangey Ancien garde-manger du Skagafjörður, cet îlot rocheux de 180 m de haut compte une myriade d'oiseaux mais aucun habitant (le hors-la-loi Grettir le Fort y vécut jadis). Les fermiers y venaient en bateau pour faire paître leurs moutons, chasser les oiseaux et ramasser leurs œufs. Le sommet offre une vue sublime sur le fjord. Circuits organisés de mai à août (drangey.net).

Hrísey Beaucoup de ses 160 habitants vivent de la mer comme leurs aïeux. Le musée **Hús Hákarla Jörundur** (p. 233) retrace l'histoire de la pêche au requin, dont l'huile alimentait les réverbères européens. On trouve une riche faune aviaire, notamment des lagopèdes alpins, et de l'angélique sauvage qui sert à la fabrication de compléments alimentaires. Cette île où on préfère les tracteurs aux voitures a candidaté pour intégrer le réseau du "bien-vivre" Cittaslow. Bateau depuis Árskógssandur (15 min) toute l'année (hrisey.is).

Grímsey Seule portion du territoire islandais située au-delà du cercle arctique. Ses 60 habitants vivent de la pêche. Les touristes viennent en nombre croissant pour les innombrables macareux et autres oiseaux, les randonnées parmi les moutons, la plongée, le snorkeling, la collecte des œufs de guillemots et la pêche (p. 232).

Flatey Cette île, autrefois bourdonnante d'activité, a été abandonnée en 1967. Ses maisons sont restées vides jusqu'à ce que les proches des anciens insulaires et les habitants d'Húsavík les sauvent du délabrement. Aujourd'hui, ils viennent ici oublier le tourbillon de la vie quotidienne. (gentlegiants.is)

En haut Drangey **En bas** Un "taxi-tracteur" à Hrísey

Festivals insulaires

Sólstöðuhátíð

Chaque année, les habitants de Grímsey vous proposent de vous joindre à eux pour fêter le solstice d'été autour du 21 juin : poisson frais, concerts, excursions en mer et soleil de minuit. (facebook.com/solsticegrimsey)

Hríseyjarhátíð

Tous les ans en juillet, les familles de Hrísey organisent un festival, avec café chez l'habitant, promenades sur la plage, tours en tracteur, jeux et activités pour les enfants, danses traditionnelles, concerts et chants autour d'un feu de joie. Beaucoup de visiteurs campent. (visitakureyri.is)

34 Cheval À L'ISLANDAISE

ÉQUITATION | FAMILLE | NATURE

Difficile de se sentir plus proche de la nature que sur le dos d'un cheval islandais. De race pure depuis plus de mille ans, ces montures confortables emmènent les touristes à travers rivières et terrains accidentés.

ARCTIC-IMAGES/GETTY IMAGES ©

En pratique

S'y rendre Voiture depuis l'aéroport de Keflavík, ou avion de Reykjavík à Akureyri ou Húsavík. Sur place, voiture conseillée.

Quand Circuits surtout en été. Début d'été pour les poulains ; automne pour les rassemblements de chevaux.

Tour-opérateurs Nombreuses activités équestres (voir northiceland.is).

Comment s'habiller Habits chauds, imperméables et confortables. Pour une longue sortie, tenue d'équitation, crème solaire et baume pour les lèvres.

IMAGEBROKER/REINHARD PANTKE/GETTY IMAGES ©

Faites votre choix

En famille Voyez les fermes pédagogiques, comme **Daladýrð** et **Stóra-Ásgeirsá** (p. 235). **Lýtingsstaðir** et **Langhús Horse Tours** (p. 235) organisent des activités pour les enfants trop jeunes pour l'équitation. On peut visiter de nombreux élevages ou y dormir.

Promenades Si vous n'êtes pas ou peu expérimenté, les fermes citées ci-dessus, ou encore **Skjaldarvík**, **Pólar Hestar** et **Syðra-Skörðugil** (p. 235), proposent des balades guidées, souvent avec commentaires ; l'expérience varie selon la saison et les paysages. Tenue et casque fournis.

Circuits de plusieurs jours Chevauchez à travers des étendues sauvages ou dans les hautes terres, sur d'anciennes pistes et des sentiers empruntés par les moutons, en allant au *tölt* (marche rapide) ou en galopant avec un troupeau de chevaux sauvages. Ces excursions magiques sont réservées aux cavaliers expérimentés. Voyez notamment **Íslandshestar** et **Riding Iceland** (p. 235). Parmi les thèmes possibles : soleil de minuit, cercle de diamant ou rassemblement des moutons.

Skagafjörður Foyer de la culture équestre islandaise, cette région regroupe les élevages et les rassemblements de chevaux les plus célèbres du pays. On y trouve l'université de Hólar, qui enseigne notamment la science équine, et le **Centre historique du cheval islandais** (p. 233). Landsmót, la grande compétition équestre islandaise, se tiendra à Hólar en 2026.

En haut Chevaux islandais
En bas À cheval sur le lac Mývatn gelé

Festivités

Stóðréttir

Ces rassemblements de chevaux se déroulent dans une ambiance festive. Après avoir passé l'été dans les montagnes, des centaines de chevaux sont réunis et triés dans un enclos appelé *rétt*. Vente de nourriture et d'objets d'artisanat, chants et danses en soirée. Trois des principaux rassemblements, **Laufskálarétt**, **Víðidalstungurétt** et **Skrapatungurétt**, ont lieu fin septembre ou début octobre (bbl.is).

Horses on Ice – Mývatn Open

Lors de ce concours équestre annuel (mi-mars), les cavaliers donnent l'impression de voler sur les eaux gelées du Mývatn (visitmyvatn.is). Pour faire du cheval sur la glace, adressez-vous à **Riding Iceland** (p. 235).

Une cavalcade au fil du temps

DU PLUS INDISPENSABLE DES SERVITEURS AU PLUS LOYAL DES COMPAGNONS

Les premiers colons arrivés au IXe siècle amenèrent avec eux leurs animaux domestiques, notamment des chevaux de différentes races qui devinrent les ancêtres des chevaux islandais.

À gauche Chevaux au lac Mývatn **Au milieu** Promenade dans les paysages islandais **À droite** Homme avec un cheval islandais

SASCHA KILMER/GETTY IMAGES ©

"La terre façonne cette race depuis 1 000 ans", explique Jelena Ohm, chef de projet pour Horses of Iceland, organisme chargé de promouvoir le cheval islandais. Jadis utilisé pour le transport et l'agriculture, ce petit animal robuste arbore un épais pelage qui lui tient chaud en hiver. Aujourd'hui encore, les chevaux islandais vivent dehors, sauf quand on les dresse pour l'équitation, et de grands troupeaux évoluent dans les vallées montagneuses en été. "Ils ont un lien très fort avec la nature. Grandissant dans un milieu naturel, ils sont intelligents et apprennent vite, ce qui les rend amusants à dresser et à monter." Ces dernières décennies, leur taille a augmenté grâce à une meilleure alimentation et à un élevage sélectif.

Cinq allures

Outre le pas, le trot et le galop, le cheval islandais possède deux autres allures : le *tölt*, très confortable pour le cavalier, et l'amble volant, qui lui permet des pointes de vitesse sur de courtes distances. D'autres races pouvaient, ou pourraient encore les pratiquer. Toutefois, contrairement à l'Europe, avec ses routes et ses chevaux tirant des calèches, le *tölt* a perduré en Islande, où il fallait affronter des terrains accidentés. Selon Jelena : "La particularité du cheval islandais, c'est qu'il s'agit d'une des rares races à maîtriser les cinq allures et à les employer dans les concours. Avec la révolution industrielle, son rôle a changé. Il est passé du plus indispensable des serviteurs à un animal de concours et de loisirs qui continue à tenir une grande place dans la culture islandaise."

ALEX MARAKHOVETS/SHUTTERSTOCK ©

JONATHAN GREGSON/LONELY PLANET ©

Une passion nationale

Les chevaux sont très nombreux en Islande. En 2019, on en comptait 240 pour 1 000 habitants, contre 32 en Suède, pourtant championne de l'Union européenne en la matière. Ces animaux sont aussi appréciés des touristes. Entre 2014 et 2018, le nombre de visiteurs ayant pratiqué une activité équestre a bondi de 120 000 à 287 000, et une enquête menée en 2018 sur les randonnées à cheval a montré qu'elles avaient plu à 90% des touristes.

> Grandissant dans un milieu naturel, ils sont intelligents et apprennent vite, ce qui les rend amusants à dresser et à monter.

Légendes

Sleipnir La monture à 8 pattes d'Óðinn est le cheval le plus célèbre de la mythologie nordique, mais il en existe bien d'autres, comme **Skinfaxi** et **Hrímfaxi**, qui transportent Dag (le jour) et mère Nótt (la nuit) à travers le ciel.

Fluga Cette jument figurant dans le *Livre de la colonisation* (Landnáma) fut l'un des premiers équidés d'Islande. Elle a donné son nom au fameux élevage Flugumýri, dans le Skagafjörður, où eut lieu l'incendie fatidique décrit dans la *Saga des Sturlungar*.

Faxi Dans le conte *Djákninn á Myrká* ("Le Diacre de la rivière noire"), ce cheval tombe à travers la glace d'une rivière gelée, causant la mort de son cavalier, un diacre, qui revient hanter sa fiancée et l'emmène chevaucher au clair de lune.

Cinéma et littérature

Des chevaux et des hommes (*Hross í Oss*, 2013) Maintes fois primée, cette comédie dramatique de Benedikt Erlingsson est vue à travers le regard des chevaux.

Nonni and Manni (*Nonni und Manni*, 1988-1989) Série télévisée pour enfants, en anglais seulement, basée sur les livres de l'Islandais Nonni (Jón Sveinsson). Dans une scène, son cheval lui sauve la vie.

Skúlaskeið Dans ce poème de Grímur Thomsen, le cheval Sörli sauve la vie de son maître Skúli, condamné à mort, en semant ses poursuivants à travers les terres rocailleuses du Kaldidalur, puis meurt d'épuisement.

Carnet d'adresses

Les grands classiques (p. 208)

Ásbyrgi

À l'extrémité nord du parc national du Vatnajökull, la gorge d'Ásbyrgi est parcourue de plusieurs sentiers faciles qui traversent la forêt jusqu'à de beaux panoramas. Celui qui part tout droit aboutit notamment au Botnstjörn, un petit étang peuplé d'oiseaux. (route 85)

Askja

Dans les années 1960, les astronautes d'Apollo se sont entraînés dans cette caldeira dominée par les monts Dyngjufjöll. Non loin s'étendent la gorge de Drekagil, le Holuhraun (formé durant l'éruption de 2014-2015) et le verdoyant Herðubreiðalindir. Le mieux est de passer par un tour-opérateur. (fjalladyrd.is; jeeptours.is ; northtravel.is ; ttv.is ; sagatravel.is)

Grímsey

Voir aussi p. 227. L'île est accessible de Dalvík en ferry (saefari.is ; 3 heures) et d'Akureyri en avion (norlandair.is ; 25 min). Sur place, l'agence Arctic Trip organise des excursions et des circuits (848 1696 ; arctictrip.is).

Hverir

Monde magique aux tons ocre, Hverir déploie un paysage lunaire de chaudrons de boue, de colonnes de vapeur, de dépôts minéraux et de fumerolles. (route 1, en face du Krafla)

Jökulsá á Fjöllum

Dettifoss, la chute la plus puissante d'Europe, est un des points forts du Jökulsárgljúfur. Bien que haute de 45 m seulement et large de 100 m, elle déverse 400 m^3 d'eau par seconde l'été, créant un panache de gouttelettes visible à 1 km.
Plus loin en amont se trouvent la jolie **Selfoss**, sans oublier **Hafragilsfoss** ; un sentier conduit de l'une à l'autre. (route 862, au nord de la route circulaire)

Jökulsárgljúfur

Le parc national du Vatnajökull - Nord dispose d'un centre d'accueil des visiteurs. Vous y trouverez des cartes et brochures en vente et des expositions sur la région (Gljúfrastofa ; 470 7100 ; vjp.is ; route 85, Ásbyrgi ; 9h-18h fin mai-août, 10h-16h sept-oct, horaires réduits reste de l'année)

Krafla

La dernière série d'éruptions dans la zone volcanique du Krafla a eu lieu de 1975 à 1984. Le paysage coloré ponctué de fumerolles et les eaux turquoise du cratère du **Víti** forment un cadre envoûtant pour une randonnée. Les plus téméraires iront au cratère de **Leirhnjúkur**, le site le plus impressionnant et potentiellement dangereux de Krafla. (route 863, 30 min du lac Mývatn sur la route 863)

Musée de la Baleine de Húsavík

Voir aussi p. 219. (Hvalasafnið ; 414 2800 ; hvalasafn.is/en ; Hafnarstétt 1, Húsavík ; adulte/enfant 1 900/500 ISK ; 9h-18h mai-sept, horaires réduits reste de l'année)

Phoque

Musée de l'Ère du hareng

Voir aussi p. 216. (Síldarminjasafnið ; ☎467 1604 ; sild.is ; Snorragata 10, Siglufjörður ; adulte/enfant 1 800 ISK/gratuit ; ⏰10h-18h juin-août, 13h-17h mai et sept, sur rdv reste de l'année)

Observation des baleines, Húsavík

Voir p. 219. Quatre tour-opérateurs partent du port de Húsavík. Ils pratiquent des prix similaires et proposent des services comparables. (gentlegiants.is ; northsailing.is salkawhalewatching.is ; husavikadventures.is)

Piscine de Hofsós

(Sundlaugin á Hofsósi ; ☎455 6070 ; facebook.com/sundlauginhofsosi ; Suðurbraut ; adulte/enfant 900/300 ISK ; ⏰7h-21h juin-août, horaires réduits reste de l'année)

Rive orientale de Mývatn

Les environs du lac Mývatn comptent maints cratères spectaculaires et formations de lave. Sombre et onirique, le champ de lave de **Dimmuborgir** (route 884) est parcouru de chemins qui conduisent à de fascinantes structures comme le tube de lave **Kirkjan** ("l'église"). Le **Hverfjall** est un ancien cratère facilement accessible (en retrait de la route 848).

Musées, traditions et histoire

1238:The Battle of Iceland

Voir p. 223. (☎588 1238 ; 1238.is ; Aðalgata 21, Sauðárkrókur ; adulte/enfant/famille 3 450/2 400/8 900 ISK)

Centre islandais du phoque

Voir p. 217. (☎451 2345 ; selasetur.is ; Strandgata 1, Hvammstangi ; adulte/enfant 1 200 ISK/gratuit ; ⏰9h-19h juin-août, 9h-16h mai et sept, 12h-15h lun-ven avr-oct)

Centre islandais du textile

Voir p. 223. (Textílmiðstöð Íslands ; ☎452 4030 ; textilmidstod.is ; Árbraut 31, Blönduós ; ⏰9h-16h lun-ven)

Glaumbær

Centre historique du cheval islandais

Voir p. 229. (Sögusetur Íslenska Hestsins ; ☎455 6345 ; sogusetur.is ; Sauðárkrókur 551, Hólar í Hjaltadalur ; adulte/enfant 900 ISK/gratuit ; ⏰10h-18h mar-dim juin-août)

Ferme et musée de Glaumbær

Voir p. 223. (☎453 6173 ; glaumbaer.is ; route 75 ; adulte/enfant 1 700 ISK/gratuit ; ⏰9h-18h mi-mai à mi-sept, 10h-16h lun-ven déb mai et mi-sept à mi-oct)

Grenjaðarstaður

Voir p. 215. (☎464 3688/464 1860 ; Grenjaðarstaður, Húsavík ; ⏰juin-août)

Hús Hákarla Jörundur

Voir p. 227. (☎466 1703 ; facebook.com/hushakarlajorundar ; Norðurvegur 3, Hrísey ; 500 ISK ⏰13h-17h juin-août)

Húsavíkurkirkja

L'église de Húsavík est sans équivalent en Islande. Elle a été construite en 1907 avec du bois norvégien sur un plan cruciforme aux délicates proportions. À l'intérieur, une représentation de la résurrection de Lazare surplombe le maître-autel. (☎464 1317 ; husavikurkirkja.is ; Garðarsbraut 9a, Húsavik ; ⏰9h-17h)

Kakalaskáli

Voir p. 223. (☎670 8822 ; kakalaskali.is ; 464 3688 ; Kringlumýri, Varmahlíð ; ⏰juin-août)

Laufás

Voir p. 223. (☎462 4162 ; minjasafnid.is ; route 83 ; adulte/enfant 1 800 ISK/gratuit ; ⏲9h-17h juin-août)

Musée des Prophéties

Voir p. 223. (☎861 5089 ; dagny@marska.is ; Oddagata 6, Skagaströnd ; ⏲13h-18h mar-dim mai à sept)

Musée ornithologique de Sigurgeir

Voir p. 219. Vérifiez que le musée est ouvert avant de vous y rendre. (Fuglasafn Sigurgeirs ; ☎464 4477 ; fuglasafn.is ; en retrait de la route 1, ferme Ytri-Neslönd ; adulte/enfant 2 200/1 200 ISK ; ⏲12h-17h mi-mai à oct, horaires réduits reste de l'année)

Lave et zones géothermiques

Lofthellir

Doté d'une ouverture très étroite déconseillée aux jeunes enfants et aux claustrophobes, ce tunnel de lave ne peut s'explorer qu'avec un guide. Ses sculptures de glace composent un univers féerique. (Geo Travel ☎464 4442 ; geotravel.is ; adulte/enfant 34 500/17 250 ISK)

Þeistareykir

Ce champ géothermique fumant est aussi impressionnant que le Hverir (voir p. 232), mais moins fréquenté. De Húsavík, une route bitumée mène à la centrale électrique bâtie ici en 2017. Au programme : sources chaudes, marmites de boue et fumerolles.

Fabuleuses cascades

Kolufoss

Parmi les attractions les plus appréciées du Nord-Ouest, la gorge de Kolugljúfur et la saisissante cascade de Kolufoss s'agrémentent d'une plate-forme d'observation récemment bâtie, dans la vallée de Víðidalur, à 5 minutes en voiture de la route circulaire sur la route 715.

Reykjafoss

Cette magnifique cascade dans le Skagafjörður est relativement inconnue, peut-être parce qu'on ne l'aperçoit que lorsqu'on est tout près. À Vindheimamelar (à 7 km de Varmahlíð), un petit parking jouxte le sentier qui conduit au site.

Skjálfandafljót

Située sur la route circulaire entre Akureyri et le Mývatn, **Goðafoss** (dont le nom signifie "chute des Dieux") est l'une des plus belles chutes d'eau d'Islande. À 41 km plus au sud, la rivière glaciaire Skjálfandafljót abrite une autre cascade, **Aldeyjarfoss**, impressionnante dans sa gorge flanquée de colonnes de basalte. En été, on y accède en voiture ordinaire par la route 842 via Bárðardalur.

Hautes terres

Les secteurs suivants ne sont accessibles qu'en 4x4 l'été. Les excursions organisées sont recommandées. (fjalladyrd.is ; jeeptours.is ; northtravel.is ; ttv.is ; sagatravel.is)

Hveravellir

Entre les glaciers Langjökull et Hofsjökull, la réserve naturelle de Hveravellir, sur la route de Kjölur, compte une aire de services, un camping, un refuge (☎452 4200 ; hveravellir.is),

Hveravellir

des sentiers de randonnée et un bassin naturel. Accessible en 4x4 l'été ou par le bus SBA (sba.is)

Kverkfjöll

À la lisière nord-est du Vatnajökull, la chaîne du Kverkfjöll regroupe plusieurs volcans actifs dans l'un des principaux secteurs géothermiques du pays. On y va pour randonner et explorer le glacier. Il y a des hébergements à Sigurðarskáli. (☎ 863 9236 ; ferdaf.is)

Laugafell

En retrait de la route des hautes terres qui traverse le Sprengisandur, Laugafell est une véritable oasis entre le Hofsjökull et le Vatnajökull, avec ses chalets ouverts en été, son bassin naturel et ses sources chaudes bouillonnantes.

Rafting

Viking Rafting et Bakkaflöt

Ces deux agences organisent des descentes en rafting sur les rivières glaciaires du Skagafjörður : tranquilles pour les familles ou plus sportives pour les intrépides. Également kayak en eaux vives. (Viking Rafting ☎ 823 8300 ; vikingrafting.is. Bakkaflöt ☎ 453 8245 ; bakkaflot.is)

Fermes et activités équestres

Daladýrð

Voir p. 229. (☎ 863 3112 ; daladyrd.is ; Brúnagerði, Fnjóskadal ; adulte/enfant 1 300/900 ISK ; 11h-18h fév-nov)

Íslandshestar

Voir p. 229. (☎ 699 2004 ; islandshestar.is ; nombreuses formules à cheval de 1 à 7 jours)

Lýtingsstaðir

Voir p. 229. (☎ 453 8064 ; lythorse.com ; route 752 ; visite de la ferme adulte/enfant 2 000 ISK/gratuit)

Kverkfjöll

Langhús Horse Tours

Voir p. 229. (☎ 847 8716 ; icelandichorse.is ; Langhúsum, Fljótum ; nombreuses formules découverte à partir de 5 000 ISK/pers)

Pólar Hestar

Voir p. 229. (☎ 463 3179 ; polarhestar.is ; route 83, Grýtubakki II ; balades à cheval à partir de 7 500 ISK)

Riding Iceland

Voir p. 229. (☎ 892 4645 ; ridingiceland.is ; Saltvík, Húsavík ; nombreuses formules à cheval en toutes saisons)

Skjaldarvík

Voir p. 229. (☎ 552 5200 ; skjaldarvik.is ; route 816, Akureyri ; balades à cheval à partir de 11 900 ISK)

Stóra-Ásgeirsá

Voir p. 229. (☎ 866 4954 ; asgeirsa.is ; Stóra-Ásgeirsá, Víðigerði)

Syðra-Skörðugil

Voir p. 229. (☎ 897 0611 ; sydraskordugil.is ; Syðra-Skörðugil, Varmahlíð ; balades à cheval à partir de 8 500 ISK)

Bains et/ou bière

Bjórböðin SPA

Fondé par la plus ancienne microbrasserie d'Islande, Bruggsmiðjan, le Bjórböðin SPA, à Árskógssandur, invite à prendre un bain de bière en sirotant une Kaldi pression. Un Jacuzzi extérieur offre une vue sur l'île de Hrísey. Le restaurant sert des plats de viande et poisson locaux – et de la bière. Profitez-en pour visiter la brasserie. (414 2828 ; bjorbodin.is ; Ægisgata 31, Árskógssandur ; bain de bière 7 900 ISK ; 12h-20h lun-jeu, 11h-21h ven-sam)

Forest Lagoon

Dans la forêt près d'Akureyri, de nouveaux bains, alimentés par l'eau chaude découverte lors du creusement du tunnel du Vaðlaheiði, devraient avoir ouvert au moment de votre passage. On pourra y nager dans un cadre sylvestre et prendre une bière locale au bar flottant. (585 0090 ; forestlagoon.is ; Vaðlaskógur, Akureyri)

GeoSea

À Húsavík, ces bassins à débordement offrent une vue époustouflante sur la baie de Skjálfandi. L'eau de mer riche en minéraux est réputée bonne pour la peau. Pour prolonger le plaisir, dégustez une Húsavík Ale de fabrication locale. (860 0202 ; geosea.is ; Vitaslóð 1, Húsavík ; adulte/enfant 4 900/2 200 ISK ; 9h-minuit mai-sept, 12h-22h oct-avr)

Grettislaug

Voir p. 223. (route 748, près de Reykir ; adulte/enfant 1 000 ISK/gratuit)

Mývatn Nature Baths

Un endroit superbe où se baigner dans une eau bleu ciel, riche en minéraux, en admirant le paysage. Essayez l'un des deux bains de vapeur naturelle avant d'aller manger à la cafétéria. (Jarðböðin ; 464 4411 ; myvatnnaturebaths.is ; en retrait de la route 1, à 3 km à l'est de Reykjahlíð ; adulte/enfant 5 900 ISK/gratuit ; 9h-minuit mai-sept, 12h-22h oct-avr)

Cafés et restaurants

Baccalá Bar — €€

Voir p. 216. (620 1035 ; ektafiskur.is ; Hafnargata 6 ; Hauganes ; plats 1 900-3 200 ISK ; 11h-21h mi-mai à sept)

Brimslóð Atelier — €€

Voir p. 216. (820 0998 ; brimslod.is ; Brimslóð 10, Blönduós ; repas 3 plats 7 500 ISK, sur réservation ; déj 11h30-14h, dîner 19h30 mars-nov)

Gísli, Eiríkur, Helgi — €

À Dalvík, ce café lambrissé au charme fou propose une délicieuse soupe de poisson et des gâteaux maison. (Kaffihús Bakkabræðra ; 666 3399 ; facebook.com/bakkabraedurkaffi ; Grundargata 1, Dalvík ; soupe et buffet salades 1 990 ISK ; 10h-22h, 10h-1h ven-sam, 10h-19h dim, horaires réduits en hiver)

Kaupfélagið Raufarhöfn — €

Dans la lointaine Raufarhöfn, ce beau café (également galerie d'artisanat) ne manque pas de caractère (bois flotté, toiles, cafetières). Buffet au petit-déjeuner, café et gâteaux l'après-midi, plats simples le soir. (849 3536 ; facebook.com/kaupfelagidRaufarhofn ; Aðalbraut 24, Raufarhöfn ; soupe et café 1 500 ISK ; 10h30-21h, 10h30-19h ven, 10h30-17h dim)

Mývatn Nature Baths

Naustið €

Cet établissement jaune poussin recueille bien des louanges pour son poisson extra-frais, en brochettes, en tacos, en soupe. (📞464 1520 ; facebook.com/naustid ; Ásgarðsvegur 1, Húsavík ; plats 2 000-4 000 ISK ; 🕑11h45-22h)

Siglunes Guesthouse Restaurant €€

Heureuse surprise à Siglufjörður que ce délicieux restaurant marocain qui sert des tajines fumants à partir de produits locaux. (📞467 1222 ; hotelsiglunes.is ; Lækjargata 10, Siglufjörður ; plats 3 550-4 550 ISK ; 🕑18h-21h mar-jeu, 18h-22h ven-dim)

Sjávarborg €€

Chapeau bas à cet élégant restaurant qui surplombe le Centre islandais du phoque (p. 233) d'Hvammstangi. Réservez une table près des grandes baies vitrées donnant sur le fjord. (📞451 3131 ; sjavarborg-restaurant.is ; Strandgata 1, Hvammstangi ; menu déj 1 950 ISK, plats 2 300-4 950 ISK ; 🕑11h30-15h et 18h-22h lun-ven, 18h-22h sam-dim, horaires réduits oct-mai)

Naustið

Vogafjós €€

À 2,5 km au sud de Reykjahlíð, "L'Étable" est un restaurant mémorable, où l'on peut contempler un paysage verdoyant et découvrir la laiterie de la ferme (traite des vaches à 7h30 et 17h30). La carte est une ode aux produits locaux. (📞464 3800 ; vogafjosfarmresort.is ; route 848, Mývatn ; repas 2 390-5 360 ISK ; 🕑10h-23h juin-août, horaires réduits reste de l'année)

LES FJORDS DE L'OUEST

ISOLEMENT | NATURE | AVENTURE

LES FJORDS DE L'OUEST
à la carte

Les amateurs d'activités en plein air auront l'embarras du choix : accordez-vous suffisamment de temps pour profiter du splendide isolement des fjords de l'Ouest. Les routes peuvent y être cahoteuses, venteuses et lentes à parcourir, mais c'est ce qui fait pour partie le charme du périple. Le nouveau tunnel entre Arnarfjörður et Dýrafjörður a amélioré l'accès à la région et d'autres routes sont en construction.

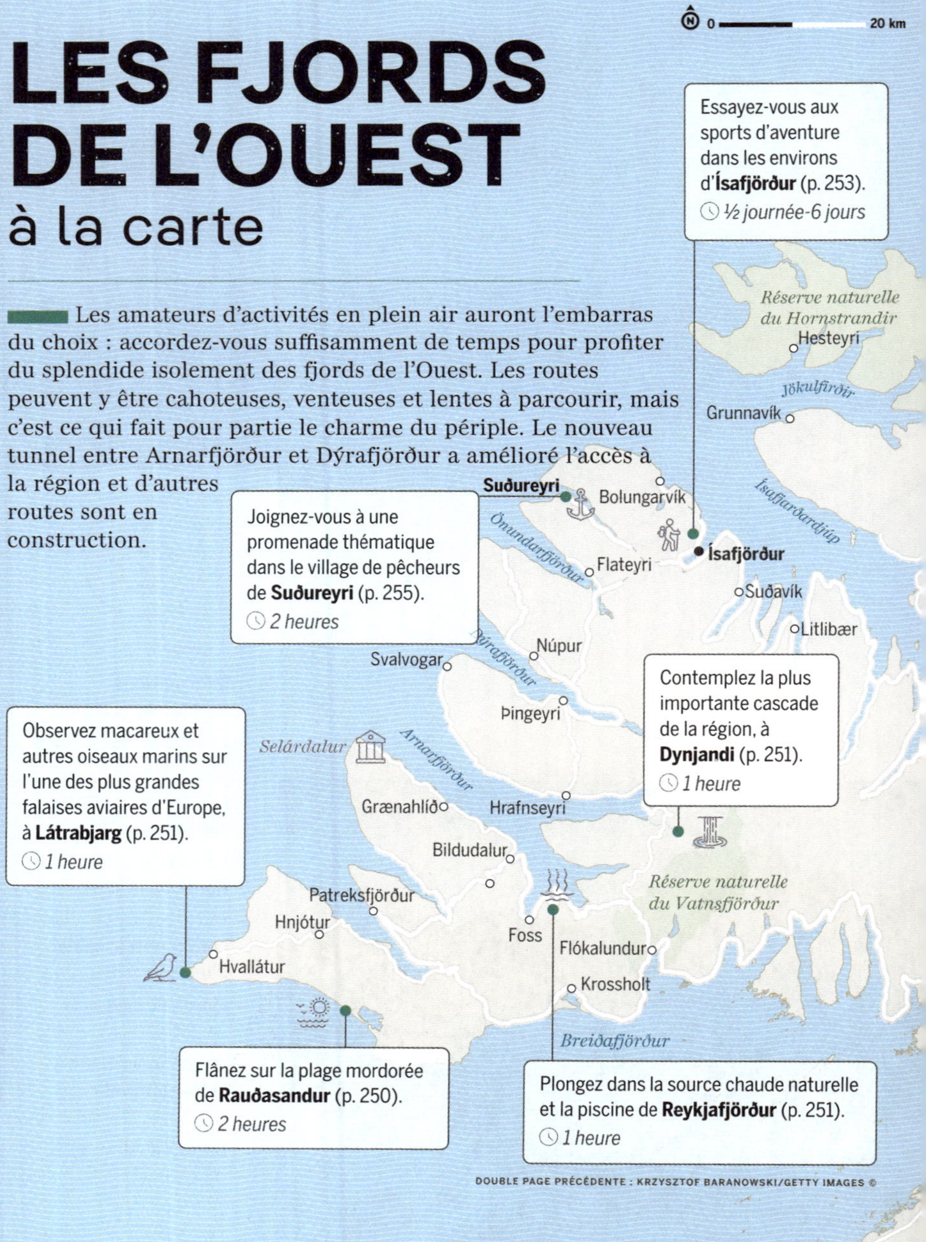

Informations pratiques

À L'ARRIVÉE

Avion Les vols de Reykjavík à Ísafjörður, Bíldudalur et Gjögur durent 40 minutes.

Voiture Le trajet de Reykjavík à Ísafjörður fait environ 450 km. Passez par Hólmavík, sur la côte est de la région, pour ne suivre que des routes goudronnées.

INFORMATION

Il y a des centres d'information touristique à Patreksfjörður, Þingeyri, Bolungarvík et Ísafjörður. (westfjords.is)

ARGENT

Certaines sources chaudes naturelles sont gratuites, mais l'on y trouve parfois une boîte à dons destinée à en financer l'entretien. Pensez à vous munir de monnaie.

OÙ LOGER

Localité	Pour/contre
Ísafjörður	La plus grande ville. Bonne base pour visiter le nord de la région.
Patreksfjörður	Bonne base pour visiter le sud des fjords de l'Ouest.
Þingeyri	Magnifiquement située. Moins de services et d'hébergements.
Hólmavík	La localité la plus grande du Strandir. Plusieurs pensions, Airbnb et cabanes.

COMMENT CIRCULER

Voiture Se déplacer en voiture est le moyen le plus simple de circuler (road.is).

Bus Les connexions sont rares et saisonnières (westfjords.is).

Vélo Renseignez-vous en ligne (cyclingiceland.is), et procurez-vous *The Biking Book of Iceland – Westfjords* d'Ómar Smári Kristinsson.

EN HAUT : MACIEJ MOSKWA/NURPHOTO VIA GETTY IMAGES ©, EN BAS : KAMILA KOZIOL/ SHUTTERSTOCK ©

SE RESTAURER ET PRENDRE UN VERRE

Terre et mer Le poisson et l'agneau dominent les cartes des restaurants.

Bière Dokkan Brugghús (p. 256 ; photo), à Ísafjörður.

Dîner avec art Flak, à Patreksfjörður, est à la fois galerie d'art, pub et restaurant (p. 257).

Souvenir culinaire Saltverk (p. 258 ; photo), Norður Salt (p. 258)

Meilleures gaufres Simbahöllin (p. 257)

Restaurant de poisson Tjöruhúsið (p. 257)

NOV-MARS
Aurores boréales, neige, saison de ski de décembre à avril.

AVR-MAI
Plus frais qu'en été, moins de visiteurs.

JUIN-AOÛT
Soleil de minuit pour de longues journées d'exploration.

SEPT-OCT
Couleurs automnales, aurores boréales, certains lieux ferment.

Les grands classiques

Pour les infos pratiques de chaque site, reportez-vous au carnet d'adresses p. 254.

Látrabjarg

Cette lointaine péninsule est réputée pour ses falaises qui s'étendent sur 12 km depuis le phare de Bjargtangar. En début d'été, elles sont envahies d'oiseaux marins venus s'y reproduire. Les côtes de la péninsule sont en outre ponctuées de plages désertes, comme celles de Rauðasandur ou de Breiðavík.

Hornstrandir

Montagnes escarpées, littoral aux falaises dangereuses et cascades entourent cette péninsule à peine habitée à l'extrémité nord des fjords de l'Ouest. Ce territoire – l'un des derniers authentiquement sauvages d'Europe – est une destination de choix pour les randonneurs chevronnés.

Ísafjörður

S'étirant sur une langue de terre qui avance dans le Skutulsfjörður, la ville d'Ísafjörður est entourée de hauts sommets et des eaux sombres du fjord. Son centre regroupe de charmants bâtiments en bois et en tôle, dont beaucoup n'ont pas changé depuis le XVIIIe siècle, ainsi que plusieurs musées intéressants, de bons restaurants et les principaux tour-opérateurs de la région.

Dynjandi

Dégringolant d'un escarpement rocheux de 100 m de haut, au fond de la baie de Dynjandivogur, Dynjandi est une large cascade qui sert de bassin hydrographique aux sommets et aux vallées environnants. La route accidentée qui y mène est célèbre pour ses points de vue fabuleux, en particulier sur le fjord tout en bas.

Djúpavík

L'immense conserverie de harengs au bord du fjord Reykjarfjörður fit la fortune de la région. Aujourd'hui abandonnée, elle acueille l'été des expositions d'avant-garde et doit sa célébrité à la vidéo du concert *Heima*, de Sigur Rós, donné ici en 2007.

Musée islandais des monstres marins

À Bíldudalur, petit village de pêcheurs posé au bord du majestueux Arnarfjörður, se trouve cet étrange et un peu inquiétant musée. Il détaille en effet les légendes de monstres aperçus notamment dans le fjord voisin.

Ísafjarðardjúp

Le plus grand fjord de la région (75 km de long) forme une immense échancrure dans le territoire des fjords de l'Ouest. Il se prête à de belles balades en kayak, notamment jusqu'à l'île de Vigur, paradis des macareux en saison. Sur la rive sud de l'Ísafjarðardjúp, la route 61 contourne une série de fjords plus petits, s'ouvrant sur des paysages sauvages.

35 Les fjords de l'Ouest SUR L'EAU

ACTIVITÉS | VIE SAUVAGE | EN MER

Dans cette région toute en fjords, vous ne serez jamais loin de la mer : alors, autant l'explorer sur l'eau. Kayak, circuits en bateau d'observation de la faune et des baleines, croisières, ou excursions de plongée et de snorkeling, figurent parmi les sorties possibles.

ELLI THOR MAGNUSSON/GETTY IMAGES ©

En pratique

Quand La période allant de mai à septembre se prête le mieux à la plupart des circuits, mais il est préférable de vérifier auprès des tour-opérateurs.

S'y rendre Parmi les points de départ des circuits : Ísafjörður, Ögur, Hólmavík, Heydalur et Norðurfjörður.

Tour-opérateurs Ces prestataires proposent des activités nautiques : aurora-arktika.com, beffatours.is, borea.is, divewestfjords.is, heydalur.is, lakitours.com, ogurtravel.com, strandferdir.is, wa.is, westtours.com.

DANIEL WESTERN/SHUTTERSTOCK ©

Paradis des kayakistes Parcourez fjords et péninsules pour des vues panoramiques inoubliables. Au fil de vos sorties, peut-être rencontrerez-vous des phoques, des oiseaux marins, des dauphins et même des baleines. Rejoignez en kayak la colonie d'oiseaux de Vigur. Des circuits de différents niveaux de difficulté et de durée variable (de 2 heures à 6 jours) sont envisageables.

Vigur Peuplée d'eiders, de macareux et de sternes arctiques, la bourgade isolée de Vigur (p. 254), située dans Ísafjarðardjúp, est un paradis pour les amateurs d'oiseaux. L'île (vigurisland.com) est habitée à l'année par une seule famille, qui récolte le duvet de canard de l'île, utilisé pour la literie et les vêtements de luxe, et qui gère l'hébergement et le café installés dans une maison en bois de 1860. L'établissement ne comptant que deux chambres avec kitchenette pour faire ses repas, et un modeste terrain de camping, avec équipements rudimentaires, pour les petits groupes, il n'est jamais surpeuplé. Les séjours ne sont certes pas donnés, notamment le camping, mais les tarifs incluent le transport jusqu'à ce lieu unique.

Observation de la faune Les eaux abritent plusieurs espèces de cétacés, dont des baleines à bosse. Des excursions d'observation de baleines et d'oiseaux, notamment des circuits pour voir les macareux vers l'île de Grímsey, dans le Steingrímsfjörður, sont également proposés. Vous pourrez aussi opter pour une sortie de pêche en mer avec possibilité de faire cuisiner vos prises.

Sous la surface Une séance de snorkeling ou de plongée dans le fjord offre une perspective vraiment unique. Des circuits privés et des croisières gastronomiques sont également organisés.

En haut Kayakiste, fjords de l'Ouest
En bas Oursin

Sous la surface

L'eau est très propre dans la région. Elle est également plus froide toute l'année que dans le reste du pays, mais la visibilité y est aussi meilleure. La vie marine y est de surcroît très riche : on trouve des saint-jacques, des moules, des oursins, des phoques, des oiseaux plongeurs (comme le guillemot et le petit pingouin), des algues corallinacées (souvent roses) et des maërls. Il existe aussi des forêts de varech et des os de cétacés sur le fond de l'océan, au niveau d'un site de chasse à la baleine norvégien du XIXe siècle – un bon spot de plongée.

Sveinbjörn Hjálmarsson
Propriétaire de Dive Westfjords. Sveinbjörn est un plongeur sous-marin professionnel, instructeur de plongée et guide. Il plonge toute l'année pour cueillir à la main oursins, saint-jacques et praires d'Islande pour l'entreprise Nora seafood. @simbikafari

Le mode de vie des fjords de l'Ouest

LA PÊCHE CONTINUE DE DOMINER LA VIE DANS LES PETITS VILLAGES

Plus encore que dans le reste de l'Islande, la vie des fjords de l'Ouest est inextricablement liée à la pêche. En témoignent ces petits ports où s'alignent les bateaux, ces menus à base de produits de la mer, ces séchoirs à poisson, ces usines de transformation, ces fermes piscicoles en pleine mer, voire cet ancien cimetière de pêcheurs français.

À gauche Vieux bateaux de pêche, Patreksfjörður **Au centre** Queues de poisson frit **À droite** Pêcheur, Musée maritime Ósvör

"Lorsque l'on voyage dans les fjords de l'Ouest, on ressent toujours le lien qui rattache la région à la pêche", affirme le Dr Matthias Kokorsch, directeur du programme de master "Communautés côtières et développement régional" au Centre universitaire des fjords de l'Ouest.

Depuis bien longtemps, les riches zones piscicoles font vivre les communautés rurales, mais elles ont connu des temps difficiles ces 25 dernières années. Cette situation est due à des changements techniques et à la privatisation des quotas de pêche, laquelle a entraîné leur concentration par de grandes entreprises, avec, à la clé, moins d'emplois. "Au fil des ans, des villages ont perdu leurs quotas de pêche et leurs centres de traitement ont été transférés ", explique Matthias. Selon lui, l'hiver 2019 a été particulièrement rude. Les avalanches et les fermetures de route ont rendu impossible le transport des marchandises. Dans le village de Flateyri, les avalanches de janvier 2020 ont détruit la majeure partie de la flotte de pêche. "Maintenir une entreprise à flot est difficile, dans cette région."

Une démographie changeante

Au cours des années, les communautés des fjords de l'Ouest ont vu leur population baisser. "C'est vraiment difficile d'inciter la jeunesse à revenir, d'autant que la grande majorité de l'activité dépend du secteur de la pêche", souligne Matthias. Cela dit, il reste optimiste pour l'avenir. "En certains lieux, on assiste à un accroissement de la population et à la mise en œuvre de projets innovants. Mais la qualité de vie compte également, et on ne saurait se focaliser sur le nombre d'habitants."

ZELJKA/SHUTTERSTOCK ©

ATLANTIDE PHOTOTRAVEL/GETTY IMAGES ©

Seuls 10% des touristes visitent les fjords de l'Ouest. "La tentation est grande de se contenter de suivre la route circulaire. Venir ici réclame d'avoir du temps devant soi, et de faire exprès un détour. Aussi, la région n'est-elle pas affectée par le tourisme de masse", ajoute Matthias. Les visiteurs viennent de surcroît principalement en été.

Plusieurs projets créatifs visent à attirer visiteurs et nouveaux résidents. Mentionnons des initiatives touristiques telles que le Sentier des produits de la mer de Suðureyri.

Des solutions créatives

Bien que l'économie doive encore se diversifier et ne plus se limiter à la pêche, plusieurs projets créatifs visent à attirer visiteurs et nouveaux résidents : programmes de masters universitaires, espaces de coworking, résidences artistiques et initiatives touristiques telles que le Sentier des produits de la mer de Suðureyri (p. 255). Certaines innovations se rapportent également à la mer, comme les produits pour greffes cutanées, à partir de peau de poisson. L'aquaculture a aussi connu un essor rapide ces dernières années, avec la création de fermes piscicoles. Ce dernier secteur est controversé, du fait de ses éventuelles conséquences environnementales.

Le programme pour les communautés fragiles de l'Institut de développement régional, géré par l'État, a reçu l'une des subventions à l'innovation destinées à dynamiser les régions rurales et mettre un frein au dépeuplement. Mais il faudra du temps : "Le développement régional ne saurait reposer sur des solutions à l'emporte-pièce", fait remarquer Matthias.

Musées

Musée maritime Ósvör, Bolungarvík

Réplique d'une station de pêche, avec, sur le rivage, cabane de salaison et cabane de séchage. Un canot traditionnel est également présenté, avec du matériel de pêche (p. 255).

Musée patrimonial des fjords de l'Ouest, Ísafjörður

Aménagé dans un ensemble de maisons du XVIIIe siècle, ce musée offre un aperçu de la riche histoire et de la culture de la région (p. 255).

Musée islandais des monstres marins, Bíldudalur

Plusieurs types de monstres auraient été signalés dans l'Arnarfjörður au fil des ans, notamment le cheval marin (semblable à un dragon). Apprenez-en plus à travers les textes, les photos et les expositions multimédias (p. 254).

36 Les incontournables d'un ROAD TRIP

PAYSAGES | RANDONNÉES | PISCINES

La Vestfjarðaleiðin, itinéraire touristique circulaire, vous fera découvrir les plus beaux sites des fjords de l'Ouest, entre paysages spectaculaires, sources chaudes et piscines naturelles. Inaugurée en octobre 2020, suite à l'ouverture du tunnel reliant les fjords d'Arnarfjörður et de Dýrafjörður, cette route permet de circuler toute l'année entre le nord et le sud de la région.

MENNO SCHAEFER/SHUTTERSTOCK ©

En pratique

S'y rendre Le point de départ de l'itinéraire se trouve à 111 km de Reykjavík, à l'endroit où l'on quitte la route circulaire pour prendre la Vestfjarðavegur (route 60) en direction de Búðardalur. Si vous arrivez de l'est, quittez la route circulaire pour la route 68 à Staðarskáli, juste après la station-service.

Quand La route est ouverte toute l'année, mais en hiver, certaines voies ne sont pas toujours déneigées. Vérifiez la météo et l'état des routes (safetravel.is, road.is ; vedur.is).

MAYALL/ULLSTEIN BILD VIA GETTY IMAGES ©

Paysages sensationnels

Les paysages de la région sont si saisissants que les conducteurs doivent prendre garde à ne pas se laisser distraire. Prévoyez assez de temps pour vous arrêter en chemin. Emportez un déjeuner et faites un pique-nique. La vue depuis le **Bolafjall**, à Bolungarvík, est l'un des nombreux points forts du voyage. Conduisez jusqu'au sommet de la montagne pour une vue panoramique sur l'Ísafjarðardjúp et le Jökulfirðir. Lors de la rédaction de ces lignes, une plateforme d'observation était en construction, et la mise en place de services et d'infrastructures, ainsi que des plans pour assurer l'accès au-delà des mois d'été, était prévue.

Paradis des randonneurs

La région est idyllique pour les amoureux de la nature, qui peuvent aisément glisser quelques courtes randonnées dans leur périple. À 998 m d'altitude, le **Kaldbakur**, dans la chaîne surnommée les Alpes des fjords de l'Ouest, est le plus haut sommet de la région. Son ascension, avec, à l'issue, une vue superbe sur l'Arnarfjörður et le Dýrafjörður, dure 4 heures, mais il faut prendre un 4x4 pour rejoindre le départ du sentier, à 2 km à l'ouest de Þingeyri.

Si la majorité des vues donnent sur les paysages ininterrompus de cette zone faiblement peuplée, celles qui donnent sur la ville d'Ísafjörður et ses environs vous feront oublier la montée escarpée. Comptez quelque 30 minutes pour grimper jusqu'à l'immense **Naustahvilft** (le Siège du troll), semblable à un cratère, situé au nord-est de l'aéroport d'Ísafjörður.

Pour plus d'information, consultez le site vestfjardaleidin.is.

À gauche Route en épingle à cheveux du Bolafjall **Ci-dessous** Baigneurs à Hellulaug

Un plongeon dans l'eau

Ce que j'aime dans les fjords de l'Ouest, c'est leur caractère sauvage et isolé : on y rencontre fort peu de monde. C'est comme de remonter dans le temps. La région compte aussi quelques sources et piscines géothermales. Ma préférée est celle de Hellulaug (près de Flókalundur). Plonger ici est un bon moyen de débuter ou de terminer son long périple en voiture dans la région. L'eau est à la température idéale. Autre lieu très prisé : la piscine et la source chaude de Reykjafjörður, près de Bíldadalur (p. 256). En hiver, on peut s'asseoir dans l'eau chaude, entouré de neige et d'obscurité.

Páll Stefánsson
Páll fait des photos de l'Islande depuis 40 ans. Il a publié plus de 35 livres, a été lauréat de nombreux prix, et a rang de Sony Global Imaging Ambassador. Il se rend dans les fjords de l'Ouest quatre à six fois par an. @pallistef

FJORDS
et paysages

01 Krossneslaug

Piscine géothermale sur le littoral, au bout de la route du Strandir. Vue panoramique sur l'Atlantique nord (p. 256).

02 Valagil

Ravin percé d'une haute cascade, près de Súðavík.

03 Önundarfjörður

Un fjord bordé de falaises à pic et d'une plage de sable doré. Le village de Flateyri y est niché.

04 Dýrafjörður

Autre fjord mémorable. On y trouve également le village de Þingeyri.

05 Hot pots de Drangsnes

Hot pots en front de littoral, dans la localité de Drangsnes, avec vue sur le fjord.

06 Rauðasandur (ou Rauðisandur)

Une longue plage dorée qui abrite oiseaux et phoques (route 614).

07 Svalvogavegur

Une route côtière étroite et cahoteuse qui longe la montagne, entre Dýrafjörður et Arnarfjörður. Accessible uniquement l'été à pied, en VTT ou en 4x4 bien équipé.

08 Vigur

Petite île de l'Ísafjarðardjúp peuplée

d'une abondante avifaune marine. On l'atteint en bateau ou en kayak (p. 254).

09 Reykjafjarðarlaug

Piscine et source chaude naturelle à Reykjafjörður, avec vue sur l'Arnarfjörður (p. 256).

10 Dynjandi

Une cascade constituée de sept chutes et haute de 100 m (Fjallfoss, route 60).

11 Látrabjarg

Macareux et autres oiseaux marins peuvent être observés de près sur la falaise aux oiseaux de Látrabjarg (route 612).

12 Grímsey

Une autre île forte d'une riche population aviaire. Au large de Drangnes, dans le Steingrímsfjörður. Des circuits en bateau sont organisés (malarhorn.is).

13 Hornbjarg

Une falaise spectaculaire, zone de nidification appréciée des oiseaux, dans la réserve isolée du Hornstrandir. Accessible uniquement par bateau ou à la faveur d'une randonnée de plusieurs jours (p. 252).

37 Randonnées dans le HORNSTRANDIR

ISOLEMENT | CIRCUITS ORGANISÉS | PAYSAGES

La réserve naturelle du Hornstrandir ne compte ni route, ni boutique, ni habitant permanent, et n'est accessible qu'en bateau ou à pied. Lieu de randonnée exceptionnel, elle se distingue surtout par ses hautes falaises peuplées d'oiseaux, ses fleurs sauvages et ses renards arctiques. Notre itinéraire inclut une randonnée guidée de 23 km partant de Hornvík jusqu'au Veiðileysufjörður.

AGATHA KADAR/SHUTTERSTOCK ©

Dans le respect de la nature

Le Hornstrandir étant une zone protégée, il est important de rester sur les sentiers de randonnée. La flore est délicate et les animaux ne doivent pas être dérangés. Le survol de la réserve par un drone nécessite un permis de l'Agence pour l'environnement. Vous devrez remporter tout ce que vous avez amené, sans rien laisser sur place. Vous pourrez planter votre tente dans les lieux dédiés au camping.

Ragúel Hagalínsson
Garde-forestier et guide dans le Hornstrandir.

En pratique

S'y rendre L'excursion guidée par Borea (borea.is) part en bateau d'Ísafjörður.

Quand Entre début juin et mi-septembre, en fonction du temps.

Circuit et compagnies de ferry Borea.is. Il existe d'autres sociétés proposant circuits ou ferry : westtours.is et hornstrandaferdir.is au départ de Bolungarvík, et strandferdir.is au départ de Norðurfjörður.

Sécurité Les marcheurs expérimentés se lançant dans une randonnée sans guide doivent préparer un plan de voyage, emporter un GPS, une boussole et une carte et envisager de prendre une balise de localisation personnelle (safetravel.is).

FOTOSEARCH/GETTY IMAGES ©,
GIMAS/SHUTTERSTOCK ©

01 Les circuits guidés et les ferry partent d'**Ísafjörður**. Sur place, complétez votre matériel et ravitaillez-vous pour la randonnée. Passez au centre d'information (p. 254) pour tout renseignement et louez une balise de localisation si vous prévoyez une randonnée non guidée.

02 Sise dans une baie spectaculaire, **Hornvík** est le point d'arrivée du ferry.

03 **Hornbjarg** est l'une des plus importantes falaises aviaires de l'Atlantique nord.

04 Fjord escarpé, le **Veiðileysufjörður** offre une vue idéale sur le Jökulfirðir le long du parcours, en descente, vers le ferry du retour.

Carnet d'adresses

Les grands classiques (p. 242)

Exposition d'art de la conserverie de Djúpavík

À 1 heure 15 (69 km) de voiture d'Hólmavík. (451 4037 ; djupavik.is ; Reykjarfjörður ; 9h-18h30 juin-août) GRATUIT

Hornstrandir

Voir aussi p. 252. La réserve naturelle est gérée, de manière très stricte, par l'Agence islandaise pour l'environnement. (591 2000 ; ust.is/hornstrandir)

Ísafjörður

Le centre d'information régional est une mine de renseignements sur les fjords de l'Ouest et la réserve naturelle du Hornstrandir. (450 8060 ; isafjordur.is ; Aðalstræti 7, Edinborgarhús ; 8h-18h lun-ven, 8h-15h sam-dim juin-août, 8h-16h lun-ven sept-mai)

Musée islandais des monstres marins Skrímslasetur

Voir aussi p. 247. (456 6666 ; skrimsli.is ; Strandgata 7, Bíldudalur ; adulte/enfant 1 250 ISK/gratuit ; 10h-18h juin-août)

Vigur

Voir aussi p. 245. Ögur Travel et West Tours organisent des excursions en bateau et des sorties en kayak jusqu'à l'île. (ogurtravel.com ; westtours.is)

Art et culture

Musée de l'Élevage ovin

Découvrez-en plus sur l'histoire pastorale du pays. Vous pourrez nourrir les agneaux et jeter un œil à la boutique d'artisanat. À 11 km au sud d'Hólmavík. (Sauðfjársetur á Ströndum ; 693 3474, 451 3324 ; facebook.com/saudfjarsetur ; adulte/enfant 1 000 ISK/gratuit ; 10h-18h juin-août)

Musée de la Sorcellerie

Ce musée d'Hólmavík retrace l'histoire de la chasse aux sorcières (ou plutôt, aux sorciers, la plupart des condamnés ayant été des hommes) dans l'Islande du XVIIe siècle. (Strandagaldur ; 897 6525 ; galdrasyning.is ; Höfðagata 8, Hólmavík ; adulte/enfant 950 ISK/gratuit ; 9h-19h mai-sept, horaires réduits reste de l'année)

Musée de la Vie quotidienne

Ce musée d'Ísafjörður revient, entre témoignages et tranches d'histoire, sur la vie de tous les jours dans les fjords de l'Ouest. (Hversdagssafn ; 694 4266 ; everydaylife.is ; Hafnarstræti 5, Ísafjörður ; adulte/enfant 700 ISK/gratuit ; 10h-17h lun-ven, 11h-14h sam)

Musée Samúel Jónsson

À Sélardalur, ce musée coloré, qui domine l'Arnarfjörður, se distingue par ses insolites statues en plein air et son église construite par l'artiste Samúel Jónsson (1884-1969). Il se trouve à 40 minutes (20 km) de route de Bíldudalur par une voie gravillonnée. (698 7533 ; samueljonssonmuseum.jimdo.com ;

Ósvör

Brautarholt, Selárdalur ; adulte/enfant 500 ISK/gratuit ; 24h/24)

Musée maritime Ósvör

Voir p. 247. (Ósvör Sjóminjasafn ; 892 5744 ; osvor.is ; Við Óshlíðarveg, Bolungarvík ; adulte/enfant 1 000 ISK/gratuit ; 9h-17h, 10h-17h sam-dim juin à mi-août, sur rdv reste de l'année)

Musée mémorial Jón Sigurðsson

À Hrafnseyri dans l'Arnarfjörður se trouve un musée dédié à Jón Sigurðsson (1811-1879), artisan de l'indépendance islandaise. Dégustez café et gaufres dans la maison en tourbe, réplique de la ferme où il a grandi. Des événements spéciaux se tiennent le 17 juin, jour de l'indépendance. (456 8260 ; hrafnseyri.is ; Hrafnseyri, Arnarfjörður ; 11h-18h juin-déb sept) GRATUIT

Musée patrimonial des fjords de l'Ouest

Voir p. 247. (Byggðasafn Vestfjarða ; 456 3293 ; nedsti.is ; Neðstikaupstaður, Ísafjörður ; adulte/enfant 1 300 ISK/gratuit ; 9h-17h mi-mai à sept)

Sentier des produits de la mer de Suðureyri

Promenade à pied guidée avec dégustation. (Suðureyri ; fishermaniceland.com)

Aventures en plein air

À cheval ou en vélo dans la péninsule de Þingeyri

Pour découvrir la péninsule, rien de tel qu'une randonnée équestre en petit groupe. Vous aurez le choix entre la balade de 2 heures dans la tranquille vallée de Sandar ou le trek avec franchissement de cours d'eau jusqu'aux plages de sable noir. On peut aussi louer un VTT ou un *fatbike* (vélo à gros pneus) pour parcourir seul des sentiers accidentés, par exemple celui qui longe la lisière nord de la péninsule et le Dýrafjörður jusqu'à la magnifique vallée de Haukadalur, un important site viking. (Simba Horses & Bike Rental ; 869 5654 ; westfjords-

Þingeyri

horseriding.com ; Fjarðargata 5, Þingeyri ; mi-mai à mi-sept)

Hors-piste dans le Hornstrandir

Traversez des fjords isolés pour faire de superbes sorties en ski en profitant du panorama sur la réserve naturelle du Hornstrandir, que l'on atteint seulement en bateau. Borea Adventures (borea.is) et Aurora Arktika (aurora-arktika.com) organisent des excursions ski et voile de plusieurs jours au départ d'Ísafjörður avec hébergement sur leurs yachts. Borea propose également des circuits au départ de son chalet de ski du Hornstrandir. Si vous pouvez vous le permettre, c'est une expérience à ne pas manquer.

Ski près d'Ísafjörður

Borea (borea.is) met également sur pied des excursions de ski hors piste dans les montagnes autour d'Ísafjörður. La station de ski des Deux Vallées (Dalirnir Tvei), située à 6 km d'Ísafjörður, est une option plus abordable. Tungudalur possède trois remontées mécaniques et Seljalandsdalur est recommandée pour le ski de fond.

Randonnée dans le Hornstrandir

Faire une randonnée ou prendre un bateau au départ de Norðurfjörður est une autre solution pour rejoindre le Hornstrandir via

Ísafjörður. Suivez la route de gravier dans la région est des fjords de l'Ouest – comptez 2 heures de route depuis Hólmavík. Au bout de la route vous attendent Norðurfjörður et la piscine Krossneslaug. De juin à août, les randonneurs expérimentés et bien préparés peuvent marcher jusqu'à Drangaskörð ou à la piscine de Reykjarfjörður, voire plus loin encore. Des circuits en bateau sont également disponibles. (strandferdir.is ; reykjarfjordur.is ; safetravel.is)

Baignades

Bains de mer de Reykhólar

Plongez dans des bains de mer, chauds et infusés aux algues, de la baie de Breiðafjörður. On y vend également de la poudre de varech séché, qui peut être utilisée comme masque pour le visage ou chez soi, dans le bain. (Sjávarsmiðjan ; 577 4800 ; sjavarsmidjan.is ; Vesturbraut, Reykhólar ; adulte/enfant 3 900 ISK/gratuit ; horaires variables)

Krossneslaug

Voir p. 250. (à environ 3 km de Norðurfjörður par un chemin de terre ; adulte/enfant 650/200 ISK ; 24h/24)

Piscine de Birkimelur

Depuis la piscine aménagée sur le littoral de Lauganes on a belle vue sur la baie de Breiðafjörður. (456 2080 ; Lauganes við Hagavaðal ; juin à mi-août)

Piscine géothermale de Laugarhóll

L'Hótel Laugarhóll possède une piscine géothermale (température de l'eau : 32°C à 35°C), située dans un cadre magnifique. Ne manquez pas le petit *hot pot* (41°C) juste à côté. Ce profond trou naturel dans la roche ne peut accueillir qu'une personne et est alimenté par Gvenderlaug, le bassin sacré situé en amont dans la montagne. (451 3380 ; laugarholl.is ; Bjarnarfjörður, adulte/enfant 600 ISK/gratuit ; 8h-22h)

Pollurinn

Les *hot pots* (46°C) naturels tapissés de ciment de Pollurinn ("la flaque") sont un site phare des fjords de l'Ouest : entourés de montagnes, ils ont vue sur le fjord. (à 4 km de Tálknafjörður, route 617 ; 24h/24) GRATUIT

Reykjafjarðarlaug

Voir p. 251. (à 23 km au sud-est de Bíldudalur et à 17 km à l'ouest de l'embranchement de la route 60)

Manger (et boire)

Dokkan Brugghús

Voir p. 241. Incontournable pour goûter la bière pression locale. (788 1980 ; dokkanbrugghus.is ; Sindragata 14, Ísafjörður ; 16h-23h mer-sam)

Dunhagi €

Occupant une maison ancienne joliment rénovée, avec parquets, sofas et photos d'antan, ce restaurant de Tálknafjörður donne à découvrir les vraies saveurs des fjords de l'Ouest. On s'y régale de plats d'agneau islandais, de truite pêchée dans le fjord, d'algues et de salades récoltées sur la plage voisine par Dagný, l'affable propriétaire. (662 0463 ; cafedunhagi.is ; Sveinseyri, Tálknafjörður ; plats 1 900-3 900 ISK ; 14h-22h mai à août)

Pollurinn

Fisherman €€

Installé dans le Fisherman Hotel, à Suðureyri, ce café/bistrot propose des repas mijotés avec des ingrédients d'origine locale et (rien d'étonnant !) des produits de la mer de première fraîcheur. Ouvert l'été, en soirée. (☎450 9000 ; fisherman.is ; Aðalgata 15, Suðureyri ; plats 3 900-5 000 ISK ; 🕒18h-21h)

Flak

Voir p. 241. (☎456 0145 ; facebook.com/flakrestaurant ; Eyrargata, Patreksfjörður ; 🕒16h-23h)

Kaffi Norðurfjörður €€

Installé à une table donnant sur le minuscule port de Norðurfjörður, profitez de mets à base d'ingrédients des fjords et des montagnes – leur agneau islandais sauce béarnaise et leur cabillaud aux câpres sont réputés. N'oubliez pas de commander à l'avance votre petit-déjeuner, qui se composera de pancakes, porridge islandais à la cannelle, bacon et œufs. (☎862 3944 ; facebook.com/KaffiNordurfjordur ; port de Norðurfjörður ; plats 1 390-4 850 ISK ; 🕒12h-21h juin-août)

Litlibær €

Cette maison du XIXe siècle au toit de tourbe, à Ísafjarðardjúp, est l'un des restaurants les plus pittoresques des fjords de l'Ouest. Les propriétaires, nés et élevés dans cette ferme de Skötufjörður, concoctent de savoureuses gaufres en forme de cœur garnies de crème fouettée et de confiture de myrtilles et de framboises maison. (☎456 4809 ; litlibaer.is ; Skötufjörður, Ísafjarðardjúp ; gaufres et café 1 200 ISK ; 🕒10h-17h mi-mai à mi-sept)

Stúkuhúsið €€

Le personnel de ce merveilleux restaurant de Patreksfjörður sert des salades nourrissantes, de la soupe au poulet, de l'agneau d'Islande et la spécialité maison : du bon poisson frais pêché dans le fjord que l'on voit de la fenêtre – le cabillaud à la pointe de wasabi

ASKJA/ALAMY STOCK PHOTO ©

Simbahöllin

est délicieux. (☎456 1404 ; stukuhusid.is ; Aðalstræti 50, Patreksfjörður ; plats 1 300-4 990 ISK ; 🕒11h-23h mi-mai à août, 12h-16h mer-sam reste de l'année)

Simbahöllin €€

Aménagé dans une ancienne épicerie restaurée de 1915, à Þingeyri, le Simbahöllin sert de mémorables gaufres, accompagnées de confiture de rhubarbe maison et de crème. (☎899 6659 ; simbahollin.is ; Fjarðargata 5, Þingeyri ; en-cas et plats 1 400-3 100 ISK ; 🕒10h-22h mi-juin à août, 12h-18 mi-mai à mi-juin et déb sept)

Tjöruhúsið €€

Ce restaurant chaleureux et rustique d'Ísafjörður sert l'une des meilleures cuisines de la mer des environs. Le menu du soir, en self-service, comprend soupe, poisson du jour (en arrivage direct du port tout proche) et dessert du type mousse au chocolat. Le dîner commence à 19h précises. Réservation impérative. (☎456 4419 ; facebook.com/tjoruhusid ; Neðstakaupstaður 1, Ísafjörður ; plats 2 600-5 700 ISK ; 🕒12h-14h et 19h-21h juin-sept)

Fêtes et festivals

Festival de musique Aldrei fór ég suður

Tous les ans à Pâques, Ísafjörður accueille le festival de musique "Je ne suis jamais allé vers le sud", où se produisent des artistes islandais en vue. (aldrei.is)

Festival Dýrafjarðardagar

Événement majeur de Þingeyri, le festival Dýrafjarðardagar se déroule le dernier week-end de juin ou le premier week-end de juillet. Il donne lieu à des combats mis en scène et célèbre le patrimoine viking de la région, ainsi que la saga de Gísli Súrsson, héros local. (facebook.com/dyrafjardardagar/)

Foot de boue

Appelé Mýrarboltinn en islandais, le tournoi de football de boue, qui se tient à Ísafjörður, est le point d'orgue du week-end des commerçants célébré dans tout le pays le dernier week-end de juillet ou le premier week-end d'août. Tout le monde est invité à participer au match et si vous n'avez pas d'équipe, vous pouvez contacter les organisateurs qui vous mettront en relation avec l'une d'elles. Les équipes fabriquent elles-mêmes leur tenue. La mieux vêtue se voit décerner un prix ! Attendez-vous à repartir couvert de boue. Le programme inclut aussi des concerts de grands artistes islandais. (myrarbolti.com)

Produits locaux

Ancienne librairie de Flateyri

Ouverte en 1914, cette librairie est tenue pour le plus ancien commerce encore en activité d'Islande. L'intérieur a été laissé dans son état d'origine et une grande partie de l'équipement de l'ancien magasin demeure en usage. Vend également cartes postales, marque-pages et sucreries. (Gamla Bókabúðin Flateyri ; 840 0600 ; flateyribookstore.com ; Hafnarstræti 3, Flateyri ; don apprécié ; 11h-17h mi-mai à mi-sept)

Chocolatier Sætt & Salt

Du sel de mer de Saltverk entre dans la composition de ces appétissants chocolats, confectionnés à Súðavík. (893 0472 ; facebook.com/saettogsalt/ ; Eyrardalur 2, Súðavík ; 14h-16h lun-ven)

Huile de foie de morue Drópi

Riche en vitamines et oméga-3, l'huile de foie de morue est un aliment de base du régime islandais, et permet notamment, aux mois hivernaux, de pallier le manque de vitamine D. Pressée à froid, celle de Bolungarvík est disponible dans des saveurs originales, notamment fenouil, gingembre et menthe verte. On la trouve en ligne ou en boutique partout dans le pays. (dropi.com)

Ívaf Knitwear

Des articles en laine (bonnets, caleçons longs, pulls, etc.) confectionnés à la main et localement. Disponibles dans l'atelier d'Ísafjörður et en ligne. (774 1454 ; ivafknitwear.is ; Aðalstræti 22b, Ísafjörður)

Norður Salt

Produits, à Reykhólar, grâce à l'énergie géothermique, ces flocons de sel de mer peuvent être aromatisés, entre autres, aux myrtilles, au bouleau et au chêne fumés ou à la réglisse. La société accueille volontiers les visiteurs, qui peuvent venir regarder par les fenêtres la façon dont sont formés les cristaux de sel. Vous pourrez en acheter en ligne ou un peu partout dans le pays. (537 9095 ; nordurco.com ; Hafnarslóð 1, Reykhólar)

Saltverk

Des flocons de sel de mer sont également produits par géothermie à Reykjanes. Plusieurs arômes proposés : algues, bouleau fumé, thym arctique, réglisse et "lave". L'entreprise met l'accent sur une production durable et sans émission de carbone. Disponibles en ligne et en boutique dans le pays. (519 6510 ; saltverk.com ; Reykjarfjörður)

The Fjord People

Cet atelier et espace de coworking d'Ísafjörður gère une boutique en ligne qui vend des objets uniques, comme des cartes des fjords de l'Ouest dessinées à la main, des aquarelles, des lainages Ívaf et un livre de cuisine du café Simbahöllin, à Þingeyri. (fjordpeople.is/shop)

Villimey

Cette marque islandaise réputée et gérée en famille fabrique un choix de baumes et de pommades bio à partir de plantes sauvages islandaises. Sa boutique de Tálknafjörður n'a pas vraiment d'heures d'ouverture : appelez, un membre de la famille viendra vous ouvrir. Il existe une boutique en ligne. (☎892 8273 ; villimey.is ; Strandagata 44, Tálknafjörður ; ⏲ horaires variables mi-mai à mi-août)

Norður Salt

L'OUEST

AVENTURE | PLEIN AIR | GASTRONOMIE

L'OUEST
à la carte

L'Ouest est, peut-être plus que toute autre région d'Islande, riche en merveilles naturelles à explorer. Découvrez-les à pied en gravissant le Snæfellsjökull, un volcan surmonté d'un glacier ; en kayak à la faveur d'une balade en mer au pied du mont Kirkjufell ; ou en vous prélassant dans des sources chaudes près de Húsafell.

Montez au sommet du glacier **Snæfellsjökull** (p. 266).
½-1 journée

Dégustez des fruits de mer frais et explorez la jolie bourgade de **Stykkishólmur** et ses environs (p. 271).
3 heures-1 jour

Enfoncez-vous dans le tunnel de glace du **Langjökull** (p. 278).
2-4 heures

En kayak depuis Grundarfjörður, profitez d'une vue unique sur le mont **Kirkjufell** sous le soleil de minuit (p. 271).
3 heures

Promenez-vous sur la plage de **Djúpalónssandur**, avec ses galets noirs, ses formations de lave et ses pierres de levage (p. 268).
1 heure

Admirez la cascade de **Hraunfossar** jaillir d'un champ de lave, et sa voisine, **Barnafoss** (p. 277).
1 heure

Informations pratiques

À L'ARRIVÉE

Aéroport international de Keflavík Il faut ensuite passer par Reykjavík avant de rejoindre l'Ouest. Borgarnes, à 76 km de là, est bien desservie.

Voiture et bus Les bus (straeto.is) depuis Reykjavík sont peu fréquents.

RENSEIGNEMENTS

Il y a des points d'information touristique sur la péninsule de Snæfellsnes, au parc national du Snæfellsjökull et à Borgarbyggð.

ARGENT

Les piscines municipales sont d'un bon rapport qualité/prix. Il y a de très bons campings dans la région.

OÙ LOGER

Localité	Pour/contre
Borgarnes	Point de chute d'où partir en excursion ; services et hébergements nombreux.
Húsafell	Point d'accès vers les hautes terres du centre ; apprécié pour son camping, ses résidences estivales et ses hôtels chics, comme l'Hotel Húsafell.
Péninsule de Snæfellsnes	Au sud, belles vues sur le glacier Snæfellsjökull ; au nord, plus d'infrastructures.

COMMENT CIRCULER

Voiture
Le meilleur moyen de se déplacer à moins d'opter pour un circuit organisé.

Bus
Plusieurs lignes (bus.is), peu fréquentes, relient certaines villes.

SE RESTAURER ET PRENDRE UN VERRE

Produits laitiers Glace et *skyr* à la ferme d'Erpsstaðir (p. 280).

Production locale Viande et légumes directement produits et servis à la ferme de Bjarteyjarsandur (p. 280), à Hvalfjörður.

Bière Dégustation à la microbrasserie Steðji (p. 281).

Slow Food Circuits gastronomiques avec l'agence Crisscross (crisscross.is).

Le plus beau cadre Hotel Flatey (p. 281)

Produits de la mer Restaurants Sjávarpakkhúsið (p. 281) et Bjargarsteinn Mathús (p. 281)

JAN-MARS
Paysages enneigés et sporadiques aurores boréales.

AVR-MAI
Période plus fraîche que l'été, mais aussi moins touristique.

JUIN-AOÛT
Longues journées ensoleillées, idéales pour la randonnée.

SEPT-DÉC
Les paysages changent. Aurores boréales. Certains lieux ferment.

Les grands classiques

Pour les infos pratiques de chaque site, reportez-vous au carnet d'adresses p. 278.

© SUMOS/STOCK.ADOBE.COM

Snæfellsjökull

Le parc national du Snæfellsjökull englobe une grande partie de la pointe ouest de la péninsule de Snæfellsnes, notamment les pentes accidentées du glacier du Snæfellsjökull. Le littoral offre de magnifiques plages de galets noirs et des sites d'observation d'oiseaux et de baleines.

© CAROLA VAHLDIEK/STOCK.ADOBE.COM

Breiðafjörður

La péninsule découpée de Stykkishólmur avance au nord dans le Breiðafjörður, une immense étendue d'eau séparant la péninsule de Snæfellsnes des imposantes falaises des fjords de l'Ouest. Prenez la mer, en kayak, en bateau, en ferry pour y découvrir des paysages de rêve peuplés d'innombrables oiseaux, sans oublier de faire escale sur l'île de Flatey (photo).

Stykkishólmur

La bourgade de Stykkishólmur est la plus grande de la péninsule de Snæfellsnes. Construite autour d'un port naturel, son charme tient surtout à ses édifices colorés datant de la fin du XIXe siècle, notamment la Norska Húsið. Son choix de restaurants et d'hébergements en fait une base idéale pour découvrir la région.

© MANDRITOIU/STOCK.ADOBE.COM

Hraunfossar

La spectaculaire "cascade du Champ de lave" doit son nom à l'eau cristalline qui jaillit de sous le champ de lave qui l'entoure. Vous pourrez continuer sur le sentier balisé jusqu'à Barnafoss, une autre chute d'eau bouillonnante.

Langjökull

La calotte glaciaire du Langjökull est le deuxième plus grand glacier d'Islande et le grand glacier le plus proche de Reykjavík. Une immense galerie (300 m) et une série de grottes creusées par l'homme vous font pénétrer au cœur du glacier, à 1 260 m au-dessus du niveau de la mer.

The Settlement Centre

Dans la petite ville de Borgarnes, ce musée de la Colonisation est le prélude idéal à toute exploration de l'Islande. Aménagé dans un entrepôt ingénieusement restauré à côté du port, il se prête à de fascinantes immersions dans l'histoire des premiers Islandais et l'âge des sagas.

38 À l'assaut d'un GLACIER

MERVEILLE NATURELLE | AVENTURE | PANORAMA

Par temps dégagé, le cône aplati du Snæfellsjökull, un volcan coiffé d'une calotte glaciaire, domine l'horizon sur l'essentiel de la route de Reykjavík à la péninsule de Snæfellsnes. Du haut de ses 1 446 m, vous verrez la capitale au loin, la péninsule de Reykjanes au sud et les fjords de l'Ouest au nord. Des agences organisent des excursions en ski.

LEOSPEK/SHUTTERSTOCK ©

En pratique

S'y rendre
Le Snæfellsjökull est à 2 heures 30 de route de Reykjavík.

Tarifs Excursion en dameuse (de 9 000 à 23 000 ISK) ; randonnée guidée (de 15 000 à 25 000 ISK) ; excursion privée en ski pour 4 à 6 personnes (à partir de 45 000 ISK/pers).

Tour-opérateurs
Randonnée (gowest.is), randonnée depuis Reykjavík (mountainguides.is), excursions à ski ou à pied depuis Reykjavík (asgardbeyond.com), tour en dameuse (sfn.is).

NINA B/SHUTTERSTOCK ©

Bas gauche Roches volcaniques au pied du Snæfellsjökull **Haut gauche** Randonnée sur le Snæfellsjökull **Droite** Svöðufoss et Snæfellsjökull

Faites-vous votre propre aventure

C'est une longue journée de marche qui vous attend sur les versants abrupts et enneigés du Snæfellsjökull (6 à 12 heures selon la météo et la saison), mais une fois au sommet, vous aurez le sentiment d'avoir le monde à vos pieds. Il existe aussi des randonnées d'une demi-journée correspondant à une partie de l'ascension, mais on peut également monter en dameuse d'avril à août. Vous pourrez aussi redescendre avec vos propres skis (d'avril à juin), si vous êtes d'un bon niveau, ou en réservant une excursion privée (pour les petits groupes avec un gros budget). Tâchez de venir quand le ciel est dégagé, afin de profiter de la vue sur l'océan. C'est en automne, après les fontes de l'été, que les crevasses glaciaires sont les plus impressionnantes.

La sécurité avant tout

Mieux vaut partir en excursion avec un prestataire agréé. Il vous procurera l'indispensable matériel de sûreté (crampons, corde, baudrier, etc.), adapté à la saison. Vous trouverez des informations au centre des visiteurs du parc (p. 278).

Une puissance inspirante

Le classique de Jules Verne, *Voyage au centre de la Terre* (1864), et le roman du prix Nobel islandais, Halldór Laxness, *Úa ou Chrétiens du glacier* (1968), ont tous deux pour cadre le Snæfellsjökull. D'aucuns le tiennent par ailleurs pour un "centre d'énergie" majeur.

Protéger l'environnement

Notre glacier fond si rapidement que les glaciologues prédisent qu'il aura disparu d'ici 2050. Il est pourtant un élément emblématique de la région, et contribue à réguler le climat de la péninsule, son hydrologie et sa biodiversité. Il y apporte aussi une énergie mystique, qui influe sur les habitants comme les visiteurs. Si vous ne voyez pas de quoi je parle, faites-en l'expérience par vous-même ! En matière d'environnement, chaque action a un impact. Vous pouvez, par exemple, en rejoindre le sommet à pied et compenser les émissions de CO_2 de votre voyage en avion en faisant un don à l'Iceland Carbon Fund, qui plante des arbres.

Jón Jóel Einarsson
Jón a escaladé le Snæfellsjökull pour la première fois en 1975, et est devenu guide quelques années plus tard. Passionné par la protection de l'environnement, il est un fervent défenseur de l'éco-tourisme. Il est le fondateur et copropriétaire de Go West.
@gowesticeland

MERVEILLES
de Snæfellsnes

01 Djúpalónssandur

À l'extrémité ouest de la péninsule, la route 572 mène à cette crique de galets noirs et luisants, encadrée de formations de lave.

02 Gatklettur

Près d'Arnarstapi, une arche rocheuse sur une côte peuplée d'oiseaux.

03 Breiðafjörður

Constellée d'innombrables îlots, cette baie, riche en faune aviaire et marine, sépare la péninsule de Snæfellsnes et les fjords de l'Ouest.

04 Kirkjufell et Kirkjufellsfoss

Le mont Kirkjufell (463 m), apparu notamment dans la série *Game of Thrones*, domine les chutes de Kirkjufellsfoss.

05 Löngufjörur

Appréciée des cavaliers, voici l'une des rares plages de sable blond du pays. D'ici, on a vue sur le Snæfellsjökull, au loin.

06 Gerðuberg

À l'entrée de la péninsule, sur la route 54, se dresse une muraille de colonnes basaltiques hautes de 15 m.

07

08

09

10

11

12

13

07 Svörtuloft

À l'extémité ouest de la péninsule, de saisissantes falaises surmontées d'un phare.

08 Berserkjahraun

Un champ de lave couvert de mousse et ponctué de cratères colorés (à environ 15 km à l'ouest de l'intersection des routes 54 et 56).

09 Ytri-Tunga

Sur la côte sud-ouest, entre Vegamót et Búðir, un lieu idéal pour observer les phoques.

10 Snæfellsjökull

Le joyau de la région : un stratovolcan de 1 446 m, coiffé d'un glacier qui aura peut-être entièrement fondu d'ici 2050.

11 Baie de Búðavík

La baie est magnifique depuis le rivage, près de l'église en bois noir, ou depuis l'Hotel Búðir d'où l'on voit parfois des phoques s'ébattre dans l'estuaire.

12 Svöðufoss

Une cascade dominée par le Snæfellsjökull.

13 Lóndrangar

Tel un château, cet ensemble basaltique s'élève sur 75 m au bord de l'eau, après Arnarstapi. L'été, les macareux y font leur nid.

39 Aventures EN MER

KAYAK | FAUNE SAUVAGE | DÉTENTE

Il y a tant à voir dans l'ouest de l'Islande qu'on en oublie souvent de prendre le large. La baie du Breiðafjörður est pourtant peuplée d'oiseaux et d'animaux marins, sans oublier sa riche histoire et ses paysages sublimes. Entre la péninsule de Snæfellsnes et les fjords de l'Ouest, elle baigne une myriade d'îles pour la plupart abandonnées.

ARCTIC-IMAGES/GETTY IMAGES ©

En pratique

S'y rendre Les excursions en bateau partent d'Ólafsvík, Grundarfjörður et Stykkishólmur, dans le nord de la péninsule.

Quand De mai à septembre, la plupart des excursions sont faisables. Certaines agences organisent des excursions toute l'année.

Tour-opérateurs kontiki.is, lakitours.is, oceanadventures.is, seatours.is, vesturadventures.is.

Comment s'habiller Vêtements chauds et lunettes de soleil.

FEIFEI CUI-PAOLUZZO/GETTY IMAGES ©

Kayak au pied du Kirkjufell C'est depuis la cascade qui coule en contrebas que sont prises les photos les plus emblématiques du mont Kirkjufell. Mais rien de mieux qu'une sortie en kayak dans le fjord Grundarfjörður pour découvrir la montagne sous différents angles, voire surprendre des phoques au passage. En été, optez pour le circuit du soir, sous le superbe soleil de minuit. Les excursions durent 2 à 3 heures. Les agences proposent aussi des sorties de pêche en kayak et des circuits sur mesure avec barbecue sur la plage.

Kayak près de Stykkishólmur On peut aussi faire du kayak le long de la côte de Stykkishólmur, à la recherche de macareux, d'aigles et de phoques ; à la découverte d'une épave ; ou parmi les îles du Breiðafjörður.

Baleines et macareux Sur l'eau toujours, le circuit "Viking Sushi", qui part de Stykkishólmur, mêle observation des oiseaux, paysages et dégustation de fruits de mer. Il y a aussi des sorties de pêche en mer, de découverte de la nature ou d'observation des baleines.

Havre insulaire Flatey – à ne pas confondre avec une autre île du même nom dans le Nord – est la seule île du Breiðafjörður habitée à l'année. Ses maisons de bois colorées, datant pour la plupart du début du XXe siècle, sont des résidences estivales prisées. Longue d'à peine 2 km pour 500 m de large, l'île ne compte ni voiture, ni magasins. Le restaurant sert d'excellents mets locaux (p. 281). Le ferry met 1 heure 30 depuis Stykkishólmur, puis continue jusqu'à Brjánslækur dans les fjords de l'Ouest (p. 278).

Haut Orque près d'un bateau d'excursion, dans la baie du Breiðafjörður **Bas** Séchoir à morue sur l'île de Flatey

Prendre l'air sur Flatey

L'île de Flatey est bien loin du bruit et de l'agitation du monde moderne. Je vis à Los Angeles, mais séjourne ici trois ou quatre mois par an. Il n'y a pas grand-chose à y faire, et c'est justement ce qui me plaît. Le temps ne compte plus. On se balade le long de la côte. Les amateurs d'oiseaux profitent d'une faune aviaire exceptionnelle. On admire les fresques de l'église. Et, bien sûr, il faut aller à l'hôtel pour découvrir l'une des meilleures cuisines d'Islande !

Friðgeir Trausti Helgason
Friðgeir est un chef et photographe islandais. Il vit aux États-Unis, mais passe la plupart de ses étés à diriger les cuisines de l'Hotel Flatey.
@kokkageiri

40 Terres de LÉGENDES

HISTOIRE | LÉGENDES | EXPLORATEURS

L'ouest de l'Islande est une terre de héros et d'explorateurs. C'est là que leurs histoires ont été racontées, de génération en génération, avant d'être écrites. C'est là que l'auteur de sagas Snorri Sturluson a vécu et œuvré avant d'être tué. Ouvrez donc l'œil lorsque vous explorerez le “pays des sagas” : ces récits, inscrits dans la roche, imprègnent encore les montagnes...

En pratique

Circuler Le mieux consiste à louer une voiture à l'aéroport international de Keflavík ou à Reykjavík. Des bus (straeto.is) peu fréquents relient la région à la capitale.

Quand Toute l'année, mais certains musées ne sont ouverts que l'été.

Notre conseil Téléchargez l'application Locatify SmartGuide. Le système GPS vous localisera et une voix vous renseignera sur le lieu où vous vous trouvez, exactement comme un guide ! Vous pourrez aussi l'écouter avant d'arriver sur place.

Haut Réplique d'une ferme viking à Eiríksstaðir **Bas** Source chaude de Guðrúnarlaug

Vivre l'histoire À Eiríksstaðir (p. 278), une réplique de maison viking située à Haukadalur, écoutez autour d'un feu un conteur en tenue de Viking vous narrer la vie de ceux qui vécurent là. Car, c'est sur ce site qu'Eiríkur Rauði (Erik le Rouge) et sa femme, Þjóðhildur, bâtirent leur ferme et fondèrent une famille, avant de devenir les premiers colons nordiques à s'installer au Groenland.

Voyages vikings Consacré aux explorateurs Eiríkur Rauði et son fils Leifur Heppni ("le Chanceux"), le centre Leifur Eiriksson (p. 278), à Búðardalur, retrace l'histoire de la *Saga des Groenlandais*, qui conte leurs expéditions au Groenland et en Amérique du Nord. D'après ce texte (et diverses preuves archéologiques), Leifur serait arrivé en Amérique en l'an 1000, soit 500 ans avant Christophe Colomb.

Triangle amoureux À Sælingsdalur, visitez Laugar, un coin de campagne luxuriante servant de cadre à la *Saga de Laxdæla* ("Saga des gens du Val-au-Saumon"). Détendez-vous dans le Guðrúnarlaug, creusé sur le modèle du bassin où se baignaient l'héroïne Guðrún Ósvífursdóttir et ses deux prétendants, ignorant le destin funeste qui les attendait.

Le scalde guerrier Le Settlement Centre (p. 278), à Borgarnes, est consacré à Egill Skallagrímsson, poète, guerrier et personnage haut en couleur des sagas islandaises. L'une des expositions revient sur l'histoire mythologique de la *Saga d'Egill* ; l'autre explique comment et pourquoi les explorateurs scandinaves quittèrent leurs terres pour traverser les mers et coloniser cette île inhabitée.

La ferme de Snorri

Au centre d'études médiévales Snorrastofa (p. 278), à 1 heure 30 de route au nord de Reykjavík, vous en apprendrez plus sur la vie et l'héritage de Snorri Sturluson (1179-1241), l'un des plus célèbres Islandais de l'histoire. S'il a, de son vivant, marqué la vie politique et culturelle de son pays, ses œuvres littéraires (l'*Edda en prose*, l'*Heimskringla* – "Histoire des rois de Norvège" – et, vraisemblablement, la *Saga d'Egill*) continuent, quant à elles, de façonner la culture et l'identité islandaise et nordique. On retrouve le bassin où il se baignait ainsi qu'une partie du tunnel qui le reliait à sa maison. Ce sont certaines des plus vieilles constructions préservées du pays.

Au pays des sagas

LÀ OÙ A ÉTÉ ÉCRIT L'HISTOIRE

Durant la période de l'État libre islandais (930-1262), l'Ouest était la région la plus riche et la plus peuplée du pays. La plupart des sagas islandaises furent écrites dans ces contrées, dont la *Saga d'Egill*, la *Saga des Sturlungar*, la *Saga* de *Laxdæla* ("Saga des gens du Val-au-Saumon") et la *Saga Eyrbyggja*, ("Saga de Snorri le Godi") et de nombreux grands chefs et figures nationales y ont vécu.

Gauche Une église à Reykholt **Milieu** Un manuscrit de l'*Edda en prose* de Snorri Sturluson, datant du XIVe siècle **Droite** Statue de Snorri Sturluson par le sculpteur Gustav Vigeland

BIKEMP/SHUTTERSTOCK ©

"C'est le berceau de la littérature islandaise. Pourquoi ? Les théories sont nombreuses, mais peut-être est-ce parce que rédiger des manuscrits coûtait cher, et que c'était une région riche, grâce au commerce avec le Groenland, notamment", explique Sigrún Þormar, directeur de Snorrastofa, le centre d'études médiévales situé à Reykholt, là où Snorri Sturluson vécut et travailla au XIIIe siècle.

Poésie, fantastique et aventures

"C'est lui qui a écrit l'*Edda en prose*, un poème sur la mythologie nordique, qui a eu une grande influence sur la culture occidentale. Par son intermédiaire, les mythes nordiques se retrouvent aujourd'hui dans les séries *Vikings* et *Game of Thrones*, ou encore dans la trilogie du *Seigneur des anneaux* et dans l'univers Marvel." Snorri était chrétien, mais il s'intéressait aux traditions, légendes et poésies anciennes. "L'*Edda en prose* est un vrai récit fantastique d'aventure", précise Sigrún. Pour l'écrire, Snorri s'est basé sur des manuscrits antérieurs, des poèmes ancestraux et des histoires orales portant sur les dieux, mais il s'est aussi servi de son imagination. "Personne n'avait jamais rien écrit de tel."

Snorri, qui a aussi chroniqué l'histoire des rois norvégiens dans l'*Heimskringla*, est tenu par beaucoup pour l'auteur de la *Saga d'Egill*, une des plus fameuses sagas islandaises. "Ce fut probablement son dernier livre." Il s'agit d'une biographie d'Egill Skallagrímsson, qui vécut près de Borgarnes, et fut l'un des rares vrais Vikings islandais. Egill est allé en Norvège, il a mené des raids sur les îles Britanniques et a servi dans l'armée

du roi d'Angleterre. Mais il retournait souvent dans sa ferme d'Islande.

Explorateur et homme d'affaires

Chez lui, Snorri avait son propre bain, alimenté par l'eau d'une source chaude située à 120 m de là. Le bassin a été préservé, ainsi qu'une partie du tunnel qui le relie à la maison. Snorri chauffait aussi l'une de ses pièces avec la vapeur dégagée par la source chaude, que ce fût pour brasser de la bière ou comme sauna. Il avait bâti des fortifications pour protéger sa maison, mais peut-être aussi pour montrer sa fortune. "L'argent lui venait de ses épouses. Il savait bien les choisir ! Mais il était aussi un redoutable homme d'affaires." Sa famille le finançait également, ce qui lui garantissait une totale indépendance en matière d'écriture.

> L'histoire est partout dans la région. […] C'est fascinant. Ça [la] rend réelle, tangible.

À Snorrastofa (p. 278), les visiteurs découvrent donc la vie et l'œuvre de Snorri Sturluson. L'histoire est partout dans la région, nous confie Sigrún. "Un jour que je montais à cheval sur les rives de la Hvítá, je suis tombé sur les ruines d'une maison du IXe ou du Xe siècle." Les sources écrites et vestiges archéologiques indiquent qu'il s'agit du lieu où Skallagrímur, le père d'Egill, s'est installé en arrivant de Norvège. "C'est magique de passer devant ces ruines et de se dire que c'est là que Skallagrímur est venu s'établir avec femme, enfants, esclaves et ouvriers après que le roi eut tué son fils. C'est fascinant. Ça rend l'histoire réelle, tangible."

Grands personnages

Auður djúpúðga (Aude "la Très Sage", v. 834-900) fut la seule femme à diriger une expédition de colonisation en Islande. Fuyant les îles britanniques, elle s'établit à Hvammur dans le Dalir. Chrétienne, elle affranchit tous ses esclaves.

Guðríður víðförla (Gudrid "la Voyageuse" v. 990-1080) fut l'une des premières à s'installer au Groenland et participa à une expédition vers l'Amérique du Nord, où elle donna naissance à un fils, Snorri. Plus tard, elle fit un pèlerinage à Rome.

Geirmundur heljarskinn (le "Noir") est décrit comme "le plus noble de tous les colons", bien que des pans de son histoire restent méconnus. Selon l'écrivain Bergsveinn Birgisson, il aurait été d'origine sibérienne et aurait bâti un empire sur la chasse au morse.

41 Randonnées dans L'OUEST

MONTAGNES | FORÊTS | CASCADES

Champs de lave, montagnes lointaines, collines verdoyantes, bois, paysages glaciaires et chutes d'eau font le bonheur des marcheurs dans l'Ouest islandais.

FYLETTO/GETTY IMAGES ©

En pratique

Comment circuler Louez une voiture à l'aéroport de Keflavík ou à Reykjavík, ou bien réservez un circuit organisé. Des bus (straeto.is) peu fréquents relient la région à la capitale.

Quand L'été et l'automne sont les saisons les plus sûres et les plus agréables pour la randonnée.

Comment s'habiller Vêtements chauds et imperméables, de bonnes chaussures de marche. Un baume à lèvres, de l'écran solaire, de l'eau et, pour les longues marches, de la nourriture.

Notre conseil Wapp (wapp.is) est une application gratuite avec GPS, cartes détaillées et autres renseignements sur vos randonnées.

FILIP FUXA/SHUTTERSTOCK ©

Chemins anciens

Síldarmannagötur Le chemin "des pêcheurs de harengs" relie le Hvalfjörður à Skorradalur. Il doit son nom au fait qu'on pêchait autrefois le hareng dans le Hvalfjörður. L'itinéraire commence au parking à l'entrée du fjord.
Distance : 14 km | Dénivelé : 450 m | 5 heures | Niveau moyen

Leggjabrjótur Son nom ("briseur de jambes") renvoie aux chevaux, et non aux marcheurs. Il relie le Hvalfjörður au parlement de Þingvellir (p. 98). Partez de ce dernier et profitez de la vue sublime qu'offre la descente vers le fjord.
Distance : 16 km | Dénivelé : 500 m | 6 heures | Niveau moyen

Notez qu'aucun de ces deux itinéraires ne forme de boucle. Il faut donc se faire déposer au départ et récupérer à l'arrivée. Des bus circulent, selon les saisons (re.is).

Collines et montagnes

Grábrók (170 m) Sur la route circulaire, non loin de Bifröst, ce cratère volcanique éteint est l'occasion d'une promenade sans difficulté, accessible à toute la famille. Depuis le sommet, on admire les champs de lave environnants, le lac Hreðavatn et la silhouette conique du mont Baula.
Distance : 1 km | Dénivelé : 70 m | 30 minutes | Niveau facile

Akrafjall (643 m) Sur la route 51, prenez à droite juste avant Akranes puis à nouveau la première route à droite, vers la montagne. Le sommet offre une vue panoramique sur la baie de Faxaflói et Reykjavík.
Distance : 5 km | Dénivelé : 500 m | 3 heures | Niveau moyen

Haut Cratère du volcan éteint de Grábrók **Bas** Hraunfossar

Cascades et merveilles naturelles

Haute de 198 m, la **cascade de Glymur**, à Hvalfjörður, est la deuxième du pays en termes de hauteur. Le parking, puis le sentier sont bien indiqués. Pour une meilleure vue, traversez la rivière Botnsá avant de commencer l'ascension. Le chemin est escarpé, mais la vue magnifique.
Distance : 7 km | Dénivelé : 300 m | 3 heures | Niveau moyen

Au pied du glacier Langjökull, en plein dans les terres, s'étendent les bois de **Húsafell**, avec hôtel, camping et cottages. De multiples sentiers de marche, de durées et difficultés variées, y mènent à des sites naturels, dont les cascades de **Hraunfossar** et **Barnafoss**, à 6,5 km de Húsafell.

Carnet d'adresses

Les grands classiques (p. 264)

Flatey

Voir aussi p. 271. Le ferry Baldur qui traverse le Breiðafjörður fait escale à Flatey. L'été, lorsqu'il y a deux bateaux par jour, on peut aussi y faire une excursion d'une journée et revenir ensuite à Stykkishólmul. (433 2254 ; seatours.is)

Hraunfossar

(route 618, à 6,5 km de Húsafell)

Langjökull

Le deuxième glacier le plus imposant d'Islande recèle bien des merveilles, à l'intérieur comme à l'extérieur ! Parcourez sa surface gelée à bord d'une motoneige ou d'une Super Jeep (580 9900 ; mountaineers.is), puis pénétrez au sein du plus grand tunnel de glace artificiel au monde. (578 2550 ; intotheglacier.is ; adulte/enfant 24 200 ISK/gratuit)

Norska Húsið

L'un des bâtiments les plus intéressants (et anciens) de Stykkishólmur est la Norska Húsið, qui accueille le musée régional. Bâtie par le commerçant et astronome amateur Árni Þorlacius en 1832, elle a été habilement restaurée et conserve une collection d'antiquités très éclectique. L'étage recrée l'intérieur dans lequel vivait Árni, typique d'une demeure de la haute société islandaise du XIXe siècle, avec sa décoration d'origine. (Maison norvégienne ; 433 8114 ; norskahusid.is ; Hafnargata 5 ; adulte/enfant 1 350 ISK/gratuit ; 11h-18h mai-août, 14h-17h mar-jeu sept-avr)

Settlement Centre

Voir aussi p. 273. (437 1600 ; landnam.is ; Brákarbraut 13-15 ; adulte/enfant 2 500 ISK/gratuit, Audioguide multilingue ; 10h-21h)

Snæfellsjökull

Voir aussi p. 266. Le centre des visiteurs de Malarrif fournit des renseignements, cartes et brochures sur le parc national du Snæfellsjökull. La partie musée présente la géologie, l'histoire, la flore, la faune et les coutumes de la région. (436 6888, 591 2000 ; snaefellsjokull.is ; 10h-17h fin avr-oct, 11h-16h lun-ven reste de l'année)

Musées

Centre Leifur Eiriksson

Voir p. 273. (434 1441 ; vinlandssetur.is ; Búðarbraut 1, Búðardalur ; adulte/enfant 2 500 ISK/gratuit ; 11h-16h juin-août)

Eiríksstaðir

Voir p. 273. (434 1118 ; leif.is ; route 586, Eiríksstaðir ; adulte/enfant 1 700 ISK/gratuit ; 10h-16h juin-sept)

Snorrastofa

Voir p. 273. (433 8000 ; snorrastofa.is ; Reykholt ; 1 500 ISK ; 10h-18h avr-sept, 10h-17h lun-ven oct-mars)

Tunnel dans le glacier Langjökull

Circuits organisés et exploration

Cheval sur la plage de Löngufjörur

C'est une expérience incroyable que de monter un cheval islandais sur le sable blanc de Löngufjörur – surtout aux allures spécifiques à cette race, comme le *tölt* et l'amble. Cheveux au vent, profitez du soleil sur votre peau, du son des vagues et du sommet enneigé du Snæfellsjökull au loin. Vous trouverez plusieurs agences en ligne. (west.is)

Exploration spéléologique

Pénétrez dans le tunnel de lave de **Víðgelmir** pour découvrir sculptures de glace et formations rocheuses. On le parcourt sur une passerelle stable, dans le cadre de visites guidées (☎783 3600 ; thecave.is ; en retrait de la route 518 ; visite guidée adulte/enfant à partir de 6 000 ISK/gratuit). Près du Víðgelmir, **Surtshellir** est une autre grotte célèbre, où se cachaient autrefois des criminels. Vous pouvez le visiter seul avec de bonnes chaussures, un casque et une lampe (route F578 ; GRATUIT). Dans le parc national du Snæfellsjökull, c'est avec un guide (☎787 0001 ; summitguides.is) que vous partirez à la découverte du **Vatnshellir**, un tunnel de lave vieux de 8 000 ans.

Île de Súgandisey

Un **phare** pittoresque se dresse sur l'île basaltique de Súgandisey, et offre un large panorama du Breiðafjörður. On y accède par une jetée en pierres depuis le port de Stykkishólmur.

Observation des baleines

À la pointe ouest de la péninsule de Snæfellsnes, une ancienne coulée de lave ondule jusqu'à la péninsule d'**Öndverðarnes**, excellent site d'observation des baleines. Depuis le dernier parking (repérez le phare orange), marchez pour atteindre le bout de la péninsule ou faites 200 m vers le nord-est jusqu'au Fálkí, un puits dont on disait jadis qu'il donnait de l'eau douce, de l'eau bénite et de la bière !

JAVEN/SHUTTERSTOCK ©

Grotte de Vatnshellir

Pêche

L'Ouest regorge de cours d'eau et de lacs où pêcher saumons et truites. Le prix des permis varie grandement, et ces derniers sont parfois difficiles à obtenir pour les rivières à saumon les plus chères. Les lacs sont plus abordables. (veidikortid.is)

Randonnée entre Hellnar et Arnarstapi

L'une des balades les plus appréciées de la côte sud de la péninsule de Snæfellsnes est celle de 2,5 km (environ 40 min) entre Hellnar et Arnarstapi. Ce sentier suit le rivage à travers une réserve naturelle en longeant des coulées de lave et des grottes de pierre érodées. Lorsque la mer est agitée, les vagues jaillissent à travers les arches de pierre. S'il fait beau, guettez les oiseaux marins qui y nichent.

Fermes et activités en famille

Centre de la chèvre islandaise

Háafell est l'une des plus grandes fermes d'élevage de chèvres d'Islande. Le centre qui y a été fondé vise à protéger et perpétuer l'élevage de la chèvre islandaise, une race bien particulière. Vous pourrez caresser les biquettes et en apprendrez plus sur elles et sur les produits qu'elles permettent de fabriquer. (435 1448 ; geitur.is ; route 523, Háafell ; visite guidée adulte/enfant 1 500/750 ISK ; 13h-18h juin-août)

Ferme animalière de Hólar

On passe un agréable moment en famille parmi les nombreux animaux de cette ferme. Les propriétaires vous feront découvrir l'exploitation et les travaux de la ferme. (897 1674 ; facebook.com/holarminizoo/ ; 11h-16h mer-lun de mi-juin à mi-août)

Ferme familiale de Bjarteyjarsandur

Cet élevage compte 600 moutons et autres animaux. En repartant, vous saurez tout sur le travail d'éleveur au fil des saisons. En plus de ses agneaux élevés en plein air, la ferme produit du porc, de la volaille et des légumes bio. (433 8831 ; facebook.com/Bjarteyjarsandur-119791818044640/)

Ferme équestre de Sturlureykir

Cette ferme propose des sorties d'équitation et des visites des écuries. Faites connaissance avec ses 60 chevaux et découvrez ce qui fait la spécificité du cheval islandais, une race unique, qui possède 5 allures. Il y a aussi une source chaude utilisée pour faire cuire du pain de seigle. (691 0280 ; sturlureykirhorses.is ; 320 Reykholt ; 10h-15h toute l'année)

Ferme laitière d'Erpsstaðir

Visitez cette crèmerie et goûtez à ses glaces, fromages, *skyr* (yaourt islandais) et chocolats blancs fourrés au *skyr*. Vous pourrez assister à la traite des vaches et en apprendre plus sur la production de lait. (868 0357 ; facebook.com/rjomabuid/ ; route 60 ; visite étable adulte/enfant 600 ISK/gratuit ; 11h-18h mi-juin à mi-août, 13h-17h mi-mai à mi-juin et mi-août à mi-sept)

Parc à trolls de Fossatún

Fossatún compte des hébergements, un restaurant et un parc de loisirs près des chutes de Tröllafoss. Les lieux sont peuplés de trolls changés en pierres, du moins d'après le propriétaire, Steinar Berg, qui écrit des livres à leur sujet. Suivez le "chemin des trolls" et jouez aux "jeux de trolls" dans le parc. (433 5800 ; fossatun.is ; route 50)

Piscines et bains

Bains géothermaux et spa de Krauma

L'eau glaciaire se mêle à celle de Deildartunguhver (la source chaude au débit le plus important d'Europe) pour créer les bains de Krauma. Également sur place : un bassin froid, deux saunas et une salle de relaxation avec cheminée. (555 6066 ; krauma.is ; Deildartunguhver, route 50 ; adulte/enfant 4 500/2 250 ISK ; 11h-23h mi-juin à mi-août, 11h-21h reste de l'année)

Piscine de Húsafell et bains du canyon

Húsafell compte une piscine géothermale avec *hot tubs* et toboggan. Vous pouvez aussi faire un circuit guidé de 2 heures jusqu'aux bains du canyon de Húsafell. Le chemin inclut de superbes paysages dont la cascade de Langifoss. (435 1552 ; husafell.is ; route 518 ; adulte/enfant 1 300/300 ISK ; 10h-20h lun-jeu, 10h-22h ven-sam juin-août, 13h-19h lun-ven, 12h-20h sam-dim sept-mai)

Piscine géothermale de Borgarnes

Sur la route circulaire, ce complexe dispose de toutes les infrastructures pour se

Chevaux islandais

dépenser, se détendre et s'amuser. Il y a une pataugeoire et des toboggans pour les enfants. (Þorsteinsgata ; adulte/enfant 900/300 ISK ; 6h-22h lun-ven, 9h-18h sam-dim)

Piscine géothermale de Lýsuhólslaug

Cette vieille piscine en pleine campagne est alimentée par une eau de source chaude, riche en algues vertes et divers minéraux aux propriétés prétendument curatives. Juste après la ferme équestre de Lýsuhóll, elle donne sur le mont Lýsuhyrna. (433 9917 ; lysuholslaug@gmail.com ; adulte/enfant 1 000/300 ISK ; 11h-20h30 juin à mi-août)

Piscines géothermales d'Akranes et Guðlaug

Idéal pour les familles, Jaðarsbakkalaug est un bassin en extérieur de 25 m, avec *hot tubs*, hammam et toboggan. (433 1000 ; v/Innnesveg, Jaðarsbökkum 6h-21h lun-ven, 9h-18h sam-dim) Sur la plage de Langisandur, la belle piscine naturelle de Guðlaug, sur trois niveaux, ravit les nageurs qui viennent s'y détendre entre deux bains de mer. (433 1000 ; 12h-20h en été, 16h-20h mer-ven et 10h-18h sam-dim en hiver) GRATUIT

Le goût de l'Ouest

Bjargarsteinn Mathús €€

À Stykkishólmur, cette excellente adresse a la meilleure vue sur le Kirkjufell depuis une jolie petite maison de 1908 au bord du Grundarfjörður. Le poisson du jour, les créations aux algues et les desserts sont remarquables. (438 6770 ; bjargarsteinn.is ; Sólvellir 15, Stykkishólmur ; plats 2 800-4 900 ISK ; 16h-22h juin-août, 17h-21h sept à mi-déc et mi-jan à mai)

Hótel Flatey €€€

Sur l'île du même nom, cet établissement est un incontournable. Il sert une excellente cuisine à base de produits locaux (poisson, moules, œufs de lump, algues...).

Aurore boréale à Flatey

Des concerts sont organisés certains soirs. (555 7788 ; hotelflatey.is ; plats déj 2 400-3 200 ISK, dîner 4 300-6 100 ISK, menu 3 plats 9 500 ISK ; juin-août, 12h-17h et 18h-21h)

Hótel Húsafell €€€

Cet hôtel chic et contemporain, décoré d'œuvres de l'artiste local Páll Guðmundsson, abrite l'un des meilleurs restaurants de la région. (435 1551 ; hotelhusafell.com ; route 518 ; plats déj 2 600-5 400 ISK, dîner 4 800-7 600 ISK)

Sjávarpakkhúsið €€

Sur le port de Stykkishólmur, ce petit restaurant de produits de la mer travaille avec des pêcheurs, agriculteurs et brasseurs locaux. Les moules (en saison) et saint-jacques du Breiðafjörður sont un délice. Installez-vous près de la fenêtre pour profiter de la vue. (438 1800 ; sjavarpakkhusid.is ; Hafnargata 2 ; plats 2 000-3 500 ISK ; 12h-22h)

Steðji €€

Sur la route 50 en direction de Reykholt, cette microbrasserie familiale propose une carte de bières élaborées avec soin : *pale ale*, *lager*, brune ou aromatisée. Une salle de dégustation permet de faire son choix. Des bungalows, en forme de tonneaux de bière, sont également proposés à la location. (896 5001 ; stedji.com ; Borgarbyggd 311)

Carnet pratique

Ci-contre Randonnée hivernale sur un glacier

AÉROPORT

La plupart des voyageurs arrivent à l'aéroport international de Keflavík, situé à environ 50 km de Reykjavík, soit 45 minutes par la route. En cours d'agrandissement, ce petit aéroport doté d'un unique terminal offre des boutiques, des restaurants et des services, notamment des DAB et des comptoirs de location de voitures. Les vols intérieurs partent de l'aéroport domestique de Reykjavík.

À L'AÉROPORT

Cartes SIM
En vente à la supérette (24h/24) située dans le hall des arrivées et à la boutique d'électronique Elko, avant la zone de retrait des bagages. Les principaux opérateurs, Síminn, Vodafone et Nova, en proposent aussi dans leurs boutiques.

Bureaux de change
L'Arion Banki offre un service de change à ses guichets dans la zone des départs et le hall des arrivées mais à un taux moins intéressant que dans ses agences en ville.

TONY ARRUZA/GETTY IMAGES ©

WI-FI
Gratuit, illimité et en accès libre. Connectez-vous sur Kefairport-FreeWifi.

DAB
Il y a 14 DAB : 8 dans la zone des départs et 6 dans le hall des arrivées.

BORNES DE RECHARGE
Disponibles en de nombreux points de l'aéroport.

DOUANE
Le maximum autorisé par personne est de 6 unités d'alcool (une unité correspond à 6 grandes bières, une bouteille de vin ou 0,25 l de spiritueux) et une cartouche de cigarettes ou 250 g de tabac. On peut importer sans taxe jusqu'à 10 kg de nourriture d'une valeur totale n'excédant pas 25 000 ISK, hormis la viande et les produits laitiers d'origine extérieure à l'Espace économique européen (EEA).

REJOINDRE LE CENTRE-VILLE

Les navettes **Flybus** et **Airport Direct** (24h/24, 7j/7) desservent les gares routières de Reykjavík. On peut réserver sur Internet, avec correspondance possible vers les hôtels. Départ devant la zone des arrivées. Réservation conseillée : re.is/tour/flybus, airportdirect.is.

Les **bus publics** Strætó (straeto.is) relient l'aéroport international de Keflavík et la gare routière BSÍ à Reykjavík, avec une halte à Keflavík (route 55), mais ils partent moins fréquemment et ne circulent pas 24h/24. Tarif réduit pour les enfants et les seniors. L'arrêt se trouve près du parking P1.

BUDGET

Taxi
16 500 ISK
45 min

Navette
3 290 ISK
45 min

Bus public
1 960 ISK
75 min

Taxi
Devant le hall des arrivées. Peuvent se réserver en ligne (taxi.booking.com). Il existe aussi des applications mobiles.

Préparez votre séjour
Applications utiles : Vedur (météo), Strætó (bus publics), 112 Iceland (urgences) et Iceland Road Guide (cartes routières).

Location de voitures
Quatre enseignes de location de voitures sont présentes dans le hall des arrivées de l'aéroport de Keflavík. L'aéroport domestique de Reykjavík, à 45 minutes de Keflavík, accueille les vols intérieurs. Son principal terminal, d'où partent les vols Icelandair, est desservi par Flybus. Eagle Air décolle d'un autre terminal. Infos sur visiticeland.com/plan-your-trip.

INSPI_ML/SHUTTERSTOCK ©

AUTRES POINTS D'ENTRÉE

Smyril Line Toute l'année, le car-ferry *Norröna* circule entre Hirtshals (Danemark) et Seyðisfjörður (Islande) via Tórshavn (îles Féroé). La traversée dure 4 jours. Comptez environ 280 000 ISK l'aller-retour pour une famille de 4 personnes avec une voiture.

Vols depuis/vers le Groenland Icelandair assure des vols à destination de l'ouest et du sud du Groenland au départ de l'aéroport de Reykjavík. Norlandair rallie l'est du Groenland depuis l'aéroport d'Akureyri.

CONSEILS PRATIQUES POUR CIRCULER

La voiture est la meilleure façon d'explorer l'Islande. La location et l'essence coûtent cher mais vous pouvez aller à votre rythme, faire des détours et visiter des zones reculées. Sinon, des bus et des vols intérieurs relient les grandes villes de chaque région. Autre solution : opter pour un circuit organisé.

LOCATION DE VOITURES

On trouve des loueurs dans les grandes villes. L'aéroport international de Keflavík offre le plus grand choix. Vérifiez que le contrat inclut le kilométrage illimité. En dehors de l'été, louez plutôt un 4x4. Pour visiter les hautes terres, assurez-vous que votre véhicule est équipé en conséquence.

ASSOCIATIONS AUTOMOBILES

L'association automobile islandaise, ou FÍB (fib.is), est une organisation sans but lucratif affiliée à la Fédération internationale de l'automobile (FIA). Ses membres bénéficient de certains avantages : dépannage, conseils juridiques, assistance technique et assistance voyage.

LOCATION DE VOITURE PAR JOUR

À partir de 15 000 ISK

Essence environ 250 ISK/litre

Borne de recharge 40 ISK/min

Le camping-car est idéal pour circuler l'été. On trouve des terrains aménagés dans pratiquement toutes les localités, mais aussi dans les forêts, les parcs nationaux et près des sites naturels et historiques. La plupart offrent d'excellents services et souvent des aires de jeux. Pour plus de renseignements, consultez tjalda.is.

ÉTAT DES ROUTES

La route circulaire et la plupart des routes principales sont goudronnées. Sur les routes gravillonnées, parfois fermées en hiver, ralentissez. Les routes F sont réservées aux 4x4, en été uniquement (safetravel.is, vegagerdin.is).

ASSURANCE

Vérifiez si votre assurance ou votre carte bancaire vous couvrent pour les dommages aux véhicules et les blessures corporelles. Les loueurs offrent des garanties complémentaires, notamment pour les dégâts dus aux graviers.

CODE DE LA ROUTE

La vitesse est limitée à 90 km/h sur route bitumée et 80 km/h sur route gravillonnée.

Pont à une voie : la première voiture qui arrive est prioritaire.

Ralentissez en passant du bitume aux gravillons sous peine de déraper.

Gare aux moutons, aux oiseaux et aux rennes sur la route.

Le taux d'alcool autorisé au volant est de 0,2 g/l.

BATEAU

Il existe des liaisons régulières en bateau (road.is/travel-info/ferries) entre Landeyjahöfn et Heimaey (îles Vestmann), entre Reykjavík et Viðey, entre Stykkishólmur et Brjánslækur (fjords de l'Ouest) via Flatey, entre Dalvík et Grímsey, entre Árskógssandur et Hrísey et entre Neskaupstaður et Mjóifjörður (en hiver).

AVION

De l'aéroport domestique de Reykjavík, Icelandair dessert Akureyri (avec correspondances sur Norlandair vers d'autres villes), Ísafjörður, Egilsstaðir et les îles Vestmann. Depuis un autre terminal du même aéroport, Eagle Air rallie Húsavík et Höfn.

BUS

Les bus Strætó (straeto.is) vont de Reykjavík à Akureyri avec des arrêts en chemin. Vers les autres régions, le service est peu fréquent. Les grandes villes possèdent des bus publics. SBA circule entre Reykjavík et Akureyri.

CALCULEZ VOTRE EMPREINTE CARBONE

L'Iceland Carbon Fund (ICF) permet de compenser son empreinte carbone en plantant des arbres, avec un calculateur *(reiknivél)* en ligne (kolvidur.is). Vous pouvez aussi calculer l'empreinte carbone de votre vol Icelandair (icelandair.com/carbon-calculator). Pour un vol de 3 heures dans chaque sens, un adulte doit planter cinq arbres.

DISTANCES ROUTIÈRES (EN KM)

	Reykjavík	Egilsstaðir	Ísafjörður	Blönduós	Selfoss	Húsavík	Stykkishólmur	Höfn	Vík	Akureyri
Reykjavík	–									
Egilsstaðir	636	–								
Ísafjörður	455	804	–							
Blönduós	244	391	412	–						
Selfoss	56	577	495	285	–					
Húsavík	463	219	631	219	503	–				
Stykkishólmur	172	600	152	209	213	430	–			
Höfn	456	254	895	576	400	404	613	–		
Vík	184	517	623	413	130	632	342	272	–	
Akureyri	388	248	558	144	428	75	353	502	556	–

DÉSAGRÉMENTS, DANGERS ET SÉCURITÉ

La météo constitue le principal risque pour les voyageurs. Elle est très changeante, surtout en hiver. Tenez-vous informé des prévisions météo et de l'état des routes et ne prenez pas les alertes à la légère.

NEIGE ET TEMPÊTES

Des alertes météo sont régulièrement émises en raison de vents violents principalement en automne et en hiver mais possibles en toute saison, et particulièrement dangereux associés à des chutes de neige qui bloquent la visibilité et rendent les routes impraticables, surtout dans les cols montagneux.

AVALANCHES, GLISSEMENTS DE TERRAIN ET ÉBOULEMENTS

En montagne, la météo peut entraîner avalanches, glissements de terrain et chutes de pierres qui occasionnent des dégâts ou font même des victimes. Des barrières protègent certaines portions de route et zones inhabitées mais tenez compte des alertes et prévoyez un kit de sécurité avalanche pour skier.

ACTIVITÉ VOLCANIQUE ET GÉOTHERMIQUE

L'Islande compte environ 130 volcans actifs. Les éruptions ont généralement lieu en zone inhabitée et ne présentent pas de danger. Les séismes majeurs restent rares. Dans les secteurs géothermiques, gare aux sources chaudes et aux mares de boue. Restez sur les sentiers sous peine de graves brûlures.

RANDONNER EN SÉCURITÉ

Partagez votre itinéraire (safetravel.is/travel-plan) ou louez une balise PLB. Vérifiez la météo. Prenez des vêtements adaptés, du matériel de sécurité, une carte, une boussole et un GPS. En cas d'urgence, appelez le 112.

SAFETRAVEL.IS

Géré par l'association islandaise de recherches et de secours. Infos, météo, état des routes, notifications par SMS. Téléchargez l'application 112 Iceland.

COVID-19

La grande majorité des Islandais ont été vaccinés contre la Covid-19 mais certaines restrictions restent en vigueur. Plus d'infos sur covid.is.

ASSURANCE

La carte européenne d'assurance maladie permet aux ressortissants de l'Espace économique européen de bénéficier de soins médicaux. Les citoyens d'autres pays doivent payer les frais en totalité et se faire rembourser par la suite.

CONSEILS POUR VOUS AIDER À GÉRER VOTRE BUDGET

CARTES BANCAIRES

Largement acceptées et souvent préférées aux espèces bien que ces dernières soient parfois nécessaires, notamment sur les marchés ou dans les piscines naturelles libres d'accès avec une boîte où déposer le prix d'entrée. DAB dans toutes les villes. Les cartes Visa et MasterCard sont très répandues ; American Express et Diner's Club ne sont pas acceptées partout.

RÉGLER LA NOTE

Il est fréquent de payer au comptoir dans les cafés, bars et restaurants, même quand ils ont un service à table.

POURBOIRE

Payer le montant indiqué sur la facture suffit. Les chauffeurs de taxi et les guides n'attendent pas de pourboire.

MONNAIE

Couronne islandaise (ISK)

BUDGET

Cappuccino
650 ISK

Pinte de bière
1 300 ISK

Dîner pour deux
16 000 ISK

RÉDUCTION

Les sites, activités et transports publics offrent souvent une réduction ou la gratuité aux seniors, jeunes enfants et familles. Parmi les forfaits et cartes de réduction : la Reykjavík City Card (visitreykjavik.is), la Camping Card (utilegukortid.is), la Fishing Card (carte de pêche, veidikortid.is) et le 5x5 Iceland Ski Pass (valable dans les stations).

BANQUES ET DAB

Toutes les villes ont au moins une agence avec DAB d'une des grandes banques (Arion Banki, Íslandsbanki et Landsbanki). Les villages qui n'en ont pas sont souvent proches d'une grosse bourgade.

ACHATS DÉTAXÉS

Les résidents étrangers peuvent se faire rembourser la TVA sur leurs achats. Demandez un formulaire à la caisse du magasin et présentez-le au guichet de l'Arion Banki à l'aéroport de Keflavík.

BUREAUX DE CHANGE

Les banques (lun-ven 9h-16h) peuvent changer les devises étrangères. L'Arion Banki, à l'aéroport international de Keflavík, est ouverte pour tous les vols du matin et de l'après-midi.

PETITS BUDGETS

L'Islande est une destination onéreuse. Si votre budget est limité, optez pour le camping (de 1 500 ISK à 2 000 ISK par adulte et par nuit) ou pour un lit en dortoir (de 3 000 à 5 000 ISK). La randonnée et les sorties dans la nature ne coûtent rien. Achetez vos provisions dans les supermarchés et buvez l'eau du robinet. Comptez 1 000 ISK environ par adulte pour aller à la piscine (il existe souvent des forfaits) et 2 000 ISK pour visiter un musée.

VOYAGE À IMPACT POSITIF

Conseils pour alléger votre empreinte écologique, soutenir la vie locale et avoir un impact positif.

SUR LA ROUTE

Empreinte carbone À calculer sur kolvidur.is.

Voitures électriques ou hybrides Il y a des bornes de recharge dans tout le pays.

Bus publics Généralement plus écologiques que les véhicules privés, ils fonctionnent souvent à l'énergie verte.

Covoiturage Voyez samferda.is.

Vélo À Reykjavík, des applis comme Hopp et Wind permettent de louer des bicyclettes, et des vélos ou scooters électriques.

Certifications écologiques Repérez le logo vert Vakinn, le logo Nordic Swan et l'Ecolabel européen.

Drones Interdits dans les parcs nationaux.

Désinfection Les maladies infectieuses peuvent se transmettre aux animaux, notamment par les vêtements d'équitation. Désinfectez vos affaires avant de partir (mast.is).

HALFPOINT/SHUTTERSTOCK ©

CONTRIBUER

Faites du bénévolat pour Iceland Conservation Volunteers, Thórsmörk Trail Volunteers, Worldwide Friends ou SEEDS – si vous avez le temps. (Vérifiez que l'association choisie est sans but lucratif ; voyez volunteering.is.)

Le plogging (*plokka* en islandais) consiste à ramasser les détritus en faisant de la course à pied.

La cuisine anti-gaspi a gagné l'Islande. Au restaurant, privilégiez les plats intégrant des aliments ordinairement jetés.

Faites un don à Landvernd (landvernd.is), principale organisation de défense de l'environnement, ou à l'Icelandic Association for Search and Rescue (association islandaise de recherches et de secours ; ICE-SAR ; icesar.com), association à but non lucratif fonctionnant avec des bénévoles.

PAS D'IMPAIRS !

Ne quittez pas les sentiers balisés et ne marchez pas sur la végétation fragile. Hors-piste et camping sauvage interdits.

Fermez toutes les barrières derrière vous pour que le bétail ne s'échappe pas.

Abstenez-vous de nourrir et caresser les animaux, domestiques ou sauvages, sans autorisation.

ALLÉGEZ VOTRE EMPREINTE CARBONE

Fixez-vous un camp de base Choisissez une région à explorer, réservez-y un bungalow ou une place de camping et faites des randonnées et des excursions dans les environs. Mangez et achetez local.

Excursions Évaluez l'empreinte écologique des circuits en véhicule motorisé comparés aux sorties à cheval, à vélo, à pied, à ski ou en kayak.

Bateau écolo À Húsavík, North Sailing propose différentes sorties, notamment d'observation des baleines, sur des voiliers fonctionnant grâce aux énergies renouvelables.

MATEUSZ GZIK/SHUTTERSTOCK ©

SOUTENEZ LA VIE LOCALE

Soutenez les entreprises locales en privilégiant les hébergements et les excursions gérés par les habitants et en achetant les produits et les objets d'artisanat de la région.

Mangez local Slow Food Iceland (slowfood.is/slow-food-guide) recense les bonnes adresses dans tout le pays.

VOYAGES ET CHANGEMENT CLIMATIQUE

Tous les moyens de transport fonctionnant à l'énergie fossile génèrent du CO_2 – la principale cause du changement climatique induit par l'homme. L'industrie du voyage est aujourd'hui dépendante des avions. Si ceux-ci ne consomment pas nécessairement plus de carburant par kilomètre et par personne que la plupart des voitures, ils parcourent en revanche des distances bien plus grandes et relâchent quantité de particules et de gaz à effet de serre dans les couches supérieures de l'atmosphère. De nombreux sites Internet utilisent des "compteurs de carbone" permettant aux voyageurs de compenser le niveau des gaz à effet de serre dont ils sont responsables par une contribution financière à des projets respectueux de l'environnement. Lonely Planet "compense" les émissions de tout son personnel et de ses auteurs.

RESSOURCES

landvernd.is
visiticeland.com/pledge
vakinn.is

HEBERGEMENTS TYPIQUES ET INSOLITES

Tentes, caravanes, glamping, bungalows, séjours à la ferme ou hôtels de luxe : les hébergements ne manquent pas pour des vacances en pleine nature. En ville, vous aurez le choix entre des hôtels classiques ou de charme, des chambres d'hôtes, des appartements équipés et des séjours à thème.

BUDGET POUR UNE NUIT

Camping
4 000 ISK

Chalet
30 000 ISK

Hôtel de luxe
60 000 ISK

WJAREK/SHUTTERSTOCK ©

RÉSERVES NATURELLES ET PARCS NATIONAUX

En pleine nature, glissez-vous dans votre sac de couchage, écoutez le murmure des cours d'eau et le chant des oiseaux et respirez les plantes sauvages. Pour les nuits claires et froides, emportez des sous-vêtements en laine et un masque occultant. Explorez les sentiers d'Ásbyrgi, de Vesturdalur et du Skaftafell, les sites historiques de Þingvellir et les merveilles géothermiques du Landmannalaugar. Bien aménagés, les campings coûtent entre 1 500 et 2 000 ISK par adulte et par nuit. Les moucherons sévissent dans le sud, l'ouest et le nord du pays.

GLAMPING

L'engouement pour le “camping glamour” n'a pas épargné l'Islande. Les igloos, dômes, bulles, tentes de luxe et yourtes mongoles installés dans des secteurs reculés du sud et du nord du pays ajoutent une touche de confort et d'élégance au camping d'antan. Les tarifs, variables, vont de 20 000 à 55 000 ISK pour une nuit à deux.

CAMPING-CAR

Guère plus coûteuse que celle d'une voiture, la location d'un camping-car offre une souplesse totale. Certains sont adaptés aux routes des hautes terres. Ils accueillent entre deux et cinq personnes et évitent les tracas du camping. Comptez en moyenne 20 000 à 30 000 ISK par jour. On trouve des loueurs à l'aéroport de Keflavík, entre autres.

KLAUS VEDFELT/GETTY IMAGES ©

BOYLOSO/SHUTTERSTOCK ©

SUMARBÚSTAÐUR

Les Islandais raffolent de leurs *sumarbústaður* (maisons d'été), où ils savourent le calme, prennent le soleil, cueillent des baies sauvages et profitent le soir de leur Jacuzzi, une bière à la main. De nombreuses familles possèdent de tels chalets ou les louent par le biais des syndicats. Ouvertes aux voyageurs, ces locations permettent de vivre des vacances à l'islandaise. Les prix, très variables, sont abordables pour les groupes. Pour pimenter l'expérience, essayez les chalets de Mjóeyri (photo), les "tonneaux de bière" des îles Vestmann ou les cabanes en bois de Fossatún.

SÉJOURS À LA FERME

De nombreux agriculteurs accueillent les visiteurs qu'ils logent dans des bungalows, des corps de ferme ou même des écuries et étables rénovées. Le niveau de service varie. On peut observer les activités agricoles ou y participer, caresser les animaux, faire des sorties à cheval et goûter les produits cultivés sur place. Le Wilderness Centre, à la lisière des hautes terres, dans l'est du pays, vous fait dormir dans un "musée" pour une plongée dans le passé. Les prix sont variables mais comptez environ 30 000 ISK pour une chambre double.

RÉSERVATIONS

Pour la haute saison d'été, réservez bien à l'avance.

Bungalo (bungalo.com) Locations de chalets, parfaits pour les groupes.

Hey Iceland (heyiceland.is) Hébergement rural et circuits aventure.

Tjalda.is Recense les terrains de camping. La pré-réservation n'est pas nécessaire.

AUBERGES DE JEUNESSE

Les 29 auberges de jeunesse gérées par HI Iceland (hostel.is) permettent d'économiser sur le budget logement. Un lit en dortoir coûte de 3 000 à 5 000 ISK et une chambre de 10 000 à 15 000 ISK. Outre les auberges HI, voyez la KEX Hostel, installée dans une ancienne fabrique de biscuits à Reykjavík, la Hafnarstræti Hostel et ses chambres capsules à Akureyri, et la Kirkjubær Guest House, qui occupe une ancienne église à Stöðvarfjörður.

VAKINN Quality

VAKINN

Le label Vakinn couvre 6 types d'hébergements et attribue des étoiles aux hôtels selon certains critères : accessibilité, environnement, sécurité, espaces communs, chambres, propreté, services, formation du personnel.

BOÎTE À OUTILS

PISCINES
Une douche avec savon et sans maillot est obligatoire avant de gagner le bassin (des affiches indiquent la bonne façon de procéder).

CHAUSSURES
Retirez vos chaussures quand vous entrez chez un particulier. Ailleurs, le mieux est de regarder s'il y a un casier pour cela à l'entrée.

TABAC
Il est interdit de fumer dans les bâtiments publics ; certains, rares, comportent des zones non-fumeurs.

INFOS UTILES

Heure locale
GMT

Électricité
220 V/50 Hz

Indicatif du pays
+354

À SAVOIR

Les citoyens de plus de 90 pays peuvent entrer en Islande sans visa (utl.is).

Restez à droite en voiture, à vélo et dans les escalators.

L'alcool, vendu dans les magasins d'État Vínbúð, est interdit aux moins de 20 ans.

Les touristes peuvent se faire rembourser la TVA sur les achats de plus de 6 000 ISK dans un même magasin.

Le goût des Islandais pour le chocolat à la réglisse surprend souvent les étrangers.

VOYAGEURS HANDICAPÉS

Hôtels Certains établissements sont adaptés aux fauteuils roulants.

Restaurants Certains sont accessibles aux handicapés, surtout dans les grandes villes ; en zone rurale, c'est plus rare.

Transports publics Les bus publics de Reykjavík sont accessibles en fauteuil mais il faut monter et descendre seul. Ailleurs, les bus ne sont pas adaptés.

Sites Les principaux sites naturels, tels ceux du Cercle d'or, sont accessibles. Adressez-vous à une agence de voyages spécialisée, comme Iceland Unlimited.

Internet Voyez notamment le site de l'APF France handicap. (apf-francehandicap.org).

PAS DE CHICHIS
Les Islandais s'appellent par leurs prénoms, sans plus de formalités.

SALUTATIONS
La poignée de main est de mise. Les amis (et les inconnus très chaleureux) s'étreignent. La bise est pour la famille.

ALLAITEMENT
Autorisé en public et considéré comme parfaitement naturel. Les mères se couvrent rarement pour allaiter.

EN FAMILLE

Restaurants et cafés Ils offrent souvent des menus enfants et des chaises hautes, parfois des livres de coloriage et des jouets, voire un coin jeux.

Sites touristiques Les musées, excursions et piscines sont généralement gratuits pour les moins de 6 ans, parfois aussi pour les enfants plus âgés. La plupart des sites offrent un tarif réduit jusqu'à un certain âge.

Transports Les taxis disposent de sièges auto si vous les prévenez à l'avance.

EAU GÉOTHERMALE

Dans la plupart des régions, l'eau géothermale sert au chauffage. Les Islandais aiment la chaleur et les longues douches. Dans certaines zones, notamment dans l'Est et dans les fjords de l'Ouest, l'eau est chauffée à l'électricité et les visiteurs sont encouragés à écourter leurs douches.

RELIGION

La plupart des Islandais (80%) sont membres de l'Église luthérienne.
5% appartiennent à d'autres courants du christianisme, notamment l'Église libre d'Islande et l'Église catholique.
Près de 5% de la population pratiquent l'*ásatrú*, l'ancienne religion nordique.

VOYAGEURS LGBTIQ+

L'Islande est progressiste en matière d'égalité et de non-discrimination et c'est l'un des pays les plus tolérants envers la communauté LGBTIQ+.

Reykjavík abrite la principale scène homosexuelle. La Reykjavík Pride (août) est l'un des festivals les plus fréquentés du pays. L'application Reykjavík Culture Walks réserve une place à la littérature *queer*. Pour faire la fête, allez au Kiki Queer Bar (p. 67).

Pink Iceland est spécialisée dans les mariages, voyages et événements gay.

Pour des infos, voyez gayice.is et gayiceland.is.

PHRASES POUR CONVERSATION DE BASE

L'islandais fait partie de la famille des langues germaniques, comme l'allemand, l'anglais, le néerlandais et les langues scandinaves à l'exception du finnois. C'est une langue proche du vieux norrois qui conserve d'ailleurs certaines lettres anciennes telles que le "eth" *(ð)* et le "thorn" *(þ)*, qui existaient en vieil anglais. Attention : les noms de lieux peuvent être orthographiés de différentes manières en fonction du contexte grammatical. Ne l'oubliez pas en lisant les horaires de bus ou les panneaux routiers.

La plupart des Islandais parlent anglais, mais rarement français. Avec l'anglais, vous n'aurez pas de mal à vous faire comprendre, mais toute tentative de s'exprimer dans la langue locale sera fort appréciée.

EXPRESSIONS DE BASE

Bonjour.	Halló.	*ha·lo*
Au revoir.	Bless.	*blès*
Oui.	Já.	*yao*
Non.	Nei.	*nèi*
Merci.	Takk./Takk fyrir.	*tak/tak fi·rir*
Excusez-moi.	Afsakið.	*af·sa·kiz*
Pardon.	Fyrirgefðu.	*fi·rir·guèv·dhu*

Comment vous appelez-vous ?
Hvað heitir þú? *kvaz hèi·tir zou*

Je m'appelle... Ég heiti.... *iérh hèi·ti...*

Parlez-vous anglais ?
Talarðu ensku? *ta·lar zou èns·ku*

Je ne comprends pas.
Ég skil ekki. *iérh skil è·ki*

ORIENTATION ET NOMBRES

Où est (l'hôtel) ?
Hvar er (hótelið)? *kvar èr (ho·té·liz)*

Pouvez-vous me montrer...?
Geturðu sýnt mér ...? *guè·tur·zu sint miér...?*

Est-ce le/l'...	Er þetta...	*èr zè·ta...*
pour...?	til...?	*til...*
bateau	ferjan	*fer·yan*
bus	rútan	*rou·tan*

Je me suis perdu/e.
Ég er villtur/villt. (m/f) *iérh èr vil·tur/vilt*

1	einn	*èidn*	**6**	sex	*seks*
2	tveir	*tvèir*	**7**	sjö	*syeu*
3	þrír	*thrir*	**8**	átta	*ao·ta*
4	fjórir	*fyo·rir*	**9**	níu	*ni·u*
5	fimm	*fim*	**10**	tíu	*ti·u*

URGENCES

Au secours !	*Hjálp!*	*hyaolp*
Appelez...	Hringdu á...	*hring·du ao...*
un médecin	lækni	*laïk·ni*
la police	lögregluna	*leu·rerh·lu·na*

Où sont les toilettes ?
Hvar er snyrtingin? *kvar èr snir·tin·gin*

Index

G

H

M

N

O

000 Cartes

P

R

S

T

V

W

Y

Þ

000 Cartes

ÞÓRGNÝR THORODDSEN

Þórgnýr est né et a grandi dans le monde du tourisme à Reykjavík. Lui qui a toujours vécu en plein cœur de la capitale y a travaillé comme élu municipal, réalisateur, travailleur social et brasseur artisanal.

@thorgnyr

Ce que je préfère, c'est me baigner dans la mer à Nauthólsvík avant de me réchauffer dans le bain chaud de la plage avec un bon café.

EGILL BJARNASON

Né à Reykjavík, Egill écrit sur son pays pour l'agence Associated Press et est l'auteur du livre *Histoire de l'Islande – ce petit pays qui fascine le monde*, publié en français chez Autrement en 2021.

@egilssaga

Ce que je préfère, c'est observer les baleines dans la baie de Skjálfandi.

Skógafoss (p. 141)

JEANNIE RILEY

Jeannie est née aux États-Unis et vit en Islande depuis 2015. Elle dirige actuellement le site de voyages Iceland with a View.

@icelandwithaview

Ce que je préfère, c'est parcourir les routes à la découverte de nouveaux lieux et expériences dans les paysages merveilleux et infinis de l'Islande.

À PROPOS DE CET OUVRAGE

Cette 1re édition française du guide *Les Meilleures Expériences en Islande* est une traduction-adaptation de la 1re édition du guide *Experience Iceland* publié en anglais par Lonely Planet.

Traduction
Naomi Defays, Florence Delahoche et Hélène Demazure

Direction éditoriale
Didier Ferat

Responsable prépresse
Jean-Noël Doan

Adaptation française
François Capelani

Maquette
Sébastienne Ocampo

Cartographie
Cartes originales de Mark Griffiths et Rachel Imeson, adaptées en français par Martine Marmouget.

Couverture Laure Wilmot

Remerciements à Jean-Victor Rebuffet, Sylvie Rabuel, Dominique Bovet et Dominique Spaety sans qui ce guide n'aurait pu paraître. Merci aussi à Kristopher Clifford, Karen Henderson, Katherine Marsh, Juzar Valiji.

Nos auteurs

ZOË ROBERT

Zoë habite à Reykjavík, où elle couvre l'Islande pour divers organes de presse, dont Reuters, CNN, *Stopover* (le magazine d'Icelandair), le *Reykjavík Grapevine* et l'*Iceland Review*, dont elle a aussi été la chef d'édition. Elle a vécu dans de nombreux pays, mais aujourd'hui c'est en Islande qu'elle se sent chez elle.

Ce que je préfère, c'est randonner en été (ou durant une saison plus fraîche) dans un coin isolé, puis me rafraîchir dans la mer, un lac ou une rivière.

EYGLÓ SVALA ARNARSDÓTTIR

Originaire d'Akureyri, Eygló a été autrice et éditrice pour plusieurs publications de voyages, dont l'*Iceland Review*. Elle travaille actuellement pour une agence de communication.

Ce que je préfère, c'est explorer les hautes terres islandaises à cheval.

Les Meilleures Expériences en Islande

1re édition
Traduit et adapté de l'ouvrage *Best Experience Iceland, 1st edition, March 2022*

92 avenue de France - 75013 Paris

Dépôt légal Mai 2022
ISBN 978-2-81619-584-2
Photographes © comme indiqué 2022
Imprimé par ESTIMPRIM, Autechaux, France

En Voyage Éditions | un département édi8